本书获教育部人文社科青年基金项目"和谐社会背景下我国公民社会公正感研究"（12YJC190006）和国家社科基金重大项目"特大城市社会风险系统治理研究"（16ZDA083）资金资助。

组织公正：
理论与应用

方学梅　著

ORGANIZATIONAL JUSTICE:
THEORY AND APPLICATION

上 海 教 育 出 版 社

前　言

古往今来,公正一直是人类社会生活的基本准则和目标。社会层面的公正关乎整个社会秩序的公正性和合理性。当前,我国正处在由计划经济向市场经济,由传统社会向现代社会的双重转型时期,社会资源如何公平分配成为人们关注的焦点。组织层面的公正涉及薪酬、晋升、人事选拔、绩效评估等组织管理的各个方面,关系到组织的效能和竞争力。

正因为此,近年来,有关组织公正问题的研究在国内外逐渐成为热点。组织公正会极大地影响员工的工作态度和工作行为,已成为衡量组织管理水平,体现组织竞争力的一个有效指标。因此,研究组织公正问题对于当下的中国具有极其重要的意义和价值。

本书主要探讨了组织公正理论及其在组织管理活动中的应用。具体来说,全书分为理论篇和应用篇。

理论篇由第一章和第二章组成,主要对组织公正理论进行系统回顾。第一章总结了组织公正理论的发展过程,阐述了什么是组织公正,介绍了组织公正概念的理论研究和组织公正的测量问题。第二章重点介绍了组织公正感形成的过程以及相应的理论解释。

应用篇由第三章、第四章、第五章、第六章和第七章构成。

第三章介绍了人才选拔如何才能做到公平、有效。人才选拔具有科学属性,因为科学性保证了组织选拔并录用优秀人才。人才选拔也有社会属性,人们会对人才选拔的过程和结果作出反应,形成公正判断,并根据公正判断

< 1 >

作出相应的反应。因此,人才选拔不仅要客观、准确,而且要公平、合理。

第四章主要讨论绩效评估中的公正问题。由于晋升、薪资等都与绩效有关,因此绩效评估是人力资源管理的核心职能之一,是组织员工最关心的事件之一。然而,绩效评估或许也是最有争议的事件。本章从绩效评估的方法入手,介绍绩效评估的测量观和社会观,并重点讨论了如何才能使绩效评估做到公平与公正。

第五章讨论了领导与公正之间的关系。领导理论经常从领导素质、领导行为等角度讨论怎么样才能有效地领导。但问题是,下属最关心的也许是领导者的公平与公正,如领导者怎样对待下属,是否尊重下属、关心下属,领导者在资源分配和规则实施中能否做到不偏不倚等。领导者的威信很大程度上来自公正,因为公正体现了领导权威的合法性。领导与公正之间究竟存在什么样的关系,是这一章讨论的话题。

第六章介绍了组织公正与员工压力二者之间的关系。所谓压力管理,是指从组织的角度帮助员工有效地应对工作压力。如何有效地应对工作压力,很大程度上取决于组织能否在源头上公平、公正地分配资源,以及压力产生后管理者能否及时提供社会支持,或通过人际公正有效地缓解压力。

第七章从公正的视角解读冲突,解释冲突产生的过程以及如何有效地处理冲突。冲突是组织中一种特殊的人际关系。没有冲突可能不错,但适当的冲突可能更好,而最不好的就是冲突过多。在冲突处理过程中,公正不仅有利于冲突的解决,而且可以通过不公正,适当地激发冲突,来保持组织的活力。

在本书编写过程中,作者参考并借鉴了国内外专家、学者的大量研究成果。这些文献都详细地列在书后的参考文献中,在此对所有文献的作者表示感谢。此外,上海教育出版社的编辑金亚静对本书的出版给予了大力的支持,在此也表示衷心的感谢!

在本书编写过程中,本人深感该领域研究的深入、翔实和有趣。但由于水平有限,若书中存在疏漏和错误,恳请专家、学者和广大读者批评指正!

目 录

< 1 >

< 2 >

第一章
组织公正概述

公正是人类社会生活的基本准则与目标。正如罗尔斯（Rawls，1971）在《正义论》中所说的："正义是社会制度的首要价值，正如真理是思想的首要价值一样。"从古至今，公平或公正一直都是备受人们关注的话题，成为哲学、政治学、经济学、社会学和管理学等学科研究的主题。社会层面的公正关乎整个社会秩序的公正性和合理性。当前我国正处在由计划经济向市场经济，由传统社会向现代社会的双重转型时期，社会资源的再分配使得公平问题成为人们关注的焦点。组织层面的公正涉及分配、激励等组织管理的各个方面，关系到组织的效能和竞争力。而且，组织公正是衡量组织管理水平，体现组织竞争力的一个有效指标（刘亚，2002）。

正因为此，近年来，有关组织公正问题的研究在国内逐渐成为热点。不仅如此，在西方，尤其在美国，组织公正问题很早就受到了众多学者的关注，成为组织行为学、人力资源管理等领域的研究热点。大量的研究结果表明，组织公正会极大地影响员工的工作态度和工作行为。例如，公平对待员工，可提高员工的工作绩效和组织承诺水平，增强员工的满意度、归属感和信任感，使其表现出更多的组织公民行为（Colquitt et al.，2001；Rupp & Cropanzano，2002）。因此，组织公正问题的研究对当下的中国具有极其重要的意义和价值。

什么是公平和公正？《现代汉语词典》解释："公平"指人们处理事情合情合理，不偏袒任何一方；"公正"指公平正直，没有偏私。在西方有关公正研究的文献中,"公正"(justice)与"公平"(fairness)是两个可以通用的概念。因此,本书不严格区分"公正"与"公平"的概念,会交替使用。哲学家和社会科学家都关心公正问题,但研究的视角不同。哲学家侧重研究公正的社会规范和道德标准,而社会科学家关注人们对公正的主观感受与判断。本书采用后一种取向。由于公正指的是一种主观感受,也常被称为"公正感",因此,很多情况下,本书将"公正"与"公正感"等同使用。

第一节
组织公正的维度

自 1965 年亚当斯(Adams,1965)对组织公正进行开创性研究以来,组织公正理论在过去的几十年里经历了四个主要浪潮(Colquitt,Greenberg,& Scott,2005)。

组织公正研究的第一个浪潮关注的焦点是分配公正,时间跨度为 20世纪 60 年代到 20 世纪 70 年代。亚当斯的公平理论是现代组织公正理论的奠基石。亚当斯于 1965 年在其具有深远意义的论文《社会交换中的不公平》中阐述了公平的概念,以及在人类的交换关系中缺乏公平的原因及其后果。他指出,一个人总是将自己对组织的投入(包括个人拥有的技能、努力、教育、培训、经验等因素)与产出(即从组织得到的回报)的比例,与他人的投入和产出的比例进行对比。当比例相等时,个人体验到公平;而当比例不相等时,会产生不公平感。这种不公平感会使个体产生紧张或焦虑的心理状态,进而寻求解决方法以重建公平。

组织公正研究的第二个浪潮是对程序公正和互动公正的认识,时间跨度为 20 世纪 70 年代中期到 20 世纪 90 年代中期。1975 年蒂博和沃克(Thibaut & Walker,1975)在他们出版的有关法律程序公正问题研究的专著中,提出了程序公正理论。他们证实,对一个决策是否公正的认知不仅仅来源于分配的结果,达成这一结果的过程也很重要。随后,利文撒尔

(Leventhal，1980)把程序公正理论用到组织情境中，提出了程序公正的六条标准。随着程序公正的研究逐渐深入，学者们开始注意到，在程序的执行过程中，员工所处的人际关系及其被对待的方式，也会对员工的心理和行为产生影响。

组织公正研究的第三个浪潮是对互动公正的关注，时间跨度为 20 世纪 80 年代到 21 世纪初。此阶段人们关注的是公正对待中的人际关系。比斯和摩格(Bies & Moag，1986)引入了互动公正的概念，它包括两方面的内容：(1)给予下属有关分配决策的清晰而合理的理由；(2)在与下属沟通时给予礼貌和尊重的对待。

组织公正的第四个浪潮在几年前开始形成，目前还在进行之中。此阶段迎来了组织公正研究的整合阶段，它关注三种形式的公正的相互作用以及对个人和组织后果的影响作用。组织公正之所以引起众多学者的关注，是因为有越来越多的证据显示，组织公正是影响组织内员工的态度和行为的重要变量：公正会增加对组织的承诺和信赖，并且能更好地解决冲突，积极应对组织的变革；不公正会给组织带来许多消极的后果，甚至会危及社会的稳定。

接下来将按照组织公正的发展历程依次介绍分配公正、程序公正和互动公正。

一、分配公正

分配公正(distributive justice)是个人对所获报酬的公正知觉，即个人依据一定的标准对分配的最终结果作出的评价。分配公正是最早提出的概念，于 20 世纪 50 年代到 20 世纪 70 年代受到了社会学家的特别关注，因此，这一时期被称为分配公正时期。以下就这一时期有关分配公正的研究作一介绍。

（一）霍曼斯:社会交换中的公平

有关分配公正的最早研究可以追溯到 20 世纪 50 年代在军队杂志（《美国士兵》）上发表的一份四年研究，其内容是第二次世界大战中美国陆军的态度问题。研究者询问:"你在军队中是否得到公正的对待?"而在对这一问题的回答中出现最多的就是军队晋升系统中的不公正。研究发现，人们对结果的反应不是建立在绝对结果的基础上，而是在与他人比较的过程中产生的，由此提出了相对剥夺（relative deprivation）的概念。相对剥夺是指现实中的人们相对于参照群体，缺乏某种渴望拥有的东西的状态（张书维，王二平，周洁，2010）。简单而言，相对剥夺是一种感觉，这种感觉我们有权享有，但并不拥有。

霍曼斯（Homans，1961）根据相对剥夺观点形成了自己的分配公正观点，即社会交换理论（social exchange theory）。霍曼斯指出，人们会根据自己的交换史建立未来交换的标准预期。例如，一个人通过帮助他人来获得他人的赞许。在某种程度上，帮助会换来感谢;而只有给予过帮助，才会期望换来感谢。这种反应模式建立得越牢固，就越期望随后的反应出现。参与交换时，人们总是期望从中获得与投入相等的回报，并且这种期望得到满足，就会产生公正感。相反，如果所获报酬少于投入，就会产生分配不公正感，从而导致愤怒;而如果报酬超过了投入，就会产生内疚感。霍曼斯并不特别关注分配不公正的行为后果，而是关注不公平的交易发生后，人们会终止交易或重新交易以实现预期这一现象。

霍曼斯指出，在社会交换中，分配公正的结果是非常不同的，因为交换过程中的知觉非常主观。具体地说，他认为，人们在评判回报的时候，一般会否认根据社会交换关系决定投入，也不承认报酬是根据投入来评判的，这就体现出公正判断的主观性特征。

（二）布劳:社会交换中的预期

布劳（Blau，1964）在讨论交换关系时曾多次提到霍曼斯的分配公正观点。布劳认为,交换关系的满足在很大程度上依赖各群体对获得利益的相对预期。各群体会根据自己的经验预期他人可能获得的利益。与霍曼斯一样,布劳认为,预期特别依赖参照群体获得的利益,交易的满足是相对的,而不是绝对的。布劳区分了不同的预期类型:一般预期(general expectations),是指根据社会规范和标准而形成的预期;特殊预期(particular expectations),主要表现为特定交换主体持有的两个信念,一是遵从公认的行动守则,二是以超过可能从交易伙伴那里获得的利益来提供回报,借以缔结关系。有趣的是,尽管后一个信念在本质上是一种分配,前者却预示着对程序公正和人际公正的关注。布劳还提出比较预期(comparative expectations)的概念,它指的是个体期望从交易关系中获得的利益,并以此为标准与多重交易伙伴进行比较。最后,布劳将这些预期总称为公平交易,他认为这个概念与霍曼斯的分配公正是有区别的,因为这当中有霍曼斯排除在外的公正行为的社会标准。布劳(Blau,1964,p.224)指出:"由于公正作为一个社会标准,规定了公正对待需要遵循的最起码的道德原则。因此,社会中的第三方会谴责一个人凭借自己的权力不公正地对待他人,而那些交易公平、公正的人将会得到社会的赞许。"

尽管布劳有关交易关系中的公正概念与霍曼斯的理论在很大程度上是相似的,但他的一个观点对当前的公正理论有着非常独特的影响。具体地说,布劳区分了两种交易类型:经济交易,这种交易在本质上是契约式的,事先规定了交易的确切数量;社会交易,这种交易建立在信任的基础上,不涉及具体的债务,而是一种弥散性的未来债务,即无论过多长时间,债务最终要偿还。布劳还认为,公正标准会在最初的交易基础上形成第二次交易,如通过公正得到社会的认可。因此,公正与社会交易关系的产生是相关的。这种观点对公正理论有着非常重要的影响,人们常用社会交易关系来解释与公正相关的工作行为。

(三)亚当斯:公平理论

亚当斯(Adams,1965)的公平理论更充分地发展了霍曼斯的分配公正理论,多年来它一直是组织中分析公正现象的主要方法。与霍曼斯一样,亚当斯认为,任何交换关系中都潜藏着不公平现象。而与霍曼斯主要关注不公平对满意度的影响不同,亚当斯认为不公平涉及更多的特定反应。

亚当斯在霍曼斯收益与投资观点的基础上,用结果与投入之比来说明公平现象。结果包括工资、工作本身的回报、满意的监督、资历、额外福利、工作地位、社会地位象征,以及其他正式或非正式的津贴。投入包括教育、智力、经验、培训、技能、资历、年龄、性别、种族背景、社会地位,当然也包括为工作而付出的努力。有关该理论的具体内容在第二章中将详细介绍。

公平理论一直颇受争议。尽管如此,公平理论依然被认为是组织行为领域最有影响力的理论之一。其有效性一再得到证实,一直是组织公正理论的重要基础之一,并对后来程序公正的提出产生了影响。

(四) 利文撒尔和多伊奇:多重分配标准

利文撒尔(Leventhal,1976,1980)之前的研究主要围绕公平感带来的个体反应,而从 20 世纪 60 年代末到 70 年代初,利文撒尔非常有先见地将研究的焦点从报酬获得者的反应转向报酬分配这一行为本身。具体地说,指在分配报酬的时候,分配者是否真正地按照公平原则分配,即按照投入来分配报酬。在探讨这个问题的时候,利文撒尔建议分配者应当通过报酬的分配来引导人们实现组织的目标。利文撒尔(Leventhal,1976)认为,分配标准只遵循公平标准其实并不合适。因为遵循公平标准就意味着区分员工的贡献大小,这可能会破坏人际和谐,影响社会情感关系。

几乎与利文撒尔同时,多伊奇(Deutsch,1975)也指出以公平标准处理非经济性社会关系并不合适。尽管非经济关系中的公正问题也非常重要,但是多伊奇指出,无论何时,交换的首要目标都是维护团队的团结与和谐,而不是一味地提高劳动生产率,一味地做到公平、公正。他认为,平等才是合适的分配标准。而且,他与利文撒尔都认为按需分配能促进个体的幸福与发展,因而也是合适的分配标准。

利文撒尔与多伊奇将公正的分配标准从一个（公平标准）扩展到三个（公平、平均、需要）：

（1）平均分配原则。根据平均分配原则，参与分配的每一个体应该得到相同的结果，否则人们就会觉得不公平。假如某一企业要推出健康福利计划，那么该企业中的每一个人都应享有，而不是工作最努力的员工才有。

（2）按需分配原则。根据按需分配原则，资源的分配向需要的人倾斜，最需要某种资源的人应该得到最多。例如，某一员工家里出现紧急情况，急需时间处理，那么上级就应该准许该员工请假，尽管他并不是企业里最能干的员工。又如，对于家庭经济困难的员工，要给予一定的困难补助。

（3）按贡献分配原则。该原则的基本假设是，回报的比例应以人们的贡献大小为依据。一个人对组织任何形式的成果的贡献越大，他们接受的回报比例就应越大。例如，在年终奖金的分配上，应该是工作最努力、对企业贡献最大的员工得到的奖金最多。这一原则在组织中是最重要的，在西方社会，分配似乎是完全以此为基础的。与许多假设一样，由于人们已自觉接受了这一原则，因此其他的原则可能被忽视了。

有些研究者延续这种思路，将分配标准扩展到 4 个（Lerner，1977），甚至 17 个（Reis，1986）。在实际生活中，人们究竟是按照什么原则对分配结果进行公正判断的呢？多恩斯腾（Dornstein，1989）调查了一组白领和蓝领职员的基本分配倾向，表 1-1 是对这一研究结果的说明。

表 1-1　白领和蓝领对公平的要求

倾向类型	白　领	蓝　领
贡献（业绩）	32.7%	8.1%
需　　求	16.4%	40.3%
资　　历	9.1%	4.8%
不良的工作条件	41.8%	46.8%
合　　计	100%	100%

由上表可以看出,在决定报酬如何分配时,人们使用了四种不同的原则。除了"贡献"和"需求"外,新加了"资历"(如年龄、工作熟练程度、工作年限)和"不良工作条件"(如工作环境中的困难和不方便的上班时间)两个原则。这四种原则在白领和蓝领职员中都被考虑到了。不同的是,二者在评价公平与否时,对这些原则的重要性的认识不一。他们都很看重"不良工作条件",对"资历"则看得很轻。在"贡献"和"需求"的重要性上,他们认识上的差异较大。所以,在掌握公平原则上并没有通用的规范,每种原则各有利弊。通常来说,按贡献分配原则被认为是更公正的原则。

二、程序公正

程序公正(procedural justice)指人们对决策程序是否公正的感受。关注的不是决策的结果而是决策的过程。例如,销售代表的工资增长幅度是由其销售房屋或者汽车的数量决定的。有些同事可能认为这样的程序是不公正的,认为管理层不应该以销售人员的销售量作为工资增长的判断标准。因为,如果一个销售人员以很低的价格卖出房屋或者轿车,销售任务很容易完成,但对公司的利润的贡献是很小的。以较高的价格卖出房屋或者轿车可能会花费很长的时间,但对公司的利润而言,是非常可观的。从以上这个例子可以看出,引起人们争议的并不是结果,即得到多少薪水,而是达到这种结果的程序。

其实早在20世纪60年代和70年代分配公正的浪潮中,研究者就已经开始注意到程序公正的问题,并在80年代和90年代将这种关注推至高点。程序公正是对组织作出分配决策所依据的政策和程序的公正认知,它是分配公正理论的进一步延伸和发展。利文撒尔(Leventhal,1976)指出,个体不仅受到分配结果的影响,而且受到导致这一分配结果的过程信息的影响。正是在他的影响下,程序公正成为组织公正中的一个主要研究内容。不过,构建程序公正研究框架的是蒂博和沃克(Thibaut & Walker,

1975)。究竟什么样的程序才被人们认为是公正的呢？或者说，衡量程序是否公正的原则是什么？不同的学者提出了不同的看法。

（一）蒂博和沃克的过程控制

1975年，蒂博和沃克出版了一本专著，详细地介绍了一个为期5年、针对法院辩论方式的公正研究。这本专著是社会心理学和法学的结合。这些研究不仅被刊登在心理学杂志上，还被刊登在法学杂志上。根据蒂博和沃克（Thibaut ＆ Walker，1975，1978）的模拟实验研究，第三方纠纷解决的庭审程序包括三个主体：双方当事人和一个裁决人。裁决人在法庭上就是法官，在组织环境中则相当于调解人或仲裁人。三人会依次经历两个阶段。第一个阶段是过程阶段，包括当事双方举证、辩护和证据评估。第二个阶段是结果阶段，需要作出判决。在实验中，当事人和法官都能对这两个阶段施加某种程度的控制，但当事人和法官对这两个阶段的控制程度由主试控制，如当事人在过程阶段能在多大程度上陈述自己的观点，法官对结果阶段是否具有最终决定权等，都由主试控制。整个庭审过程中过程控制（process control）和程序控制构成了程序的总体控制。总体控制程度就是程序的主要特征。

我们知道，各国的司法系统是有差异的。英美司法体系采用的是对抗制，裁决人控制结果阶段，对过程阶段不予控制。欧洲大陆司法体系采用的是纠问制，裁决人对过程和结果阶段都施加控制。对抗制比纠问制更强调当事人对审理过程的控制。蒂博和沃克的实验研究主要反映了这两类法律程序：（1）对抗制（adversary system），在这种体制下，法官控制结果阶段，对过程阶段不予控制，法官可以不出示证据就作出判决；（2）纠问制（inquisitorial system），在这种体制下，法官既掌控着判决结果，也掌控着判决程序。

蒂博和沃克认为，尽管对抗制和纠问制都能在客观上保证公平的结果，但主观上的公平感受未必如此。在他们看来，主观上的公正感非常重要,"因为法律程序的重要目标之一就是解决争端,缓解社会关系,保持人与人之间持续的良性交换"(Thibaut & Walker,1975,p.67)。因此,过程公正弥补了结果公正——公正取决于我们如何知觉它。

蒂博和沃克在实验室中以大学生为被试进行了模拟实验。被试被分派的任务是从事商业间谍活动,即从竞争对手那里窃取商业机密(Walker et al.,1974)。法庭以间谍罪对这一行为进行审判,裁定是否有罪,获胜者将得到现金奖励。实验操纵了判决程序(对抗制和纠问制)、判决结果(有罪或无罪)和实际罪行(团队成员是否真的从事间谍活动)。在对抗制条件下,被试可以从两位法律系的学生中选择自己的律师,律师将分别代表原告和被告进行辩护。在纠问制条件下,法官指定一名律师同时为双方辩护。

实验结束后,被试对辩护方法的程序满意度和判决结果满意度进行评价。结果表明,从程序上说,对抗制比纠问制的效果更好,不管判决结果如何,被试都倾向于前者。当事人在法庭上喜欢保留对过程阶段的发言权,因为这样能充分呈现自己的证据和观点。但在结果阶段,人们倾向于放弃发言权。也就是说,使当事人满意的不是结果控制,而是过程控制,这就是发言权的过程控制效应。从发言权的过程控制效应来看,由于在过程控制中,对抗制比纠问制给予当事人更多的发言权,所以更为公正。当然,从司法实践来看,纠问制一般会给当事人一些自由时间来呈现自己的观点。因此,纠问制实际上也给予了当事人一定的过程控制的权力。

这一发现的重要性在于,证实了程序本身会引发某些态度的改变,从而使程序公正成为一个独立的研究领域,那么,该如何解释对抗制程序与纠问制程序? 蒂博和沃克认为,关键在于辩护者所具有的控制权。据此,他们(Thibaut & Walker,1975,p.2)提出程序公正的概念:"我们认为,解决诉讼冲突的司法程序应该让辩护者本人对程序有更多的控制权,而应当减少判决者的控制权。程序公正有很多其他因素,但程序公正的关键是控制权的分配。"如果在判决程序中让辩护者拥有更多的控制权,那么该程序就是一个公正的程序。

（二）利文撒尔的程序公正六要素

蒂博和沃克的程序公正概念主要适用于法律情境。利文撒尔（Leventhal，1980）进一步将程序公正深入到组织背景中，并在此基础上提出了程序公正的六要素。利文撒尔认为，要使员工获得公正认知，这六个要素必须满足：

一致性（consistency），指决策程序应该保持相对稳定，并且对所有员工一视同仁。

代表性（representativeness），指决策程序必须允许所有相关人员反映他们的意见。

控制偏见（bias suppression），指决策程序能有效地防止管理人员的个人偏好或成见对决策的影响。

可更正（correctability），指员工可对决策结果提出异议，不公正的决策结果有机会得到修正。

信息准确（accuracy），指管理人员在充分掌握信息的基础上作出决策。

伦理性（ethicality），决策过程不能违反相关人员认可的社会道德标准。

这些要素应根据环境的特点而在侧重点上有所变化。也就是说，当个体进行公正判断时，每个要素在不同的情境中应具有不同的权重。如果某个要素在特定的情境中对公正判断的影响较大，那么它就具有较高的权重。

利文撒尔认为，程序规则比较复杂，了解起来也比较困难，如果分配结果和个人的预期一致，人们并不会过多地考虑程序问题。

三、互动公正

互动公正（interactional justice），是指人们对相互交往过程中对方的行为方式是否公平的感受。例如，很多企业在绩效评估后都会举行一次面谈，即绩效评估面谈。这是一个正式的程序，而面谈的内容以及上级在面谈中的表现组成了互动公正的内容。相对于其他未举行面谈的企业，这些企业会让员工觉得更公正。但是如果一个企业的主管在面谈时回答了员工的各种问题和困惑，并且真诚友好地对待员工，而另一家企业的主管仅仅用5分钟的时间告诉员工评估结果，并且表现出不耐烦，前者会让人觉得更公正。

20世纪80年代中期，早期程序公正的研究者主要关注正式决策程序的结构特点，基本上不关注公正程序中存在的人际互动性质。有些研究也反映了一些人际因素，如蒂博和沃克（Thibaut & Walker，1975）对于对抗制和纠问制的比较；利文撒尔（Leventhal，1980）建议人们在否定别人的建议时，应以友好而支持的方式回答别人的问题等。不过，直到比斯和摩格（Bies & Moag，1986）提出人际交往的公正性，人们才开始关注互动公正的问题。然而，互动公正自20世纪80年代末到90年代初以来，一直颇受争议。

（一）比斯和摩格：人际对待方式的公正

比斯和摩格（Bies & Moag，1986，p.44）认为，人际对待方式应在概念上从程序中区分出来，公正问题应包括程序、结果和互动："我们可以称人际交往的公正性为互动公正。就互动公正而言，它指的是在组织程序的实施过程中，人们对人际对待方式的敏感程度。"为此，比斯和摩格根据求职人对招聘者对自己的对待方式的评价，总结了互动公正的四个规则：（1）实事求是，即在决策程序中，应尽量做到诚实、开明、正直，避免欺诈。（2）合理性，即为决策过程提供充分的解释。（3）尊重，即真诚而郑重地对待每个人，避免粗鲁地对待他人或攻击他人。（4）礼貌得体，即避免作出有偏见的评论或问不合适的问题（如涉及性、种族、年龄、宗教等的问题）。

在这四个规则中，大约有三分之一的人选择了实事求是，而其他三种规则没有这么高的使用频率。尽管互动公正的规则来自招聘程序，但适用于所有决策环境。更重要的是，这四个规则与蒂博和沃克以及利文撒尔等人的程序标准不一样。正式程序或许能提供发言权、一致、无偏见、准确，但管理者对待下属的方式可能是粗鲁的和不诚实的。

（二）人际公正和信息公正

格林伯格（Greenberg，1993a）将互动公正分为两类：人际公正（interpersonal justice）和信息公正（informational justice）。人际公正指的是比斯和摩格的尊重原则和礼貌得体原则，反映了在执行程序或决定结果时，权威或上司对待下属是否有礼貌、是否考虑到对方的尊严、是否尊重对方等；另一种是信息公正，反映的是比斯和摩格的合理性原则和实事求是原则，主要指是否给当事人传达了应有的信息，即给当事人提供一些解释，如为什么要用某种形式的程序或为什么要用特定的方式分配结果。

（三）互动公正的实证研究

20世纪80年代，比斯等人就人际互动方式的重要性做了一些实证研究，探讨人际互动方式是否是态度反应的决定因素。例如，比斯和夏皮罗（Bies & Shapiro，1987）要求员工列举自己的要求遭到老板否决的一些关键事件，然后让员工评价否决理由的合理性，并阐明自己是否得到尊重。结果表明，合理性原则和尊重原则对于公正判断都具有独立效应。比斯自己并没有使用"互动公正"这个术语，但同时代的夏皮罗等人开始使用这个术语，并将其作为研究对象。例如，通过一些角色扮演学习，令被试想象在一些情境中，老板要求员工为自己的想法负责；实验条件为老板是否给出理由。结果表明，合理性原则影响了公正判断和对老板行为的认可。

上述研究说明了互动公正与态度之间的关系，那么不公正的人际对待方式会产生哪些行为反应呢？格林伯格（Greenberg，1990）研究了偷窃行为。有一家制造公司的管理者要求格林伯格调查一下他们以前制定的一个有关劳动力的决策的效果。该公司在美国中西部的不同地区有三家制造企业，由于失去了两项大合同，不得不暂时降低工资标准。为了不裁减工人，管理层决定暂时在两个企业中强行削减15％的工资，主要用以补偿失去订单造成的损失。管理层相当大胆地要求格林伯格写了两个有关削减工资的说明,以对工人解释。每个解释均由公司的总裁在周末会议上宣读。在其中一个企业的说明中,格林伯格写出了自己认为"合理"的解释,并且给出了削减工资的最充分的理由,即用图表和数字展示出合同丢掉后财务上受到的影响,并强调这一影响只会持续 10 周。他对此深表遗憾,并指出这 15%是针对每一个人的,不会有不公平的处理。同时,安排 1 小时时间来回答人们的提问。

在另一个企业的说明中,格林伯格设想了一个"不合理"的解释。工人只是被告知要被削减工资,时间是 10 周。除了说明削减的原因是合同丢掉了,不做任何其他的解释。会议只安排了 15 分钟,也没有任何遗憾的表示。

研究分别搜集削减工资前 10 周人们离职人数和偷盗造成的损失的数字,执行此政策的 10 周里的上两项数字,以及恢复正常工资水平后 10 周内的上两项数字。实验结果见表 1-2。

表 1-2　格林伯格实验的结果

	偷 盗 损 失			离 职 率		
	前 10 周	10 周中	后 10 周	前 10 周	10 周中	后 10 周
合理解释的工厂	3%	4.8%	3%	1 人	1 人	1 人
未合理解释的工厂	3%	8%	3%	1 人	12 人	2 人

＊资料来源:Greenberg, 1990, p.567

从实验结果可以看出,在得到合理解释的工厂中,雇员偷盗造成的损失和雇员离职率在削减工资的 10 周和恢复正常工资水平后的 10 周中,与削减工资前的 10 周相比,无变化或变化很小。而在未得到合理解释的工厂中,这种变化很明显。

当然,对这一现象的解释可能有很多,但更易于让人接受的原因是对职工所做的解释。因为在同一公司中没有削减工资的那家企业(控制组)里,偷盗损失和离职率始终保持稳定。

除了偷窃行为,此时的一些研究还把互动公正与其他后果联系起来研究,如对辞退的反应。例如,布罗克纳等人(Brockner et al.,1990)研究了在什么条件下,经过大规模的裁员,留任员工还能保持工作积极性和组织承诺。其中一个变量就是是否给辞退员工以合理的解释。结果表明,合理的解释可以保持留任员工积极的组织承诺和工作投入度。布罗克纳等人(Brockner et al.,1994)在1994年又对被辞退员工和即将被辞退员工进行了研究。在这次调查中,布罗克纳使用了"互动公正量表"(Interactive Justice Scale)来预测这些人员的反应,并取得了很好的预测效果。

穆尔曼(Moorman,1991)通过组织公民行为的研究,不仅将互动公正作为一个独立的维度从程序公正中分离了出来,而且开发了一种被广泛使用的互动公正测量方法,其研究结果将互动公正与组织公民行为的四个方面联系起来。但是,确切地说,穆尔曼的互动公正测量与程序公正和互动公正都有关联,因此,在其测量结果中,互动公正与程序公正存在很高的相关。

第二节
公正维度的争议与公正分类法

关于组织公正感的维度与结构一直存在争议,归纳起来有四种主要观点:单因素论、双因素论、三因素论和四因素论。格林伯格根据决定公正判断的结构因素和社会因素对组织公正进行分类,并得到实验验证,具有一定的可取之处。

一、组织公正维度的争议

(一)单因素论

有人从公正认知出发,认为程序公正和分配公正两者之间相关程度非常高,它们引起的公正知觉实际上是同一的,从而提出"单因素"模式。他们认为,对程序的评价在很大程度上受到最终分配结果的影响,因而只承认"组织公正"这一维度,没有必要进行其他划分。克罗潘扎罗和安布罗斯(Cropanzano & Ambrose, 2001)认为,尽管对程序公平和分配公平的区分是必要的、有价值的,但这种区分有时可能被夸大了。对程序的评估是基于对结果的评估,并且许多事件可能既是过程也是结果。例如,过程控制是一种程序结构,但改造绩效评估系统使其为员工提供更多的过程控制也可被视为一种公平的结果。因此,单因素论认为区分程序公正和分配公正存在困难。

(二) 双因素论

格林伯格等人(Greenberg et al., 1990)从结果预测功能出发,认为程序公正与分配公正是可以在实验中分离的,而且它们分别可以预测不同的组织结果,如收入满意感、工作承诺、对管理者的信任等,从而提出双因素论。克罗潘扎罗和格林伯格(Cropanzano & Greenberg, 1997)也把互动公平视为程序公平的一种社会形式。许多实证研究在编制量表时,将过程控制、利文撒尔的标准与互动公正一起组合成一个程序公正量表。这些研究都认为程序的人际处理方面不需要(或不能够)单独分离出来。

(三) 三因素论

在组织公正感各维度的划分中存在的最大争议是互动公正与程序公正的区分。比斯和摩格(Bies & Moag, 1986)最初将互动公正与程序公正区分开来,认为互动公正是与分配公正和程序公正并列的第三种公正形式。他们认为,互动公正主要体现在对领导的反应上,而程序公正主要体现在对整个组织的反应上。但这种区分并不稳定,他们随后改变了这一看法,认为互动公正是程序公正的社会性方面,是程序公正的组成部分。然而,也有研究者认为,程序公正和互动公正通过不同的干涉机制来影响其他的变量(Masterson et al., 2000)。具体来说,程序公正通过改变组织支持感来影响其他变量;互动公正通过改变领导—成员交换关系来影响其他变量。因而,有时在测量程序公正时,出现了在同一量表中同时使用蒂博和沃克的过程公正、利文撒尔的六要素、比斯和摩格的互动公正的情况。

(四) 四因素论

四因素论认为组织公正由分配公正、程序公正、人际公正和信息公正四部分组成。科尔基特(Colquitt,2001)以四因素论为框架编制了一个测验来测量分配公正、程序公正、信息公正和人际公正,验证性因素分析的结果表明四因素模型与数据的拟合度最好,并进一步显示四个公平维度可预测不同的结果。科尔基特等人(Colquitt et al., 2001)对 25 年来的实验研究文献的元分析结果也显示,四个维度在实证研究中能够被区分开。

国内学者刘亚(2002)探索并验证了在中国文化背景下的组织公正感的四因素模型:程序公平、分配公平、领导公平和领导解释(信息公平)。这四个因素中领导公平是体现了中国文化特色的一个因素,其含义超出了人际公平的范畴,它不仅包括领导在执行分配程序时对下属的尊重,而且包括领导对下属的评价公正性、认可程度和精神上的支持与鼓励的程度等。从因素项目的构成和因素的内涵看,程序公平依据的标准较低;领导公平成为和物质利益分配公平相对应的"精神分配"公平,对相关效果性变量的预测力最强。

二、格林伯格的公正分类法

互动公正与其他公正形式的区分体现了各种公正概念的操作性特点。不同的研究者根据不同的研究背景和研究目的,从各自的角度提出了公正的各种概念,这当中难免会有重合之处。不过,人际公正、信息公正、程序公正和分配公正等都有其独立的效果,它们和与组织有关的结果,如组织承诺、工作满意度、组织公民行为、退缩等组织现象,存在着不同程度的相关。大量的研究证明了各种公正形式的合理之处,因为它们都能全部或部分地解释各种组织现象。对此,关于组织公正各形式的划分,格林伯格(Greenberg,1993a)的分类法有可取之处。

格林伯格认为,公正判断一般有两个决定性因素:结构因素和社会因素。就结构因素来说,公正是组织进行绩效评估、员工报酬、决策制定等过程中反映出来的资源分配及分配程序的公正性。相应地,公正的社会因素涉及人际处理方式。因而,结构因素提供公正的决策背景,社会因素关注人际互动。格林伯格认为,结构公正是一种较为正式的公正,它受到组织规章制度、决策程序等的限制,而以开放、真诚的方式对待别人是社会公正,具体见表1-3。

表1-3　公正类型的划分

决定因素	程序公正	分配公正
结构因素	系统公正	形式公正
社会因素	信息公正	人际公正

在格林伯格看来,从广义上说,公正主要有两种基本形式:程序公正和分配公正。但是这两种基本的公正形式根据其决定因素又可分为四种:系统公正、形式公正、信息公正和人际公正。

形式公正指通过组织结构而产生的某种形式的分配公正。报酬的分配既可以通过社会规范完成,如利文撒尔所说的公平、平均、需要原则,也可以通过减少冲突、提高生产率的组织目的而完成。这些构成了分配方式的组织和社会背景。

系统公正指与结构因素相联系的程序公正,它主要受到组织正式规章和决策制度的影响。这与蒂博和沃克的过程公正是一致的,而以利文撒尔的标准来看,程序公正显然包括了信息公正,因为利文撒尔的标准中含有对程序的解释。因此,蒂博和沃克的过程公正是程序公正狭义上的解释,利文撒尔的标准是一种广义的解释。

然而,问题在于互动公正中的人际方面和信息方面是否能够、是否值得从概念上分开。格林伯格认为,人际公正和信息公正应该被分开,因为它们有逻辑上的差别和各自独立的影响。人际公正的作用主要是改变人们对结果的反应,因为通过人际处理方式可以改变公正敏感性(justice sensitivity),这能使人们对不喜欢的结果感觉好一点。信息公正主要是改变人们对程序的反应,因为充分的解释提供了必要的信息,从而使人们对决策过程的结构方面的评价更为合理。

格林伯格的分类法得到了实验的证实。科尔基特(Colquitt et al.,2001)在实验室(以大学生为被试)和现场研究两种研究条件下发现,将程序公正(狭义)、分配公正(形式公正)、信息公正和人际公正区分开来对结果预测的效果最好。

上述情况说明,公正各维度的划分是建立在操作的基础上的,实验目的和操作方式不同会在概念上影响公正的定义。因此,在测量和论述组织公正与结果变量之间的关系,如组织公正与组织承诺、满意度、组织绩效等的关系时,必须交代公正维度划分的依据是什么,这样才能避免概念上的混淆和保障结果的精确性。

第三节
组织公正的测量

测量是对研究对象、研究事实或理论概念的量化处理。通过对概念的操作化处理,测量使理论得到检验和证实。再好的理论,如果经受不起实证检验,也是无效的。在组织公正理论的发展过程中,理论概念一度是其存在的最大问题,并由此引发了测量上的问题。例如,早期程序公正的测量内容与当代程序公正的测量内容在侧重点上就有很大的差异。随着组织公正理论的发展和概念的澄清，组织公正的测量方法也得到了改进。反过来，也促进了组织公正理论的不断发展（Colquitt & Shaw，2005）。下面就组织公正的测量问题做简单梳理。

一、公正类型及其测量

首先，组织公正的测量涉及公正类型的划分，因为不同的公正类型的测量方式不同。相对来说，结果公正测量存在的争议不大，而程序公正、人际公正和信息公正的测量一直存在着争议。第一个争议是，人际公正是否应该与信息公正区分开来（Colquitt，2001）。第二个争议是，人际公正是否可以看成程序公正的一个组成部分，代表程序公正的一种形式（Tyler & Bies，1990）。可见，测量需要考虑理论的发展。研究者也要考虑自己的研究假设是什么，如研究中是否要分别考察程序公正和人际公正对结果变量的影响。

其次，每个公正类型都有不同的测量维度，这涉及公正的构成成分，如表1-4所示。以程序公正为例，一开始蒂博和沃克（Thibaut & Walker，1975）认为程序公正的构成成分包括过程控制和决策控制。1980年，利文撒尔又提出了程序公正的六个要素。直到现在，它们都是程序公正的测量维度。例如，早期研究中以过程控制和决策控制作为程序公正的指标，随后，又加上了利文撒尔程序公正的六个要素作为测量指标。在此期间，也有很多学者结合所研究的公正事件，提出了更为具体的公正规则。例如，格林伯格（Greenberg，1990）提出了绩效评估的程序公正规则。然而，如果测量维度没有达成共识，就很难比较不同研究中程序公正体现的特点。为此，科尔基特（Colquitt，2001）将蒂博和沃克的过程控制和程序控制，以及利文撒尔的六个程序公正要素结合起来，开发了"程序公正量表"（Procedural Justice Scale）（见本章后面的附录）。测量维度的统一不仅有助于公正的测量，而且有助于概念的澄清。

表 1-4　测量中常用的公正规则

公正类型	规则名词	规　则　解　释	理　论　来　源
分配公正	公平规则	根据个人的投入分配结果	利文撒尔（Leventhal, 1976）
程序公正	过程控制 决策控制 一致性 无偏原则 准确性 可纠正性 代表性 伦理性	提供表达个人观点的机会 提供影响分配结果的机会 程序在任何时候，对所有人都是一致的 中立，无偏见 基于准确的信息 结果可复查修正；如申诉制度 受决策影响的成员所关心的问题与价值观都应予以考虑 坚持基本的道德和伦理标准	蒂博和沃克（Thibaut & Walker, 1975） 利文撒尔（Leventha, 1980）
互动公正	尊重 社交礼仪 理由正当 诚实	（程序实施过程中） 沟通中体现对对方的尊重 避免不恰当的评论 充分解释 真诚、坦率	比斯和摩格（Bies & Moag, 1986）

＊资料来源：Colquitt & Shaw, 2005, p.118

　　最后，组织公正一般都以某一特定公正事件为背景而展开研究，所以组织公正研究被称为"背景特殊性"研究（Colquitt & Shaw, 2005）。例如，研究者需要确定冲突处理中领导者解决纠纷的程序是否公正，纠纷解决的结果是否公正，纠纷解决过程中是否充分尊重下属作为组织成员的平等身份，纠纷解决中是否及时与下属沟通、维护下属的尊严，等等。这些都涉及人际冲突解决的程序公正、结果公正和互动公正，最终会影响纠纷解决的效果。在这里，冲突处理事件就是公正事件，构成了公正评价和判断的背景。人才选拔、领导行为、绩效评估等都可以看成特定的公正事件。每个公正事件涉及的公正规则不一样，规则的侧重点也不一样。

　　有些研究考察多重公正事件。例如，调查对如下事件的程序公正感和结果公正感：绩效评估、晋升制度、政策变化、纪律处分决定和投诉等。这种方法可以被称为总体公正感测量，因为被调查者需要将组织中的不同公正事件看成一个整体。也就是说，这种测量要求员工将其对所有事件的公正反应合并在一起,描述对所有事件的总体公正判断。这也是非常重要的测量方法。

二、组织公正的直接测量和间接测量

直接测量是根据一个或两个问题对组织公正感进行测量,要求被试判断结果、程序或人际对待方式是否公正(Colquitt & Shaw,2005)。测量得出的一般是对事件的总体公正判断。例如:"在你看来,上级作出加薪决策的过程公平吗?"

间接测量是让被试分别对组织公平的各个测量维度进行评价,一般由多个问题构成。测试维度根据公正的规则确定,如表1-4所示。表中所列的公正规则都可以构成公正测量的维度,编制问卷项目。例如:"在决策过程中,你有机会表达自己的观点,谈及自己的感受吗?"这个问卷项目描述了过程控制规则,测量了程序公正。又如:"工资报酬反映了你对工作的投入程度吗?"这个问卷项目描述的就是公平原则,测量的是分配公正。

程序公正具有情境敏感性,在不同的情境中,涉及的公正的成分不一样。从这个角度来说,间接测量显然比直接测量更好,其包含的信息更丰富。因为直接测量仅用一个问题询问被试的总体公正感,这无法反映公正包含的所有成分。但是,直接测量和间接测量本身并无好坏之分,究竟选择哪种测量法,跟研究的主题密切相关(Colquitt & Shaw,2005)。公正测量中,争议较大的是程序公正测量。如前文所述,程序公正与人际公正应有所区分,同时,这一概念的内涵和外延还在不断发展。下面我们主要结合程序公正,谈谈直接测量和间接测量的适用范围,随后介绍一些经典的调查量表。

(一) 直接测量及其适用范围

在实验室研究中,一般以直接测量为主。实验室环境是单一的公正事件背景,被试反应的对象是人工实验程序。由于实验目的是比较不同实验程序造成的公正感差异,因此,一般会采用直接测量的方式,询问被试在不同实验水平下的公正感。因此,被试的反应是总体公正感,可能既包括程序公正感,也包括结果公正感。在现场研究中,也有比较经典的直接测量,如斯威尼和麦克法林(Sweeney & McFarlin,1993)开发的程序公正问卷(见本章后面的附录)。该问卷最大的价值在于,它能够测量多重公正事件的公正感,包括绩效评估、沟通反馈、晋升、加薪等。

还有一种情况需要采用直接测量的形式,并且在这种情况下,直接测量比间接测量更具优势。以程序公正研究为例,程序公正的作用机制包括发言权效应和公正过程效应,与发言权效应有关的研究主要探究程序的哪些特征会影响人们的公正判断,如结果控制和程序控制、程序公正的规则等;与公正过程效应有关的研究主要探究程序公正感会引发人们什么样的态度和行为后果。因此,在程序公正研究中要区分两类研究(Colquitt,2001;Colquitt & Shaw,2005):前摄研究(proactive research)和后摄研究(reactive research)。前摄研究是研究程序公正事件的特征对公正判断的影响。在这类研究中,公正感一般是因变量,采用直接测量更好。后摄研究是研究程序公正事件引发的公正感对态度和行为的影响,在这类研究中采用间接测量更好。

前摄研究一般采用直接测量的方法测量被试的程序公正感。在此,程序公正感被看成因变量,公正事件的特征是自变量。例如,要调查不同领导方式对员工程序公正感的影响。如果发现专制型领导会降低员工的程序公正感,大可不必使用过于复杂的程序公正量表。只需采用直接测量,询问被试的公正感即可。如果确实要采用间接测量,则需要考虑领导方式本身会影响哪些程序公正规则,如专制型领导可能会影响可纠正性规则、过程控制和结果控制规则等。此时,可以在现有量表中挑选出这方面的条目,因为专制型领导与程序公正的其他规则之间的关系可能不大。

（二）间接测量及其适用范围

现场研究中一般采用间接测量,这种测量方法比直接测量出现得晚。20世纪80年代以后,间接测量逐渐成为组织公正研究的主流。这与组织公正理论自身的发展有关,也与组织公正理论在实际管理活动中的应用有关。

后摄研究一般考察组织公正感对组织或个人结果变量的影响,如组织公民行为、组织报复行为、组织承诺、组织满意度等。在测量方法上,该类研究主要采用间接测量,也可以采用直接测量。如采用直接测量,研究组织公正对组织承诺的影响;采用间接测量,研究组织公正对组织公民行为的影响等。

从预测效果来看,后摄研究中测量方法的选择余地比较大,既可以采用直接测量,也可以采用间接测量。具体而言,直接测量在统计上的预测效果更好,如研究中如果将间接测量的得分汇总在一起,就得到公正感的总分(直接测量),而该总分可以预测绝大部分的结果变量。但从管理应用的角度来说,间接测量的效果会更好(Colquitt & Shaw,2005)。间接测量的问卷项目大都根据公正规则开发,这些规则在管理上具有很高的价值,如决策程序的一致性、信息的准确性、结果的可纠正性等。如果能够准确地区分这些规则的预测效果,对管理就具有很高的实际价值。

下面例举了一些有代表性的间接测量问卷,问卷的具体内容见本章后面的附录。

1. 普里斯和米勒的分配公正问卷

普里斯和米勒(Price & Mueller,1986)为了研究分配公正感对医院职工旷工和离职行为的影响,开发了该分配公正问卷。问卷的理论依据是亚当斯的公平理论,测量工资与个人投入是否一致。个人投入采用重复测量的问卷条目,如责任心、教育水平、培训、个人经验等。该问卷随后被其他研究者采纳。

2. 科内夫斯基等人的程序公正和分配公正量表

科内夫斯基等人(Konovsky,Folger,& Cropanzano,1987)的程序公

正和分配公正量表测量的是加薪背景下被试的公正反应。量表根据表 1-4
中程序公正规则（一致性原则和过程控制、准确性原则）和分配公正规则
（公平原则）开发而成，除了程序公正和分配公正分量表（间接测量），还包
括总体性程序公正量表（直接测量）。在直接测量中，程序公正感等同于过
程控制感。

3. 福尔杰和科内夫斯基的程序公正量表

福尔杰和科内夫斯基（Folger & Konovsky, 1989）的程序公正量表针对
程序公正的测量而开发，共有 26 个条目，用于测量绩效评估的程序公正。量
表开发的依据是蒂博和沃克的过程控制、决策控制规则，以及利文撒尔的六
个程序公正要素。此外，还吸收了格林伯格（Greenberg，1986）的研究结果。
格林伯格认为绩效评估程序的公正性包括五个成分：评估要求的提前告知；
绩效面谈的双向沟通；评估结果的可纠正性；评价者熟悉受评者的工作；评估
标准的一致性。这些都体现在福尔杰和科内夫斯基的量表中。该量表存在
的主要问题是没有区分程序公正和人际公正，但又受到人际公正理论的影
响，吸收了人际公正的规则，如量表条目 1、6、17 均与人际公正有关。

4. 穆尔曼的程序公正和人际公正量表

穆尔曼（Moorman，1991）的程序公正和人际公正量表曾被广泛使用，
因为该量表并不是针对特定的公正事件而开发的。量表区分了程序公正
和人际公正两种公正类型。程序公正与组织的正式决策制度有关（7 个条
目），人际公正与决策者的行为有关（6 个条目）。由于程序公正和人际公正
的划分存在争议，很多研究将该量表中的程序公正和人际公正作为一个变
量来使用（Colquitt，2001）。

5. 科尔基特的组织公正量表

目前使用最广泛的是 2001 年科尔基特（Colquitt，2001）开发的组织公正
量表，该量表分为程序公正（7 个条目）、人际公正（4 个条目）、信息公正（5 个
条目）和分配公正（4 个条目）四个分量表，共 20 个条目（见本章后面的附录）。
量表条目的开发依据和理论依据与表 1-4 所列的公正规则基本一致。2006 年，

科尔基特和杰克逊(Colquitt & Jackson,2006)以过程控制及利文撒尔的六个程序公正要素为基础,在 2001 年量表的基础上,对程序公正分量表进行了修改,条目数从 7 个增加到 21 个,使程序公正的测量从单维测试变为多维测试。不过 2006 年的量表在测量维度上并没有变化,还是 7 个,只是分别增加了测试项目。该量表的特点在于经过修改后可以用于不同的背景,如人才选拔、冲突解决、绩效评估等,也可以根据研究目的对问卷条目进行删改,使之符合特定的公正事件。

6. 刘亚的组织公正量表

刘亚(2002)基于中国文化背景开发了国内首个组织公正量表,该量表共 22 个条目,分为四个维度:分配公平(6 个条目)、程序公平(6 个条目)、领导公平(6 个条目)和信息公平(4 个条目)。该量表与西方量表最大的不同在于提出了一个组织公正的新维度:领导公平。领导公平超出了人际公平的范围,成为和物质利益分配公平相对应的"精神分配"公平,并且领导公平对相关效果性变量的预测力最强。

测量是理论发展的关键。只有经过实证检验,理论才能站得住脚,并获得稳步发展。随着理论的发展,测量方法也在不断地改进。在设计和开发测量问卷的时候,需要仔细考虑问卷的目的和需要证实的理论。对上述问题的简单回顾或许能给予我们一些有用的启示。

附录:组织公正量表一览

一、普里斯和米勒(Price & Mueller,1986)的分配公正问卷(间接测量)
   1. 与承担的工作责任相比,你觉得自己获得的工资报酬公平合理吗?
   2. 考虑到你的教育背景和受到的培训,你认为自己的工资收入公平吗?
   3. 与你的工作经验相比,你觉得目前单位给你的报酬是否公平?
   4. 与你付出的努力相比,你觉得报酬合理吗?
   5. 你觉得单位给你的报酬反映了你工作上的贡献吗?
   6. 与工作中承受的压力以及工作带来的紧张感相比,你觉得报酬合理吗?
   (5 点计分,从"1=分配非常不公平"到"5=分配非常公平")

二、科内夫斯基等人(Konovsky,Folger,& Cropanzano,1987)的程序公正和分配公正量表
   A. 程序公正量表(间接测量)
      评价你的上级在以下方面的表现程度:

　　1. 上级给予你表达自己观点的机会；
　　2. 绩效评估中上级能坚持原则，评价标准对所有人一致；
　　3. 上级经常考察你的工作表现。
　B. 总体性程序公正量表（直接测量）
　　1. 在你看来，上级作出加薪决策的过程公平吗？
　　2. 根据上级对你作出的加薪决策，你判断上级在决策过程中是公平的吗？
　　（9 点计分，从"1＝一点也不公平"到"9＝非常公平"）
　C. 分配公正量表（直接/间接测量）
　　1. 你觉得工资增加的额度公平吗？
　　2. 你觉得工资增加的部分是你应得的吗？
　　3. 你觉得工资增加的额度与你的工作绩效关系大吗？
　　（9 点计分，从"1＝一点也不公平"到"9＝非常公平"）

三、福尔杰和科内夫斯基的(Folger & Konovsky, 1989)的程序公正量表(间接测量)
　指出你的上级在多大程度上符合下述描述：
　1. 领导对你比较诚实，做事讲良心；
　2. 领导给你表达自己观点的机会；
　3. 绩效评估中领导能够做到坚持原则，评价标准对所有人一致；
　4. 在评价自己的绩效表现时，领导能认真考虑你的观点；
　5. 领导的反馈建议能帮助你提高业务水平；
　6. 领导对你非常坦率、正直；
　7. 领导行事过程中能够尽量做到公平；
　8. 领导非常了解你的工作表现；
　9. 领导考虑的因素有些是你无法控制的(R)；
　10. 领导在对你的建议中采纳了你的观点；
　11. 你非常清楚领导对你的期望；
　12. 为提高你的绩效水平，领导会跟你协商提升计划和提升目标；
　13. 关于你的工作绩效，领导的资料非常准确；
　14. 领导非常清楚你在工作中的优点；
　15. 为了提高组织绩效，领导征询过你的个人建议；
　16. 领导经常观察你的工作表现；
　17. 领导有时候做事方式不得体(R)；
　18. 领导对你的评价带有个人目的或个人偏见(R)；
　19. 领导对你的绩效评估受到一些无关因素的干扰(R)。
　最终加薪决策作出后，你觉得自己是否有机会从事下列行为：
　1. 复查上司的决定，目的是为了改善自己的处境；
　2. 和上司一起解决你的困难，如工作任务和工作责任；
　3. 说出为什么要获得应有的工资增长额度；
　4. 就工资额度增长不足进行申诉；
　5. 向上司表达你对加薪决策的个人感受；
　6. 就自己绩效的评价方式，和上司一起讨论；
　7. 和上司一起协商未来绩效改进计划。

四、穆尔曼(Moorman, 1991)的程序公正和人际公正量表(间接测量)
　A. 组织的正式程序是用于：
　　1. 收集决策的信息和资料；

  2. 提供申诉或改变决策的机会；

  3. 考虑到受决策影响的所有人的利益；

  4. 制定标准，保证决策能够一视同仁；

  5. 听取受决策影响的所有人的观点；

  6. 提供决策和决策执行情况的有用反馈；

  7. 允许澄清决策的请求，或提供必要的决策解释信息。

B. 人际公正：

  1. 你的上司能仔细考虑你的观点；

  2. 你的上司能避免自己的个人偏见；

  3. 你的上司能及时向你提供决策反馈，并作出必要的解释和澄清；

  4. 你的上司对你比较友好、关心、体贴；

  5. 作为员工，你的上司比较尊重你的权利；

  6. 你的上司比较实事求是。

五、斯威尼和麦克法林(Sweeney & McFarlin，1993)的程序公正问卷(直接测量)

1. 绩效评价的程序是否公正？

2. 绩效反馈的沟通方式是否公正？

3. 晋升的决策程序是否公正？

4. 薪资增长的决策程序是否公正？

六、科尔基特(Colquitt，2001)的组织公正量表(间接测量)

A. 程序公正：

  1. 在决策过程中，你有机会表达自己的观点，谈论自己的感受吗？

  2. 你觉得自己能影响决策的结果吗？

  3. 程序在实施过程中做到了前后一致吗？

  4. 决策程序能够做到避免偏见吗？

  5. 决策程序所依据的资料或信息准确吗？

  6. 你能够针对程序造成的结果申诉吗？

  7. 程序是否坚持道德和伦理的标准？

  (5 点计分：从"1＝程度非常小"到"5＝程度非常大")

B. 人际公正(间接测量)：

  下列问题针对的是实施程序的权威人物，请回答：

  1. 他/她对你礼貌吗？

  2. 他/她对你尊重吗？

  3. 他/她能有尊严地对待你吗？

  4. 他/她不会说一些不合时宜的话或评论。

  (5 点计分：从"1＝程度非常小"到"5＝程度非常大")

C. 信息公正(间接测量)：

  下列问题针对的是实施程序的权威人物，请回答：

  1. 在沟通过程中他/她坦诚吗？

  2. 他/她对程序的解释充分吗？

  3. 他/她对程序的解释合理吗？

  4. 他/她就程序的细节问题及时作出响应吗？

  5. 他/她能根据每个人的特点改变沟通方式吗？

  (5 点计分：从"1＝程度非常小"到"5＝程度非常大")

D. 分配公正(间接测量):

　　下列问题涉及有关你的结果,请回答:

　　1.(结果)反映了你工作中投入的努力吗?

　　2.(结果)与你完成的工作一致吗?

　　3.(结果)反映了你为组织作出的贡献吗?

　　4. 根据你的工作绩效,(结果)合理吗?

　　(5 点计分:从"1＝程度非常小"到"5＝程度非常大")

七、刘亚(2002)的组织公正量表(间接测量)

A. 分配公正:

　　1. 薪酬反映了我对工作所做的努力;

　　2. 与其他同事的工作表现比,我的薪酬待遇是合理的;

　　3. 我的薪酬反映了我对单位的贡献;

　　4. 与相同工作和职务的同事比,我的薪酬待遇是合理的;

　　5. 就我的工作量和责任而言,我所得的报酬是合理的;

　　6. 就我的工作表现而言,我所得的报酬是合理的。

B. 程序公正:

　　1. 分配有章可循;

　　2. 分配是公开的和透明的;

　　3. 分配制度都能很好地执行;

　　4. 我们单位员工能够参与分配制度的制定过程;

　　5. 所有人在分配制度面前是平等的;

　　6. 我们单位的分配制度能够代表大多数人的意愿。

C. 领导公平:

　　1. 单位领导对我没有偏见;

　　2. 我的工作得到了单位领导的认可;

　　3. 单位领导对我的评价是恰当的;

　　4. 在工作中,单位领导能给我提供支持和帮助;

　　5. 我觉得自己得到了单位领导足够的尊重;

　　6. 单位领导对我的评价是公正的。

D. 信息公正:

　　1. 对分配的结果有意见,领导会耐心地解释;

　　2. 对分配的程序和过程有意见,领导会全面地解释;

　　3. 我觉得领导对分配过程和结果的解释很有道理;

　　4. 领导很关心我对分配的想法,并能够及时与我沟通。

　　(5 点计分:从"1＝非常同意"到"5＝非常不同意")

第二章

公正判断过程

　　人们是如何进行公平判断的？对这一问题的回答主要有亚当斯的公平理论、福尔杰的参照认知理论、福尔杰的公平性理论、公正启发式理论以及不确定性管理理论。同时,程序公正一直是组织公正研究的核心,围绕程序公正判断的研究也已形成大量成果。

第一节
公正判断的经典理论

一、亚当斯的公平理论

(一) 公平理论的基本内容

　　公平理论(equity theory)由美国心理学家亚当斯于 20 世纪 60 年代最先提出,也称社会比较理论。亚当斯的这一理论主要用于解释工资报酬分配的合理性、公平性及其对员工生产积极性的影响。

　　公平理论认为,员工首先考虑自己所得与付出的比值,然后将自己的所得/付出比与相关他人的所得/付出比进行比较。如果员工觉得自己的比值与他人相同,则为公平状态;如果感到两者的比值不相同,则产生不公平感,也就是说,他们会认为自己的所得过高或过低。这种不公平感出现后,员工就会试图去纠正它,具体关系见表 2-1。

表 2-1　亚当斯的公平理论

觉察到的比率比较	员工的评价
所得 A/付出 A＜所得 B/付出 B	不公平（报酬过低）
所得 A/付出 A＝所得 B/付出 B	公平
所得 A/付出 A＞所得 B/付出 B	不公平（报酬过高）

（注：A 代表某员工，B 代表参照对象）

这里所谓的付出和所得都是个人的主观感觉和判断。付出不仅包括一个人主观感受到的劳动量的多少、效率的高低和质量的好坏，还包括年龄、性别、所受教育与训练、经验、技能、职务、社会地位、对组织的忠诚与努力程度等。所得是指一个人得到的劳动回报，包括工资、奖金、地位、权力、待遇、赞赏、表扬、对工作成绩的认可、提升等。

一般来说，当员工感到不公平时，就会感到紧张、焦虑。为了削弱所感受到的不公平以及降低相应的紧张与焦虑水平，员工会采取一些行动。具体说来，当员工感到不公平时可能会采取以下几种做法：

（1）采取某种行动改变自己的付出或所得。感到报酬过低的员工可能会减少自己的投入，如迟到、早退，工作不积极；或者要求增加自己的所得，如要求增加工资，更有甚者会盗窃公司的财物。而感到报酬过高的员工可能会增加自己的投入。

（2）采取某种行动使他人的付出或所得发生改变。如通过申诉、上告、吵闹等方式要求降低他人的报酬或增加投入。

（3）曲解自己或他人的付出或所得。员工可能会歪曲付出和所得来获得公平的感受。报酬过高的员工更容易采用这种策略，他们会认为自己的付出更多。

（4）选择另外一个参照对象进行比较。

（5）辞职。

公平理论从社会比较的角度研究激励的心理过程。该理论认为，每个人不仅关心因自己的工作努力所得到的绝对报酬，而且关心自己的报酬和他人的报酬之间的关系。因此,他要进行种种比较来确定自己所获报酬是否合理,比较的结果将直接影响今后工作的态度和积极性(刘永芳,2008)。

(二) 公平理论评述

亚当斯的公平理论为组织公正研究作出了重大贡献,在管理实践中具有重要的现实意义。实践证明,该理论所描述的公平感受是一种普遍的心理现象,它广泛存在于组织环境中,并直接作用于员工的行为过程,影响员工的工作积极性。但它也有局限性:首先,公平理论只考虑决策结果(尤其指物质利益)对公正性的影响,忽视了决策程序对公正性的影响;其次,公平理论仅认为个体的产出与投入之比与参照对象的这一比值相等就会产生公平感,即强调条件相等的公平感。然而,在现实生活中,既存在两个人条件相等的情况,也存在条件不相等的情况,如资历、工龄、职务、劳动投入量等方面的差异。在这种情况下,无差异分配(按亚当斯的等式)不仅不能产生公平感,反而会产生不公平感。

针对上述情况,俞文钊(1991)提出了公平差别阈(equity difference threshold,EDT)这一概念。公平差别阈是指能使两个条件不相等的人,刚能产生公平感时的适宜差别的比值。研究发现:职工与承包者收入的公平差别阈比值以1∶2至1∶3最为适宜;工人与中层管理干部的公平差别阈比值为1∶1.3至1∶1.5较为适宜。同时,俞文钊(1991)在测量上海职工的公平差异阈时发现,人们对报酬偏低的敏感性远远高于报酬偏高的敏感性。由此可见,公平感具有非对称性。另外,公平的标准也存在争议。公平标准是指人们对怎样分配才公平所持有的观点与认识,也称为公平观或公平规范。公平标准可以因个人的价值观、群体的特点、文化传统等因素而不同。多伊奇(Deutsch,1975)认为有三种最基本的社会公平规范:贡献律、平均律和需要律。而亚当斯的公平理论只强调了贡献律,没有考虑到其他公平规范的作用。

二、福尔杰的参照认知理论

福尔杰（Folger，1986a，1986b）的参照认知理论（referent cognitions theory，RCT）试图解决公平理论所存在的问题。参照认知理论的主要观点是，当个体相信存在可以选择的多个程序，其中能产生更好的结果而应当被选择的程序没有被采用时，就会感到不公平。在反思亚当斯的公平理论的局限性的基础上，福尔杰认为，应该用更为明确的方法描述公正知觉过程中的认知要素和情感要素。具体地说，福尔杰（Folger，1986a，p.147）认为："假设你没有得到你应得的东西。不管被破坏的公平原则是需要原则、公平原则还是平等原则，你都会感到忿忿不平。无论哪一个原则被破坏，重要的是已经发生的并非应当发生的。当你感到忿忿不平时，你的想法是有参照的——根据这个参照来评价已经实际发生的事情构成了与本来应该发生的事情的一个心理比较。如果事情按照应当发生的那样发生了，就会形成一个参照认知，这就在心理上形成'本来应当是什么'的想法。"

亚当斯的公平理论强调的是痛苦的感觉，而福尔杰（Folger，1987）的参照认知理论强调的是伴随着相对剥夺而产生的愤怒和怨恨的感觉。具体地说，参照认知理论认为在三种条件下，决策过程导致的怨恨会最大化：

（1）参照结果高，也就是说，可以很容易想象，如果事情按照另外一种方式发生，会有什么样的结果。

（2）感觉改善的可能性低，也就是说，没有希望表明，未来的结果会比目前更好。

（3）说服性低，即事情本来可以按另外一种情况发生。

参照结果反映的是分配公正，而说服性既反映了程序公正，又反映了互动公正的解释原则。参照认知理论的上述三个成分得到了实验的支持。在结果不变的情况下，通过改变说服性条件，可以有效地缓解因结果而带来的愤怒和怨恨。同样，参照结果高也并不一定会产生不公平感。如果分配的过程是公平的,或者个体相信将来会有有利的结果,又或者提供给个体足够的解释,那么都将降低个体的不公平感(Folger & Martin,1986;Cropanzano & Folger,1989)。

其他一些实验研究了公正知觉、抱怨、满意度和退缩之间的关系,也获得了类似的结果。泰勒(Tyler,1987)的研究发现,如果个体认为他们在团体间的位置是合法的或稳定的,即使这种处境对他们不利,他们也能接受。相反,如果他们认为其在团体间的位置是不合法的或不稳定的,他们就有可能产生对该情境的认知参照。结果,就如参照认知理论所述,这些认知参照使个体对他们的处境作出不公平的评价,而这种程序与分配不公平的联合效应就给个体带来了消极情绪并激发了集体破坏行为。

尽管参照认知理论弥补了公平理论的某些局限,但是也有其自身的不足。福尔杰和克罗潘扎罗(Folger & Cropanzano,2001)指出,尽管该理论指出了让他人对不公平对待承担责任的必要条件,但是并没有详细说明这些责任推断的具体过程。而且,和公平理论相似,参照认知理论也是主要探讨参照对象的物质和经济利益方面,而不是社会情绪方面。该理论也忽视了个体所面临的逆境的大小以及该逆境违背公平道德准则的程度是如何影响人们的公平判断的。

三、福尔杰的公平性理论

由于参照认知理论存在不足,福尔杰对该理论进行了修正,在其基础上提出了公平性理论(fairness theory)。福尔杰(Folger,1998,2001)提出的公平性理论是建立在反事实思维(counterfactual thinking)的基础上的。其主要观点是:公平感是判断某一实体或个人是否该为某一行为承担责任,即个体通过反事实比较进行责任认定的过程。

公平性理论包含以下三个要素。

(1)意向状态:存在状况的反事实比较。在公平性理论中,反事实思维的假想状态是主体的意向,它作为一种参照标准与当前的实际状态进行比较。反事实思维的这种比较一般而言是自动的、无意识的。与亚当斯的公平理论一样,参照标准存在个体差异,并随条件的变化而变化。通过比较,实际状态和参照状态之间的差距决定了个体对后果的消极性或损失的知觉。福尔杰认为,对自身状态进行的反事实推理对公正判断尤为重要,因为,如果反事实的假想结果比现状好得多的话,个体更会念念不忘,消极事件或消极结果便更容易产生消极情感。

(2)可行性和可控性:行为的反事实比较。在公平性理论看来,可行性(feasible)指的是假想行为与责任主体(肇事者)的实际行为之间的比较。个体通常采用很简单的方式进行反事实推理,而不是想象所有的反事实行为。所以,受害者通常想象的是:如果换作他人,事情就可能不这样发生。这时,人们更有可能将责任推卸给当前的肇事者。

要进行责任认定,责任主体必须被认为其自身的行为是可控的,并具有自由选择的可行性。可行性指的是责任主体能做或不能做什么。责任主体的实际行为与其可行、可控的行为之间的差距决定了责任主体承担责任的大小。很明显,责任主体的意图显得尤为重要。因此,责任主体需要证明自己对行为后果的不可控性,或者解释自身行为的无意性,责任主体的解释能降低所应承担的责任或他人对其的责任认定。如果责任主体对其行为具有完全的可控性或行为是其有意为之的话,其被认为应承担的行为后果的责任就越大。

(3)道德的应当性:道德准则的反事实比较。个体将自己的道德准则与责任主体在实际事件中体现的道德准则进行比较时,会出现应当性的反事实推理。应当性反事实(should counterfactual)的产生有两个来源。首先是道德哲学。在福尔杰看来,一般有两种道德哲学供人们选择:利他主义,以结果或功利为导向,强调道德行为应该为大多数人争取最大利益;形式主义,行为因为它本身而存在,强调的是自由人的行为和选择。研究表明,利他主义的管理者关心分配公正,而形式主义的管理者强调程序公正。其次是心理契约,心理契约指组织中人们一致认同的正确行为方式或人际交往方式,它以内隐或外显的形式存在。心理契约传递的社会信息使特定的行为发生获得许可,这种许可决定着人们应当怎么做,不应当怎么做。三者之间的关系可以通过图 2-1 来表示。

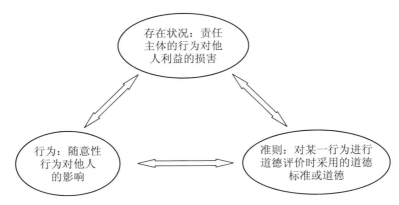

图 2-1　公平性理论三要素关系简图

公平性理论认为,公正感是一种判断结果,人们都根据事件信息来寻找责任主体;反事实思维揭示了公正的认知过程,人们总是无意识或下意识地进行公正推理;公正或不公正的原因可能是多重的、同时存在的。但公平性理论缺乏可操作性,涉及公正判断的三个要素很难进行实证检验。

四、公正启发式理论

林德等人(Lind,2001;Lind & Van den Bos,2002)研究了公正心理判断过程中采用了什么样的心理捷径。这种启发式理论主要有公正启发式理论(fairness heuristic theory)和不确定性管理理论。

公正启发式理论的第一个假设是,人们一般根据可获得的信息,很快地形成公正启发式,并由此而影响随后的决策制定(Van den Bos et al.,1997)。他认为,在公正启发式中存在首因效应,首先获得的信息比随后获得的信息对公正判断造成的影响更大。实验证实了这个假设。实验的目的是评价决定分配结果的选择。自变量是操纵程序公正,有两个条件:过程正确或过程不正确,并且分配结果也相应地发生变化。程序信息和结果信息获得的次序安排也是不同的,也就是说,被试接受这两种信息的时间次序不同。如果结果信息首先获得,那么它对满意度和公正判断的影响更大。相反,如果程序信息首先获得,那么程序信息对公正判断和满意度的影响较大。

公正启发式理论的第二个假设是,公正启发式可以用来预测信任(Van den Bos et al.,1998a)。权威的可信任性对组织非常重要,但信任比公正感更难判断。范登博斯(Van den Bos)在实验中变换权威的可信任性信息,实验条件分为被试可获得或不可获得相关信息。结果表明,信任信息的获得可以调节程序公正(过程公正)的效应。具体地说,无论是积极的信任信息还是消极的信任信息,程序公正对满意度和公正评价的效应都是中性的。

公正启发式理论为公正评价是如何形成的提供了一个直接的解释。信任的不确定是公正启发式理论研究的核心,但在现实情境中,除了信任的不确定,还有很多其他类型的不确定,接下来详细介绍另一种启发式理论——不确定性管理理论。

五、不确定性管理理论

林德和范登博斯(Lind & Van den Bos,2002)详细介绍了不确定性管理理论。不确定性管理理论(uncertainty management theory)是公正启发式理论的发展。公正启发式理论主要解决信任的不确定性,而不确定性管理理论除了解决信任的不确定性,还考虑了其他不确定性。这一理论的核心是,人们通过公正来调节自己对不确定性的反应,从与不确定性相关甚至不相关的公正体验中获得安全感(Lind & Van den Bos,2002)。

(一)不确定性和公正判断:不确定性引起对公正的关注

不确定性是人们关心公正的关键原因。具体地说,研究表明,公正需求在这些情况下最为突出：(1)对社会权威的可靠性不确定时；(2)考虑死亡问题，而对自己的生存环境存在不确定感时；(3)需要注意生活中的不确定性事件时。林德和范登博斯详细分析了为何权威的可靠性不确定时，人们的公正需求最强烈。

公正启发式理论认为(Van den Bos, Lind, & Wilke, 2001)，当相互依赖和社会认同过程存在问题时，人们特别需要公正判断。但是在许多社会、组织和政治环境中，无法直接获取有关权威可靠性的信息。因此，根据公正启发式理论可以推测，如果人们无法获取有关权威可靠性的信息，他们就必须想办法对所获的结果进行判断。在这种情境下，人们实际上对权威的可靠性存在不确定感，此时，人们只能根据对分配程序公正性的判断，作出对分配结果产生何种反应的决策。换句话说，在这种情境下，信任的信息是有限的，判断分配结果的过程中，程序公正成为一种启发替代物。因此，当人们无法直接获取有关权威可靠性的信息时，如果在分配过程中权威人物采用了公正的程序，那么他们对权威人物的分配结果的反应将更为积极。

范登博斯(Van den Bos，1998b，1999，2002)通过两个实验检验了上述假设。第一个实验是情景模拟，第二个实验则操纵权威可靠性和公正程序。实验结果显示，被试的结果满意度表现出强烈的交互作用。在被试不确定是否该信任权威的条件下，拥有发言权的被试比没有发言权的被试对结果的满意度更高；在被试信任或不信任权威的条件下，发言权没有影响结果满意度。

上述研究表明，在不知道是否能够信任权威的情况下，被试对所获结果的反应受到程序公正信息的强烈影响。当被试处在权威可靠性不确定的情况下，被试更乐意接受权威在公正程序下所做的分配。然而，如果被试认可权威的可靠性，他们就很少使用过程公正的信息。换句话说，当权威可靠性不确定时，人们更可能将公正判断作为信任的启发判断物。

（二）不确定性和公正判断的形成：信息不确定性引起的替代过程

不确定性不仅会激发人们对公正的关注，而且会引起公正判断形成过程中特殊的认知过程。也就是说，不确定性不仅与人们为什么关心公正有关，而且与公正判断的形成过程有关。根据卡内曼等人（Kahneman et al.，1982）对不确定性决策理论和公正启发式理论的研究，人们通过公正判断来应对不确定性。如果想要知道人们认为哪些事情是公正的，就不得不考虑不确定性事件如何影响人们的公正判断。在公正判断形成的过程中，人们首先寻找自身所处环境中与之最相关的公正信息。不过，通常来说，人们往往又缺乏这些与公正判断非常相关的信息。研究表明，在信息存在不确定性的情境中，人们会使用其他信息，如启发替代物来评价什么是公正的，这种效用被称为公正可替代效应。人们用一类公正信息替代另一类公正信息，来避免对是否受到公正对待的判断的不确定性。

1. 分配公正判断中的可替代效应

在分配公正理论中，最为著名的可能就是亚当斯的公平理论。在公平理论看来，如果个人的所得/投入之比与他人的所得/投入之比是相等的，那么分配就是公平的。这当中涉及社会比较过程。公平理论和其他相关的理论，如相对剥夺理论、布劳的分配公正理论都强调评价分配时的社会比较信息。分配公正的中心问题是个人所获结果与他人所获结果的比较是否影响了个体对分配公正的信念（Messick & Sentis，1983）。

在社会学和组织行为学中，公平理论得到了广泛的认可。实际上，亚当斯的公平理论自提出以来，一直被看成一种解释公正判断过程的理论。但问题是，要判断结果是否公正，我们需要知道在与他人比较的过程中，我们究竟知道了什么，获得了什么信息。范登博斯等人（Van den Bos et al.，1997）曾质疑，公平理论假设我们与他人的结果进行比较，但是，在实际生活中，我们真的能够确切地知道他人的实际结果、收入吗？事实上，通常情况下我们很难做到。不仅如此，我们更难衡量他人的投入。因此，如果无法确切地获得有关结果的社会比较信息,那么,在日常生活中,分配公正判断的形成就要比公平理论描述的复杂得多。

因此,可替代效应理论应运而生。当无法知晓他人所获结果时,人们会寻找其他与公正有关的信息。问题是人们可以获得什么样的信息?程序信息——虽然我们不知道他人的结果和投入,但分配程序我们通常能知道。可见,在多数情境中,人们转而根据程序的公正性来判断结果的公正性,即用程序公正作为启发替代物,来判断结果的公正性。因而,在人们仅仅知道自己的收入,而不知道他人收入的情况下,就会出现公正过程效应。与不公正的程序相比,公正的程序会促生结果公正的判断。当然,如果人们对他人的产出和投入都获得非常充分的信息,这种过程效应便不会表现得那么明显。

2. 程序公正判断的可替代效应

接下来的问题是可替代效应是否能够解释程序公正是如何形成的。这就要考察结果公正对程序公正判断的影响,可称为公正结果效应。范登博斯发现了这样一种公正结果效应,即区分了外显和内隐无发言权条件下的心理现象。

范登博斯(Van den Bos,1999)区分了两种无发言权程序。一种类型的无发言权程序在福尔杰(Folger,1977)和林德等人(Lind, Kanfer, & Earley,1990)的研究中出现过。只有有发言权的被试才知道在主试所做的决策中自己拥有发言的机会。在无发言权的条件下,被试不知道自己有发言权。范登博斯将后一种条件称为内隐的无发言权程序。还有一种无发言权程序是,被试被告知他们没有机会陈述自己的观点,这被称为外显的无发言权程序。

范登博斯(Van den Bos,1999)假设,当无法获得程序信息时(如内隐的无发言权条件),人们对程序的判断存在不确定性,因而他们只能根据结果的公正性来判断程序。因此,程序公正判断受到结果公正性的强烈影响。不过,当一个人被明确告知没有发言权时,他对该程序的信息比较明确,也就不需要结果的信息,因而公正结果效应对程序公正判断的影响不明显。

在实验中,在有发言权条件下,主试要求被试写下自己获得的彩券百分比。在外显的无发言权条件下,被试不需要写出自己的所得。在内隐的无发言权条件下,被试不知道发言程序(因此,他们也就内在地接受了不发言)。随后被试收到 3 张彩券,同时告诉他们其他被试收到 3 张(等于)或 5 张(多于)彩券。因变量是被试的程序公正判断。

实验结果表明,程序公正判断受到程序、结果和程序与结果的交互作用的显著影响。程序主效应表明,在有发言权的条件下,程序最公正,内隐无发言权次之,外显无发言权最差。结果主效应表明,在分配结果相等的情况下,被试认为程序最公正。有趣的是,程序和结果之间的交互作用对程序公正判断产生的影响:在内隐的无发言权条件下,被试的程序公正判断体现出显著的公正结果效应,说明在结果相等的情况下被试对程序的判断更公正;在外显的无发言权和有发言权条件下,无显著的公正结果效应,说明在这些条件下程序公正判断受到结果的影响无明显差异。

总之,有关程序的信息会影响人们对结果公正的判断。在大多数有关公正过程效应的研究中,我们非常关注结果信息的特点,以及在结果信息不确定的条件下,程序公正是否可以作为启发替代物。相反,在研究结果信息对程序公正判断的影响时,我们考虑的是公正结果效应。这些研究都表明,无论是哪种公正(结果或程序),在信息不确定的条件下,它们之间可以互相替代,作为判断对方是否公正的参照。这说明,不确定性也对公正判断的心理存在影响。当人们作出公正判断的决策时,涉及一种特殊的不确定性管理:人们试图解除公正判断过程中碰到的不确定性。内在于公正判断过程中的信息不确定性导致公正判断中出现明显的公正可替代效应。除此之外,利用公正判断进行不确定性管理还有一个结果,就是公正判断中的首因效应。

(三) 不确定性和公正判断的形成:不确定性导致的首因效应

不确定性会导致锚定效应(Tversky & Kahneman,1974),在程序公正和分配公正中也会出现锚定效应,特别是首因效应(Van den Bos,Lind,& Wilke,1997)。泰勒和林德(Tyler & Lind,1992)认为,由于向他人让渡权利存在着被剥削的可能,因此当人们不认识对方或没有与对方打过交道时,就存在不确定感。理论上,解决这种不确定性的主要方法是根据公正与否来判断对方是否可靠。这种认知过程的特点是,一旦人们进入不确定情境,他们就会搜集公正判断赖以形成的信息。此外,根据公正启发式理论(Lind,2001),一旦人们形成了公正判断,公正就会作为启发物来解释随后发生的事件。可见,相对于以后获得的信息,最初获得的权威信息对公正判断的影响最为显著。

早期的研究均发现,在公正判断的过程中程序公正比分配公正对公正判断的影响更为明显。那么,程序公正和分配公正形成的条件是否对各维度的公正判断产生影响呢? 范登博斯等人(Van den Bos et al.,1997)认为,可以从程序公正和分配公正形成过程中信息获得的次序入手。

如果程序公正与分配公正判断形成的次序是固定的,那么在获得分配公正的信息之前人们就会获得程序公正的信息。例如,法院审判程序在起诉之前各方均已知晓。还有一种情况也是有可能的,即在获得程序信息之前,人们已经知晓结果。例如,学生参加了一个考试,两周后知道自己没有通过,但两个月后才得知老师只批改了一半试卷。

如果程序信息获得在前,结果信息获得在后,那么程序信息对人们公正判断的影响更为显著。反之,如果结果信息获得在前,程序信息获得在后,那么结果信息对公正判断的影响更强烈。总之,信息获得的先后会影响公正判断的形成。

范登博斯等人(Van den Bos et al.,1997)认为,在不确定情境中,无论是哪一种公正信息(程序公正或分配公正),首先获得的信息能够影响对后来获得信息的解释。早期形成的公正判断导致锚定效应,后来的信息最多只是对其进行调整。林德(Lind，2001)的研究也发现，在程序公正判断的形成中，早期获得的信息对以后获得的信息有很大的影响。范登博斯等人(Van den Bos，Wilke，Lind，＆ Vermunt，1998b)发现，早期实行的公正规则比以后实行的公正规则对形成程序公正的影响更大。

这些研究都突出了不确定性的地位，同时强调最初获得的公正信息具有重要的影响。这就意味着，在不确定性情境中，人们有公正判断的需要。因此，公正判断的一个重要作用就是不确定性管理：作出公正判断后，人们利用公正判断尝试应对不确定感；在这一过程中，他们利用早期获得的信息进行公正判断。

决策理论认为，不确定性情境会导致锚定效应。这里陈述的首因效应是公正领域中锚定效应的一个特例。斯塔佩尔等人(Stapel ＆ Koomen，2001)在评价范登博斯等人的研究时指出，范登博斯等人的研究表明，当人们获得某一结果时，他们通常会形成对结果公正性的看法和对程序公正的情绪体验，结果显示存在公正过程效应。而当人们获得某一结果时，他们也有可能会将结果和程序进行对照和比较：结果比程序好还是坏？等等。这种比较的过程也许会产生一种矛盾的现象，即程序是好的，但对结果的评价并不怎么好。什么决定了对公正过程的知觉呢？范登博斯等人的研究表明，比较的目的具有优先性。公正的程序产生的效果甚至比不公正的程序更差，这是因为在公正评价的过程中出现了锚定效应。

不确定管理理论用全新的视角重新审视了公正的心理过程，这给予我们不同的启发和新的见解。最重要的结论是，公正之所以对人们如此重要，是因为在某种程度上它降低或消除了人们的不确定感。对公正信息的搜索是对不确定性的一种正常反应。当人们面对不确定时，会很正常地出现公正判断和相应的反应。一些公正效应，如可替代效应、首因效应等会随着不确定性程度的提高而提高。一些可获得信息就会充当人们公正判断的启发式，帮助人们对不确定情境作出公正判断。

以上五种模式都从各自的角度解释人们的公正判断过程，并且都得到了一些研究的支持，但它们并未实现整合。心理学家的研究已经证实，人类的判断范围是一个连续带：从仔细地、有意识地评价所有可利用的信息从而作出审慎的判断（系统加工），到依赖容易得到的信息迅速而有效地作出判断（自动加工）。这五种公正理论处在这条连续带的不同点上。公平理论、参照认知理论和公平性理论认为，对自我和参照对象的有意识的、仔细的评价决定了公正感的判断。在时间和认知资源充足的条件下，这种过程可能更为适用。然而，在某些认知资源有限的情况下，个体使用公正启发式来进行公正判断（Cropanzano et al.，2001；李晔，龙立荣，刘亚，2003）。公正启发式理论和不确定性管理理论就描述了这种自动化的过程，公正启发式理论可以说是不确定性管理理论的特例。

第二节
程序公正判断过程

20 世纪 80 年代初，程序公正开始受到学界极大的关注。人们更多地关心"如何作决策"，如薪酬计划应如何制定，矛盾冲突应如何解决，而较少关心"决定是什么样的"。程序公正成为组织公正领域的研究重心和热点（林晓婉，车宏生，张鹏，王蕾，2004）。

程序公正概念，特别是发言权效应提出之后，研究者围绕发言权效应开展了大量研究。这些研究主要围绕两条线索开展：一条线索是发言权效应（voice effect），主要回答发言权为什么起作用，也就是人们判断程序公正的心理机制是什么。这又分为两种观点：一种观点认为，发言权的机制是通过对过程和结果的控制达到有利的分配结果，这种观点可称为工具模型（instrumental model）；另一种观点认为，发言权能够证明成员与群体之间的关系，使成员感觉到自己在群体中的价值和地位，这种观点可称为团队价值模型（group-value model）。另一条线索是公正过程效应（fair process effect），即程序公正会造成哪些有利或不利的结果（如图 2-2 所示）。

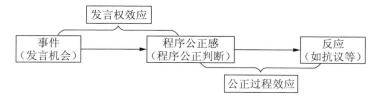

图 2-2　程序公正的发言权效应与公正过程效应

* 资料来源：Van den Bos，2005，p.279

一、程序公正判断的影响因素及其心理机制

（一）发言权效应：影响程序公正判断的重要因素

前文已述，程序公正研究始于 1975 年蒂博和沃克（Thibaut & Walker，1975）对冲突解决过程中第三方介入的研究。他们认为，人们对冲突解决过程是否公正的判断与两种控制有关：结果控制和过程控制。结果控制指当事人对结果的控制程度；过程控制指当事人在纠纷解决过程中能否呈现事实和证据，拥有发言权。蒂博和沃克发现，相较结果控制，在决策制定过程中给予当事人更多发言权的程序会被认为更公正。这就是发言权效应，又称过程控制效应（process control effect）。

发言权效应意味着在程序实施过程中，比起没有发言权，允许人们拥有发言权会令人们认为程序更加公正。对于发言权效应，人们主要探究什么样的发言权才有效果。例如，埃弗里等人（Avery & Quiñones，2002）指出，发言权的以下几个特点会影响人们对程序公正的判断：（1）发言机会，指实际获得的向决策者表达自己观点的机会。（2）发言机会感，指个体对获得发言机会的主观感受。例如，有些组织表面宣称让员工畅所欲言，但实际上员工感觉组织并不重视自己的发言权，在这样的情境下，员工的发言机会感就低。（3）发言行为。发言机会并不一定会产生实际的发言行为，因此发言行为是指个人建议的实际表达，如向决策者反映自己对组织、工作任务、工作方法的看法。(4)发言的工具性,指发言的效果,即个人发言行为对决策的影响程度。

埃弗里认为,在控制发言机会的情况下,发言机会感、发言的工具性和发言行为均会影响发言者的程序公正判断,并且在发言工具性低的情况下,发言行为并不会产生程序公正感。这说明,在组织中不但要给予发言权,而且要真正落实发言权,让员工真正感受到自己的发言权,并通过实际的发言行动来建言献策,表达自己的主张。同时,组织应该充分重视发言者的建议,不能让发言者感觉到自己即使发言也不会被重视,有发言权还不如没有发言权。这对于组织中如何实际运用发言权效应,具有一定的启示意义。

(二) 工具模型和团队价值模型:程序公正判断的心理机制

蒂博和沃克(Thibaut & Walker, 1975, 1978)的过程控制效应或发言权效应,意指个体可以在程序过程中表达自己的观点,从而获得有利的结果,这样的程序被认为是公正的,这种程序公正观被称为工具模型。林德等人(Lind & Tyler, 1988; Lind & Earley, 1992)从团队价值理论出发,提出了"尊重过程效应"(dignitary process effect),意指个体在程序过程中受到尊重,其尊严得以保留,如借发言权表达了个人的价值、组织权威尊重成员等,程序被认为是公正的,这种程序公正观被称为团队价值模型。围绕程序公正判断的心理机制,这两种观点分别给出了自己的解释。

1. 工具模型

工具模型来源于现实的群体冲突。蒂博和沃克(Thibaut & Walker, 1975, 1978)认为,当事人主要关心的是纠纷问题本身,如利益冲突或资源分配。正是这些纠纷的无法解决,才把他们带到第三方面前。他们希望纠纷能够理性解决,保证自己对结果拥有一定的控制权。因此,他们会对第三方解决纠纷的方法非常关心。纠纷解决程序的公正判断基于功利性或工具性目的,也就是说,可以认为当事人把程序看成达到自己目的的手段,如结果公正或某一有利的结果。决策控制的价值在于它能使人们避免不利结果,过程控制的价值在于它能帮助人们劝说第三方制定有利于自己的决策(Tyler & Lind,1992)。程序的评价和公正的判断不在于程序本身的质量,而在于他们与结果的关系。程序公正判断主要受两个因素的影响(Tyler,1997):(1)结果有利性或预期结果的有利性;(2)对分配决策直接或间接控制的程度。控制与结果有利性有关,因为控制有助于结果的公平。随后,研究者在程序公正研究中陆续提出很多影响公正判断的因素,如利文撒尔(Leventhal,1980)提出了程序公正的六个基本原则:一致性、代表性、控制偏见、信息准确、可更正和伦理性。

林德和泰勒(Lind & Tyler,1988)认为,尽管蒂博和沃克(Thibaut & Walker,1975,1978)强调当事人偏好拥有控制权的程序,如在庭审过程中允许自己发言,但蒂博和沃克的程序公正理论中最重要的不是控制权本身,而是人们预期从控制中得到有利的结果。例如,人们对决策的控制从根本上说是关心自己想要的结果,这导致人们加强决策控制。而在冲突非常复杂、难以解决时,他们会直接放弃决策控制,进而通过对过程的控制,达到对决策的间接控制。过程控制是达到决策控制的手段,控制的最终目标都是结果。因此,程序的主要功能是人们对长期利益的预期,程序公正说明人们长期的利益得到了保障。

根据社会交换理论,蒂博和沃克的观点是,人是利己的,人们会为了长期的利益放弃眼前的利益。在决策过程中拥有发言权,其价值在于从长期来看,能获得更好的结果。之所以有发言权比没有发言权的程序更公正,是因为它使人们相信在程序中拥有发言机会,从长期来看,能劝说决策者作出更有利于自己的决策。在这种意义上讲,工具模型又可被称为利己模型(Lind & Tyler,1988)。

研究者就过程控制和决策控制展开了大量研究,结果表明,相对于决策控制(或结果有利性),人们更倾向于过程控制。如林德等人(Lind,Lissak,& Conlon,1983)的研究范式就很具有代表性。在法庭模拟实验中,被试有权接受或拒绝法官给出的决定(决策控制),在法官作出决定之前被试有机会主张或不能主张自己的立场(过程控制)。结果发现,决策控制对程序公正判断的影响不大,对程序公正判断影响更大的是过程控制。不管是否有决策控制权,在决策过程中有发言权的被试一般更倾向于认为程序是公正的。这就说明,在程序公正判断中,人们并非仅仅出于功利的原因进行公正判断,过程控制本身对当事人来说是有价值的,这种价值并非在于结果,而是在于它本身对当事人的意义。例如,即使明知在决策过程中自己的言论不会对决策结果产生任何影响,人们也愿意表达自己的观点和主张,并且认为这样的决策程序更公正(Musante et al.,1983)。这些研究说明,在程序公正的判断上,发言权并非仅仅是为了达到有利的分配结果,发言权本身就足以表明它在公正判断上的重要性。

2. 团队价值模型

工具模型存在一定问题。蒂博和沃克(Thibaut & Walker,1975)的程序公正研究表明,程序公正的工具性价值在于,人们因为程序公正能保障人们对结果的控制而重视程序公正。林德等人(Lind,Kander,& Earley,1990)设计了一个巧妙的实验。他们首先通过实验控制将被试分为工具性动机(控制感)和关系性动机(尊重)两组。在目标设置过程中,两组被试都有发言的机会,但分为事前发言(目标未设置)和事后发言(目标设置完毕)两种条件。实验假设,如果发言权是出自工具性动机或控制动机,则事前发言和事后发言就存在很大的公正感差异;如果被试发言的主要动力不是工具性动机(控制感),而是关系动机(尊重),那么只要拥有发言权,被试就不会在乎事前还是事后。结果发现,工具性发言权确实提高了被试的公正感,但事前发言比事后发言的公正感更高。这也就说明,人们对发言权的诉求更多地是出于控制动机。但实验也表明,关系动机并非不重要,因为事后发言的公正感比控制组(无发言权)更高。

林德等人的实验出现了工具性模型无法解释的问题。因为事后发言并不能对结果产生影响,但事后发言相对无发言仍提高了程序公正感,以及对目标和任务的接受程度。林德认为，事后发言权提供了表达自我的机会，而不是对结果的控制。

事后发言权仍能提高被试的公正感，说明在程序中拥有发言权本身就具有意义，也说明程序本身具有某种社会意义。为进一步解释事后发言权效应，林德和泰勒（Lind & Tyler，1988）提出了程序公正的团队价值理论，从另外一个角度解释了程序公正和发言权效应。团队价值理论建立在社会认同理论的基础上，将程序公正判断与个人所处群体的价值联系在一起，认为程序公正反映了一个人在群体、组织中的价值或成员身份，公正的程序表明群体对成员价值和成员身份的认可。

从社会认同的角度来说，群体的程序本身具有重要的社会功能。人需要归属于某个群体，通过群体来判断自身的价值。因此，群体中的社会交往能满足人们的归属需要，实现自我认同和价值认同。组织的程序是实现这一功能的重要手段。在团队价值理论看来，程序是社会生活的重要组成部分，因为程序是群体内的人际对待方式和决策方式，体现了群体的社会结构和社会活动特点，它承载了群体价值的重要信息（Lind & Tyler，1988）。在这种意义上，程序公正判断有两个来源：（1）群体的社会价值；（2）个人被群体看成有尊严、有地位的成员（Lind & Earley，1992）。由于程序体现了群体的社会价值，人们会认可与群体价值一致的程序。并且，程序表明群体对待自己的方式，人们会认可接纳自己成员身份的程序。因此，程序是否公正取决于程序是否与群体价值观或个人价值观一致，或者程序是否承认个体是群体内受尊重、有价值的成员。

首先，人们判断程序是否公正取决于程序与群体价值观或个人价值观之间的一致程度。而在既定的环境中，个人价值观是群体价值观社会内化的结果。林德和泰勒（Lind & Tyler，1988）认为，如果程序与群体或个人的基本价值观一致，就会产生程序公正感。程序不公正，也就意味着程序与群体或个人的价值观相矛盾。因此，对群体高度认同的成员会将符合群体价值观的程序看得非常公正，因为群体已经认可了这些程序。例如，在一个犯罪组织中，成员对犯罪行为习以为常（如暴力攻击），因此当这些暴力行为发生在自己身上时，他们认为这是公正的。可见，简单地说，程序公正是人们对程序运行方式达成的一种共识。

其次，发言权效应的研究表明，人们的程序公正判断还取决于个体在群体内的身份和地位是否受到尊重。人们受到尊重，其身份和地位被程序认可，该程序便被认为是公正的，这就是尊重过程效应。同时，这一过程又涉及如何理解发言权效应。相较无发言权的程序，给予发言权的程序除了表明存在过程控制和结果控制外，还具有两个功能：成员得到尊重，其地位和身份得到了群体的认可；成员觉得自己是积极的、拥有完全成员资格的群体成员，拥有群体活动的参与权，这会提高成员的自尊和自我效能感。可见，发言权并不仅是一种对结果或过程的控制感，它还确认了成员对群体活动的参与权，表明群体认可其作为群体成员的身份和地位。

林德等人（Lind & Earley, 1992）认为，发言权效应和尊重过程效应是同时发生的。发言权使成员对结果有发言资格，能表达自己对结果的看法和意见，因而增强了结果控制和过程控制感。但同时，发言行为具有价值表达功能，体现了尊重过程效应。发言的机会是对成员身份和地位的认可和尊重，因而程序是公正的。相反，无发言权是不公正的，它否认了个人作为群体成员拥有的权力。因此，发言权不仅有助于获得有利结果，而且表明决策者认可了发言者的价值，认真考虑了发言者的观点。从社会认同的角度来说，发言权满足了成员的归属需要，使其观点得到表达并被认真考虑。这是对成员群体参与权的确认，也是对成员身份的认可，因而无需有利结果来证明程序的公正性。这也就解释了为什么发言与结果无关时，程序被认为更为公正。总之，在团队价值理论看来，发言权和人际对待方式表明个人作为群体成员的身份、地位，因而是产生程序公正感的重要影响因素。

泰勒（Tyler, 2006b）发现，程序公正感会影响人们对法律的服从行为。如果人们认为政府使用了公正的决策程序，他们更有可能遵守法律。又如，如果程序公正，人们更愿意接受仲裁结果。泰勒和林德（Tyler & Lind,

1992)分析了大量的文献,发现在组织、司法和政治等领域,程序公正感影响人们对权威的服从行为。这说明,程序公正判断可用于权威关系的研究,以探索领导和服从的心理机制。据此,他们根据团队价值理论,提出了权威关系模型,用于解释领导情境中程序公正感对服从和权威合法性的影响。他们指出,在与权威的关系中,程序公正的判断主要受到以下几个与权威有关的关系变量的影响:权威决策行为的中立性、对决策者的信任、个人身份确认。泰勒和林德指出,这些因素比工具模型提出的结果控制和过程控制更能说明权威关系中人们的程序公正判断。

3. 工具模型和团队价值模型评析

工具模型和团队价值模型分别从不同的角度解释了程序公正判断的前提条件。这两个理论模型既有优点,又有缺点。

首先来看工具模型如何解释程序公正的前提。组织中程序的运行表现为,组织或组织权威通过制定决策和规则来协调成员关系,开展资源分配,解决群体问题。人毕竟是利己的,任何程序首先要保证结果的有利性和公正性,只有这样,程序才能满足成员的利益,因为公正的程序能给人们带来好处。此外,发言权也是为了结果的公正。发言权效应表明,为了获得有利结果,成员需要通过对过程的控制达到结果的公平。因此,根据工具模型,有利的结果、过程控制、结果控制和结果公正都有利于程序公正感的产生。

程序公正对群体或组织的结果会产生重要影响。例如,程序公正感对群体的稳定发挥着重要的作用。当群体面临危机或冲突时,群体通常的做法是通过授权产生领导,以解决问题,维持群体的生存(Tyler & Lind,1992)。因此,公正的程序有利于资源的分配,保证资源分配规则的实施,协调成员之间的关系,维持群体的稳定。当需要做重大决策、群体产生矛盾冲突或维持社会和谐稳定时,程序公正的工具性价值就会体现出来,因为它能保证结果的公正性(Lind & Tyler,1988;Tyler & Lind,1992)。并且,相较眼下的结果公正,人们也会更加关注程序公正,因为程序公正感意味着结果的分配是可以预期的，它能保障人们的长期利益。这也能解释为什么在程序公正的情况下，人们能忍受暂时的分配不公正感。而在程序不公正的情况下，人们之所以对结果不公正尤其不能忍受，是因为它破坏了人们对长期收益的预期，造成了不确定感。可见，程序公正感有利于成员对组织和领导的积极态度，如组织承诺、组织忠诚和群体凝聚力。

但工具模型有自己无法解决的两个问题。第一，发言权在不会对结果产生影响的情况下，也会提高人们的程序公正感。这说明，程序公正感产生的前提可能不仅仅是人们对分配结果的预期。第二，发言行为除了提高了成员的控制感，还体现了尊重过程效应，即体现了程序中人际处理方式上对成员的尊重。这说明，发言权不仅具有工具性价值，也具有非工具性价值。

团队价值模型解释了工具模型无法解释的问题。第一，从程序公正感的产生来看，发言行为的价值表达和程序中的人际处理方式是程序公正感的重要来源，如尊重对方、维持对方应有的尊严和地位。第二，从程序公正感对组织或群体结果的影响来看，由于程序本身就具有社会意义，程序公正感消除了个人身份的不确定感，实现了个人的社会认同，使成员感觉自己是群体中有价值的成员，满足了人们的归属感。第三，程序公正感也会影响成员对组织和领导者的态度和行为，如服从群体规则、组织忠诚和组织承诺等。因为程序不公正意味着对群体和个人价值观的破坏，会引发强烈的情绪反应，如愤怒等。第四，程序公正的关系模型说明，程序公正感会影响人们对权威或制度的社会态度，即合法性。

团队价值模型的缺点是忽视了结果公正。因此，这两个理论模型既有缺点，也有优点，分别从各自的角度描述了程序公正感产生的不同过程，以及程序公正感对结果的影响。在很多情况下，人们的程序公正判断既涉及利己反应，又涉及价值反应（Lind & Tyler, 1988）。这说明，程序公正的工具性价值和非工具性价值同时存在，共同影响人们的态度、行为和信念。

二、程序公正后果及其心理机制

（一）公正过程效应：程序公正后果

如图 2-2 所示，公正过程效应反映了程序公正判断对随后的态度和行为等结果变量的影响，如结果满意感、抗议行为、领导服从等。福尔杰等人（Folger et al.，1979）最早在蒂博和沃克研究的基础上提出"公正过程效应"的概念，意指有发言权的程序会比无发言权的程序产生更高的结果满意感。随后研究者在组织、司法、警察、政府、教育等领域围绕程序公正感展开了大量研究。

这些研究表明，程序公正感会影响人们的态度和行为反应。林德等人（Lind & Earley，1992）在总结大量研究的基础上明确指出，公正过程效应表明，公正的程序对组织和人们的态度与行为具有积极作用，即公正的程序影响人们对结果的评价，提高人们对组织规则的遵守和对权威决策的服从。范登博斯（Van den Bos，2005）通过文献回顾指出，在组织情境中，程序公正感与一些积极的组织和个人结果变量相联系，如组织承诺、组织公民行为、冲突解决和预防、工作绩效、组织政策的遵守、服从领导、工作满意度、积极的情感和情绪体验等。而程序不公正感往往会导致辞职、拒绝合作、工作压力、公开或不公开的不服从、法律诉讼，甚至反社会行为。除了组织背景，在司法、教育和政府背景下，程序公正感也往往能促使人们更加遵守法律，服从法院的判决，而不公正感往往与抗议、犯罪等行为有关。

公正过程效应对程序公正的重要性体现在两个方面。首先，公正过程效应将程序公正放置在更广阔的社会背景之下，强调程序公正与人的态度、认知和行为之间的关系，体现了程序公正对人们态度的影响和对行为塑造的意义。其次，该效应不仅体现了程序公正的重要性，而且从某种程度上说明了与物质交换相比，公正的程序对组织的贡献有过之而无不及

(Lind & Tyler，1992；林晓婉，车宏生，张鹏，王蕾，2004)。为进一步说明公正过程效应的重要性，以及程序公正感影响人们态度和行为反应的内在心理机制，接下来以群体卷入理论模型为例，说明程序公正引发组织环境中人们心理和行为反应的一般心理过程。

(二) 程序公正的群体卷入模型

群体卷入模型(group engagement model)是泰勒和布莱德(Tyler & Blader，2003；Blader & Tyler，2003a；Blader & Tyler，2009)在团队价值理论和关系模型的基础上提出的一个有关程序公正的综合模型。这三个模型之间既相互联系，又存在一定区别。团队价值模型与关系模型的区别在于，团队价值模型解释了程序公正产生的前提条件，认为发言权具有价值表达功能，强调非工具性因素会影响人们的程序公正判断。关系模型关注的是权威合法性的产生，认为程序公正会影响人们对权威或权威人物的评价和反应，影响权威的合法性。群体卷入模型在团队价值理论和关系模型的基础上提出，用于解释程序公正的公正过程效应，表明程序公正对群体态度、动机和合作行为的影响过程。图 2-3 说明了群体卷入模型如何表明程序公正判断影响心理和行为的内在心理过程，三者之间的区别见表 2-2。

群体卷入模型结合社会认同理论，强调程序公正判断影响人们的认同判断，而认同判断又会影响人们的心理和行为反应。也就是说，认同判断在程序公正和心理、行为反应之间起中介作用。而程序公正判断的前提条件包括正式或非正式的决策控制和人际对待方式。因此，在前提条件上，群体卷入模型又综合了团队价值模型和工具模型的主要思想。可见，群体卷入模型延续了程序公正研究，解释了程序公正感如何影响人们的态度和行为反应，探索了程序公正感影响结果变量的内在心理机制(如图 2-3 所示)。

表 2-2　程序公正模型的比较

模　型	关 注 点	主　要　观　点
工具模型	程序公正判断	影响程序公正判断的工具性因素,强调发言权的工具价值
团队价值模型	程序公正判断	影响程序公正判断的非工具性因素,强调尊重过程效应和发言权的价值表达功能
关系模型	权威关系,领导	程序公正判断影响人们对权威的评价与反应,形成对权威的合法性判断 影响程序公正判断的关系要素包括价值中立、信任、身份或地位识别
群体卷入模型	态度、动机和合作行为	认同判断的前提是程序公正感 认同判断对态度、动机和合作行为有直接影响 资源判断通过认同判断对态度、动机和合作行为产生间接影响 群体认同受自豪感和尊重感的影响

＊改编自:Tyler & Blader, 2003，p.352

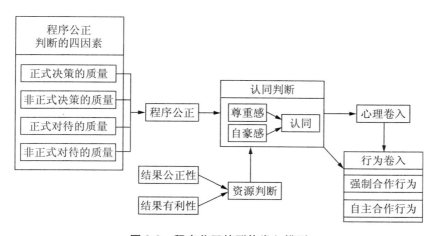

图 2-3　程序公正的群体卷入模型

＊资料来源:Tyler & Blader, 2003，p.354

1. 程序公正与合作动机

在组织中,理解人们从事合作行为的动机非常重要。泰勒和布莱德(Tyler & Blader,2003)将合作行为的动机分为两类:一类是资源交换的动机;另一类是社会认同的动机。根据社会交换理论,资源交换是人们从事合作行为的最根本原因。资源判断基于对结果有利性的评估和对结果公正性的判断。资源判断不是直接对合作行为产生影响,而是通过认同判断对合作行为产生间接影响。认同判断是群体合作行为最主要的原因,也就是说,人们从群体中获取的物质资源,如待遇、金钱等奖赏,是对个人身份地位的确认。在某种程度上,特定群体中人们是根据资源获取的水平来进行社会认同和地位判断的。获取的资源越多,人们越认同群体,心理和行为卷入的程度也就越高。换句话说,合作行为的动机主要是产生和维持有利的身份认同。这种社会认同基础上的动机被视为基于认同的视角,个体在此基础上产生的身份判断被称为认同判断。总之,个体与群体合作的程度取决于他们对群体的认同程度。

认同判断包括三个成分:认同、自豪感和尊重感。认同是个体根据群体定义自我,从而归属某个群体的过程。在群体卷入模型中,认同是指将自我意识、自我价值与群体特点、群体地位整合的程度(田晓明,段锦云,傅强,2010)。在泰勒和布莱德(Tyler & Blader, 2003)看来,自我和群体互相融合的过程就是心理卷入,它指在心理上认同群体。如果人们强烈地认同群体,他们就会表现出更多的合作行为,如为群体的成功投入更多的时间和精力,而这就是行为卷入。

自豪感和尊重感均涉及地位判断。自豪感反映的是群体地位的评价,如群体的声望。它突出的是群际比较,例如,相较其他职业,个体从事职业的社会地位、收入水平等。社会地位越高,个体的群体自豪感就越强。尊重感反映的是个体在群体内的地位评价,如个体的社会声望、领导或同事尊重的程度等。认同、自豪感和尊重感与个体的自尊和自我价值相联系(Blader & Tyler, 2009)。可见,群体卷入模型与社会认同理论是一致的,即都认为人们根据自己所属的群体来评价自己。研究发现,尊敬感,即人们对自己在群体内地位的判断,相比自豪感,能更好地预测个体的自尊水平和自我价值感(Tyler, Degoey, & Smith, 1996)。这很好理解,如一个人如果在单位内得不到尊重，工作成就得不到赏识，他就很可能离开这个单位，去另一家尊重自己，但不一定比目前好的单位工作。又如，德克里默和泰勒（De Cremer & Tyler，2005）在研究中发现，下属的自尊水平与领导者的程序公正联系特别紧密，也就是说，领导者给予下属的发言权越多，越尊重下属，下属的自尊满意度就越高。

认同、自豪感与尊重感都与心理和行为卷入有关，但三者不是等价概念。个体尊重感和自豪感越强，也就越认同自己所属的群体。因此，地位判断（自豪感和尊重感）会影响认同（如图 2-3 所示）。正如我们在选择职业和从事职业时，都希望自己保持积极的社会形象，即从事的职业社会地位高，在职业群体内受到同行的尊重。越是这样，我们越会认同自己的职业和职业群体。因此，如果个体所在群体具有较高的地位，并且个体感觉自己在群体内也有较高的地位，认同群体的动机就会更强。群体认同使人们保持良好的社会自我感觉，进而有利于人们的整体自我感。也就是说，自豪感和尊重感引起的群体认同会激发人们的动机，形成并保持积极的社会身份。

2. 程序公正与合作行为

群体合作行为包括两类：一类是强制合作行为，是指群体规定的行为，受到群体激励和惩罚机制的影响。由于是群体要求的，因此群体会制定激励和惩罚措施来激励这类行为。如果一个人对群体拥有自豪感，认同自己的群体，他就有强烈的动机去遵守群体的规则，产生与群体规范与要求相一致的行为。依据工具理论，这种行为主要与制度性程序公正有关。另一类是自主合作行为，是指源于成员自主自愿的行为，受到个人内在动机的影响。这种行为与个体在群体内获得的尊重感有关，其动机体现在个人对群体积极的态度和价值上。个人从事与态度一致的行为会获得满足感，而价值反映了人们遵守规则、服从领导的责任感和义务感。价值感在很大程度上来自程序公正。依据关系模型，自愿合作行为是建立在对权威合法性判断的基础上的。例如，在程序中人们受到了领导者的尊重和礼貌对待，那么这样的领导行为会更容易被人们认可，也会导致更多的自愿服从行为（Tyler，1997，2006b）。

3. 程序公正及其前提条件

在群体卷入模型中，认同判断受到程序公正的影响。根据工具模型和团队价值模型，程序公正主要受到决策过程和人际对待方式的影响。布莱德和泰勒（Blader & Tyler，2003a，2003b）把决策制定过程和人际对待方式的质量归纳为程序公平的两种类型，并把程序公平的来源分为正式来源与非正式来源：正式来源是指组织的规章制度、政策的公正性；非正式来源是指决策实施过程中或与权威人物交往过程中，权威人物或其他群体成员具体行为的公正性。由此，程序公正的来源分为四种：(1)正式的决策过程，主要是指组织正式的规章制度，如组织规定的绩效考核标准与实施程序是否公正；(2)正式对待的质量，如申诉程序的正规性、组织规定不准性别歧视等；(3)非正式的决策过程，与权威人物或领导者在决策过程中对组织政策和规则的自由裁量权有关，如晋升不该晋升的下属等；(4)非正式对待的质量，与组织权威交往过程中受到的人际对待方式有关，如对下属表现自己的关心和体贴、对不公正事件的事后解释等。

总之，群体卷入模型根据团队价值理论和关系模型，解释了程序公正对人们合作行为的影响。该模型着重强调了程序公正对合作行为的影响以及社会认同所起的中介作用。具体地说，群体卷入行为有两个重要的前提条件：认同判断和资源判断。认同判断直接影响群体的心理卷入和合作行为；资源判断对心理卷入和合作行为的影响则通过认同判断间接地起作用。此外，认同判断由认同和地位判断组成。程序公正能够影响认同判断，表明群体成员的身份在很大程度上受程序公正的影响。程序公正的判断主要由四个方面组成。就资源判断来说，结果公正与结果有利性是两个重要的前提。该模型说明人们为什么关注程序公正，以及程序公正通过何种方式对组织或个人结果变量产生影响。当然，该模型作为一个假设模型,尚需进一步地验证。该模型存在的主要问题是没有很好地区分程序公正和互动公正。同时,程序公正、结果公正乃至互动公正之间存在着交互作用(Brockner & Wiesenfeld,1996)。例如,当结果有利时,程序公正对结果变量的影响会减弱;只有结果不利时,程序公正对结果变量的影响才会增强。

第三章
组织公正与人才选拔

引导案例

史上最强政府工作人员招考

2010 年 9 月 20 日,福建省屏南县人事局发出《关于县收费票据管理所公开招聘工作人员的通知》。通知指出:经屏南县政府研究同意,该县财政局下属收费票据管理所公开招聘工作人员 1 名,其要求为普通高校全日制应届本科毕业生,获得国外学士学位,国际会计专业,大学英语四级,屏南户籍,女,年龄 25 周岁以下。同时,通知还标明报名时间为 2010 年 9 月 27 日至 9 月 28 日,并且指出,"根据宁人发[2005]207 号文件精神,若报名人数等于计划数则免于笔试,只进行面试与考核。若报名人数多于计划数则需先进行笔试,再进行面试与考核"。最终,此次招考只有 1 人报名,并且无须考试,被直接录取。

这则"量身定制"的招聘启事,一开始被网友发布到论坛和微博上,而后媒体跟进采访与报道,很快,这名唯一符合报名条件并被免试录用的考生的身份被曝光。在舆论压力下,屏南县政府迅速责令县人事局取消了此次招聘行为,退回被聘人员。县财政局局长、人事局局长停职检查,并要求纪委、监察局继续调查,依法依规处理。

这是一起典型的招聘选拔程序不公正的案例,违反了公务员招录过程中要体现"公开、平等、竞争、择优"的原则。

引自:罗苗蕾.论建立公平公正的国家公务员招录制度[D].郑州:郑州大学,2012.

　　人才选拔是人力资源管理部门的一项重要职能，它的主要功能就是采用有效的测试，保证组织能够选拔出最优秀的人才。最初，人才选拔实践主要关注的是选拔结果的信度与效度，以及选拔程序能否发挥效用。随着不公正现象造成的社会问题在人才选拔领域的蔓延，20 世纪 80 年代以来，研究者开始关注人才选拔的社会性（Schuler，1993；Gilliland，1993）。所谓社会性是指人才选拔的社会效度，即人才选拔的公正性和选拔结果的可接受性。舒勒（Schuler，1993）认为，一项有效的测试不仅要关注其统计学意义上的测量效度，保证其准确性和科学性，而且要关注测试的社会效度，体现选拔结果的公平性和选拔过程的公正性。他还认为，人才选拔的社会效度与测试的测量效度具有同等重要的意义。

　　就人才选拔研究本身来说，理应注重客观、科学、公平、公正。但在以往的研究中，学者过于注重人才选拔的测量效度，强调如何避免人才选拔中的测量误差，保证测量的有效性和测试的准确性。随后，有人批评这种从组织立场出发的选拔观念忽视了求职者在人才选拔过程中的反应，由此造成的问题是忽视了人才选拔过程中求职者遭受的不公正给组织和其本人带来的不利后果，如因人才选拔的不公正而导致组织形象受损、求职者拒绝工作机会、法律诉讼等（Anderson，Born，& Cunningham-Snell，2001）。

　　本章主要介绍人才选拔的方法与过程，以及人才选拔领域有关求职者反应的研究的情况，随后结合组织公正理论，指出提高人才选拔公正感的具体途径。

第一节
人才选拔的方法与过程

　　人才选拔是组织从自身的需求出发，根据人力资源规划和职务分析，制定人才招聘计划，吸引并挑选合适人员予以录用的过程。常见的人才选拔方法主要有心理测验、传记式资料测量、工作样本测试、面试和评价中心技术等。

一、人才选拔的主要方法

（一）心理测验

标准化心理测验是人才选拔中非常常用的一种方法，共有五类：智力测验、空间和机械能力测验、知觉准确性测验、运动能力测验和个性测验。认知能力测验是考察受测者推理和问题解决能力的测验，涉及智力测验和空间、机械、知觉、运动等一些特殊能力测验。研究发现，在人才选拔实践中，相对于其他测试方法，认知能力测验处于中等程度的接受范围（Kravitz et al.，1996），比个性测试稍好。认知能力测验最大的问题是其与工作的关联性不大，使得受测者对抽象的测试项目尤为反感，而在遇到具体的测试项目时，其对测验的公正感程度又大大提高。显然，受测者对认知能力测验的公正判断受测试项目与工作关联程度的影响。求职者倾向于认知能力测验中包含更多与工作有关的具体问卷项目，而不是与工作无关的抽象问卷项目（Steiner & Gilliland，1996）。因此，有经验的施测者可以用与工作有关的问卷项目取代一些抽象的问卷项目，从而提高该测试方法的被认可程度。

个性对工作绩效具有较高的预测效度，尤其是某些个性特质，如大五人格测试中的责任心、宜人性等，但求职者一般不喜欢个性测试。有人指出，有些求职者宁愿选择尿检也不愿意选择个性测试（Rosse et al.，1996）。仔细分析会发现，个性测试有可能涉及个人的隐私，如有些问卷项目涉及个人生活或心理健康。在受测者看来，这是不恰当的，是对个人隐私的侵犯。不过，最重要的还是工作关联性。在人才选拔中，求职者更易于接受的是职业性格类问卷。这种问卷与工作的关联性强，并且不包含心理诊断的问题。因此，为提高个性测试的社会效度，在问卷项目的设计上可适当增加与职业有关的品质测试，减少或避免典型个性测试中涉及个人隐私的问题项目。

（二）传记式资料测量

传记式资料（biodata）测量又称为传记式量表测试，常见形式是一份极为详尽的履历表格，类似于简历，但更为全面。它需要个人如实回答自己的生活和工作经历，问卷条目涉及个人的价值观、信念和态度。它相当于个人的传记或自传。传记式资料测量的基本原理是个人过去的行为是未来行为的最佳预测指标。在人才选拔中，它可以有效地预测工作绩效，是一种不错的测试方法。

传记式资料测量采取的是归纳法。问卷项目可以预测工作绩效，但从第一感觉或从字面上来看又与具体的工作行为关系不大。有些问卷项目如表 3-1 所示。

表 3-1 传记式资料测量样例

1 你的体重？ A. 低于 50 千克 B. 50—60 千克 C. 60—70 千克 D. 高于 70 千克
2 你的婚姻状况？ A. 单身 B. 已婚无孩 C. 已婚有孩 D. 离婚或分居 E. 丧偶
3 你最有可能什么时候头疼？ A. 用眼过度时 B. 不准时用餐时 C. 压力过大时 D. 每月月初 E. 从不

* 改编自：Folger & Cropanzano，1998，p.85

传记式资料测量具有很高的预测效度，高于个性测试，但实践中很少使用。其存在的主要问题是工作关联性低，表面效度差，测试内容看起来与应聘的工作关系不大，很多求职者怀疑它的准确性和有用性。例如，斯通和琼斯（Stone & Jones，1997）在实验中让被试扮演求职者的角色，并让他们填写一份传记式资料问卷。其中，一半被试被告知问卷测试的目的是人才选拔，另一半被试被告知测试目的是职业生涯追踪。结果表明，对于婚姻状况、大学排名、闲暇活动等问卷项目，被试对此类问卷项目的公正感显著低于职业生涯方面的问卷项目。被试希望问卷项目更多地与工作知识、技能和能力有关，如学术水平、学业成绩、工作优势等。

（三）工作样本测试

工作样本测试是一种具有明确目的的操作性活动，活动的内容可以模拟真实工作中所用到的工具和作业步骤，从而评价受测者的工作表现和潜在能力。研究发现，求职者对工作样本测试的评价比较高，认为它公正、有效，与工作关联度比较大（Steiner & Gilliland，1996）。工作样本测试一般要求应聘者在实际工作职位上进行该项工作，根据其工作表现作出评价，如应聘秘书岗位需要接受打字测验。工作样本测试可以有效地预测求职者的工作绩效，并为其未来的职业培训提供参考。工作样本测试的社会认可度也比较高，与心理测试相比，被试一般更喜欢工作样本测试。工作样本测试的目的比较明确、透明，也不存在伦理问题。

（四）面试

面试包括结构化面试和非结构化面试，是最常用的人才选拔方法之一。结构化面试是指面试的内容、形式、程序、评分标准及结果的合成与分析等构成要素，按统一制定的标准和要求进行。其目的是为了获得求职者全面、真实的信息，观察求职者的仪表、谈吐和行为，以及与求职者沟通等。在非结构化面试中，没有既定的模式、框架或程序。面试官提问的内容和顺序取决于求职者的兴趣和现场的回答，对求职者来说也没有固定的答题标准。

面试争议比较大的问题是面试的效度。如果发生法律诉讼，面试成绩并不适合做证据。但如果使用合理，面试可以有效地预测工作绩效。研究表明，结构化面试比非结构化面试具有更高的效度（Anderson，Born，& Cunningham-Snell，2001）。

面试的社会公正性一直受到研究者的关注。由于求职者与面试官直接接触，面试对人际公正的影响最大。面试官对求职者言行粗鲁、不尊重求职者，会大大降低求职者的人际公正感，进而会影响他们对组织的看法。有研究表明，面试过程中工作性质比面试官的作用更大，两者对求职者的影响在选拔的不同阶段有所不同（Taylor & Bergmann，1987）。在面试初始阶段，面试过程中的人际公正感对求职者是否接受工作影响显著，但随着面试的进行，工作性质的影响力会慢慢凸显出来。面试的效果与面试官的个人品质和行为有关（Rynes，1991）。研究发现，面试官的个人品质，如热情、真诚、同理心、良好的倾听能力等，都会影响求职者的知觉和求职意图。而面试官的行为，如提问方式、隐私侵犯等会影响求职者的总体反应（Powell，1991）。

（五）评价中心技术

评价中心技术始于第二次世界大战时的德国，用于领导力测试，以帮助军队选拔军官。第二次世界大战之后，评价中心技术再度复兴，仍广泛用于对军官人才的选拔。20世纪50年代，美国电话电报公司建造了一座人才招聘大楼，命名为"评价中心"（assessment centre）。从此以后，以评价中心为代表的人才选拔技术被广泛用于各种商业组织，成为选拔各类高级管理人才的有效工具。评价中心技术是通过评价职业候选人，判定其职业适宜性的过程，尤其适用于对管理人员的评价。它采用多种技术，包括面试、团队训练、演讲、测验（身体、知识、技能、素质等）、心理测试等方法，全面评价职业候选人的个性和能力倾向。目前，一些大型跨国企业建立了自己的评价中心机构来评价管理人员，如美国通用电气等。有些公司专门用此技术评价管理实习生，以选拔具有潜力的大学毕业生，如四大会计公司。英国和美国大约有68%的雇主或组织在招聘和晋升中使用某种形式的评价中心技术。

评价中心技术的效度非常高，但相应地，人力和物力成本也高。目前，评价中心技术主要用于管理人员的选拔，但实际上可广泛用于不同职位的人员选拔。它通常由一些结构性的测试方法组成，如文件筐测验、无领导小组讨论、管理游戏等。求职者参与这些测试活动，并由经验丰富的考官评分。考官分数最终合在一起形成对求职者的总体评价。评价中心技术不仅测试效度高，其社会效度也高。研究发现，评价中心技术比认知能力测试的公正感高（Macan et al.，1994）。原因在于这些方法的工作关联性高，同时求职者有大量的机会与评估者本人接触。但也有人指出，对于求职失败的职业候选人，评价中心技术会影响他们的自尊和心理健康（Fletcher，1991）。评价中心技术也包含心理测试技术，如个性测试、认知能力测试等。如果设计合理，执行准确，评价中心技术可以有效预测工作绩效。总体来说，作为一项评价技术，评价中心技术基本实现了两个重要的目标——高效度和高公平感。

上文简单介绍了人才选拔的方法以及这些方法中存在的公正两难问题，即有效的选拔方式往往是那些容易引起不公正感的方法（Folger & Cropanzano，1998）。因此，应慎重地选择选拔方法。求职者对认知能力测试、个性测试、传记式资料测量持怀疑的态度，他们最能接受非结构化面试、工作样本测试。这就存在问题，因为面试恰恰是测量效度最差的，但在求职者看来面试比较公正。虽然认知能力测验、个性测验、传记式资料测量的统计效度较高，但在求职者看来它们并不公平。通过分析，我们能找到选拔方法本身的一些问题。有些选拔技术，如工作样本测试和评价中心技术，既具有较高的测量效度，也具有较高的公正性，值得推广使用。而有些选拔方法测量效度低，如非结构化面试，表面上看比较公正，但要尽量避免使用。总之，人才选拔方法的使用既要考虑测量效度，又要考虑社会效度。

二、人才选拔的过程

人才选拔一词包含了招聘、选拔、录用、培训等过程（Muchinsky，2012）。其重点是选拔，即选择合理的人才选拔工具，有效地对求职者进行测评。人才选拔的重点虽然是人才测评，但人才选拔不是一个孤立的事件，它涉及求职者与组织之间的相互作用，并经历不同的阶段，依次为招聘、选拔和录用三个阶段。

（一）招聘阶段

人员选拔的第一个阶段是招聘阶段，用人单位与求职者建立初步的交流，目的是建立人才库，主要活动包括正式招聘、非正式招聘和收集简历。与求职者初步联系，通知其参加选拔也属于这个阶段。

招聘阶段作为人才选拔的初始阶段，相关研究其实不多，但必须强调，这并不代表它不重要。通常观点认为，工作性质和选拔、录用阶段对求职者的影响最为关键，招聘阶段似乎对求职者并无多大影响。但实际上，招聘阶段在求职者反应（指在人才选拔过程中求职者对人才选拔的态度、情感和认知反应）形成中非常关键（Anderson，Born，& Cunningham-Snell，2001）。因为招聘阶段对求职者来说是比照组织的要求，进行自我选拔的过程。求职者会根据自我选拔的结果决定自己是否应聘并进入甄选阶段。例如，研究者以大学生为被试，研究了10家制造型企业的门户网站发布的招聘信息（Scheu，Ryan，& Nona，1999）。结果发现，被试对门户网站的知觉，如页面设计、招聘信息呈现方式等，会影响他们对组织的看法，进而会影响他们是否申请该组织的职位。此外，求职者会从招聘人员的行为中推测组织的领导风格（Rynes & Connerley，1993）。就招聘申请表格而言，求职者一般不喜欢带有明显歧视的问题，如女性是否有孩子等。另外，求职者非常认可求职申请表格里的一些明确表明组织对每个人都公正公平、机会均等的陈述条款。

（二）选拔阶段

第二个阶段是选拔或甄选阶段，包括筛选、测试、面试，主要目的是了解求职者的潜能。从早期到现在，这都是研究者关注颇多的领域，主要是比较各种选拔方法引发的求职者反应。

研究人员以正在求职的大学生为调查对象，让他们评价自己对各种选拔方法的喜好程度（Rynes & Connerley，1993）。结果发现，求职者对工作样本测试、评价中心技术等与工作相关性比较大的测试评价比较好，对个性测试的评价比较中性，对面试的评价则根据面试内容以及面试官是否为一线员工等有很大的差异。也有研究人员让被调查者根据公正性、工作关联性、难易度和隐私侵犯等四个维度评价各种测试方法的特点（Kravitz et al.，1996）。结果发现，评价最好的是面试、工作样本测试和职业能力测试，评价最差的是笔迹学测试、测谎仪。

选拔阶段不同测试方法的组合方式也会影响求职者的反应。罗斯等人（Rosse，Miller，& Stecher，1994）为观察求职者的反应，设置了三种测试条件：（1）面试；（2）面试和个性测试；（3）面试、个性测试和认知能力测试。结果发现，在面试和个性测试的条件下，求职者的整体评价最低，而在其他两种条件下被试的反应基本一致。其主要原因是求职者对个性测试的评价较低，进而影响了他们对面试的评价。而在面试、个性测试和认知能力测试条件中，其他两种测试中和了个性测试的反应。这给我们的启示是，在评价中心技术、工作样本测试等被试反应比较好的测试中，增加个性测试等预测效度比较好、表面效度比较低的测试，不会引起求职者太大的反感。关于这一点，后文会进一步论述。

求职者通常对评价中心技术的评价比对认知能力测试的评价要好。麦坎等人（Macan et al.，1994）研究了人才选拔不同测试阶段的求职者反应。第一次调查了求职者完成认知能力测试后的反应。在求职者通过认知能力测试后，又调查了他们对评价中心技术的反应。结果发现，在控制认知能力测试反应的情况下，评价中心技术的表面效度能有效地预测组织吸引力、工作兴趣、公正感、人才选拔的满意度。这说明，在人才选拔中各种测试方法的安排次序非常重要。

（三）决策和沟通阶段

第三阶段是决策和沟通阶段，即录用阶段，主要是作出录用决策，决定是否录用求职者，并通知求职者。从组织公正的角度来说，录用结果无疑会影响求职者的结果公正感，但除录用结果外，录用决策的交流方式也会影响求职者公正感的形成，即人际公正感。录用和决策阶段对求职者的影响最为持久，并会对他们随后的求职选择产生影响。

从人际互动和个人反应的角度来看，人才选拔过程中招聘、选拔和录用三个阶段并非相互独立，而是彼此联系的。随着人才选拔的开展，求职者反应受到各阶段活动的影响，但其本身是连续的（Gilliland & Hale，2005）。例如，前一阶段的反应将影响下一阶段的认知和体验。因此，可以根据求职者反应的特点，将这三个阶段联系起来，考察求职者反应随时间变化的不同状态，以及彼此之间的关系，并思考它们对求职者认知、态度和行为的总体影响。

第二节

人才选拔公正与求职者反应理论

人才选拔是组织与求职者之间的双向过程，组织在人才选拔过程中不能忽略求职者的反应，这与人才选拔的目的是一致的。人才选拔活动的目的是从大量的职位申请人中甄选出最符合岗位需求的职位候选人。反过来，组织也要意识到，职位申请人对组织人才招聘和选拔活动的认知、情感和态度反应会影响他们的职位申请活动，从而影响组织对高质量人才的吸引力。人才选拔过程中重视求职者反应具有以下几个理由。从组织的角度来看，重视求职者的反应能够帮助组织吸引和录用高质量的人才，从而提高人才选拔的整体效力。人才选拔是求职者与组织最早建立正式关系的阶段，组织如何对待求职者或候选人，对他们今后在组织内的发展具有重要的影响。选拔的公正公平会令他们形成良好的组织印象。一旦形成不良印象，求职者会对组织失去兴趣，甚至拒绝录用机会，并劝阻身边的其他应聘者前来应聘。求职者不愉快的求职体验也可能会影响组织的口碑，导致组织形象或产品形象受损。从道德方面来说，注重求职者的反应有利于其心理健康。例如，选拔过程的公正感和选拔结果会影响被选拔者的自我效能感和自尊。最后，从法律的角度来说，招聘程序或方法存在不公正等严重问题时，会引起法律纠纷（Bauer et al.，2001）。这种情况近年来在公务员、企事业单位的人才招聘中屡见不鲜。

一、早期的求职者反应理论

20世纪90年代以来，研究者对人才选拔过程中的求职者反应展开了大量的研究，这些研究尤其关注选拔阶段人才测试中求职者的反应。在此基础上，早期的研究者提出了相应的理论，尝试对人才选拔过程中求职者的反应进行解释。

舒勒（Schuler，1993）提出了社会效度的观点。舒勒认为，人才选拔的质量不仅仅涉及测试的质量，即测试的测量效度，更涉及测试的社会效度，即测试的公平性和可接受性。他认为，测试的社会效度主要受四个因素的影响。首先是信息量，人才选拔过程中组织应尽可能地提供工作任务、工作性质和组织方面的信息。其次是参与性，在选拔的不同阶段，组织应尽可能地保护求职者的主动性和参与性。再次是透明性，组织应该让求职者了解人才选拔测试的目的，以及组织的标准是什么。最后是反馈。反馈在内容上是开放的、无隐瞒的，尽量提供发展性信息。反馈在形式上应该是容易理解的，提供反馈的方式应该非常慎重，同时，测试结果对个人的发展也具有促进作用。除这四个因素之外，求职者的反应还受到考评者与求职者之间动态人际关系的影响。

阿维等人（Arvey & Sackett，1993）认为，人才选拔过程中，求职者的公正感受以下四个方面的影响：组织背景、选拔内容、选拔制度、选拔的实施特点。组织背景主要是指录用率。选拔内容主要是指工作关联性，知识、技能和能力（knowledge，skills and abilities，KSA）的覆盖率，隐私侵犯，答案造假等。选拔制度主要是指求职者对选拔制度的理解和认识，包括对组织安排的选拔程序和选拔方法的认识和了解。选拔的实施特点是指一致性、保密性、重新考虑的机会、个人先前的选拔经验。但阿维等人并未说明这些因素如何共同影响被试的公正感。

艾尔斯等人(Iles & Robertson，1997)指出，人才选拔过程中，人才选拔的录用结果(录用/不录用)对组织和个人后果的影响受求职者反应的调节。具体地说，人才选拔方法的特点，如隐私侵犯、表面效度、工作关联性和反馈方式，会影响求职者对人才选拔的认知反应。这些认知反应会进而产生一系列的后果，如组织承诺、自尊、转职、离职等。而求职者的认知反应与后果之间的关系又受职业发展阶段和个性特点的影响。艾尔斯等人突出强调了人才选拔测试的评估过程和录用结果的重要性，但认为录用结果对后果的影响受求职者反应的影响。这是存在问题的，因为从因果关系上看，求职者的反应在录用结果之前产生，它们之间的关系应该是求职者的反应影响求职者对录用结果的反应和其他结果变量。换句话说，从组织公正的视角来看，结果公正在求职者的反应与组织和个人后果之间起调节作用。

人才选拔是职业候选人与组织互动的过程。也有人将人才选拔过程看成职业候选人入职前的社会化过程，也就是说，人才选拔本身具有社会化的功能。安德森等人(Anderson & Ostroff，1997)认为，人才选拔过程传递了组织的有关信息，提供机会让职业候选人建立自己对组织和组织行为方式的理解。职业候选人则根据自己对相关信息的理解和判断，形成对组织的态度和信念，建立对组织或工作的心理预期，形成心理契约。这些最终都会影响职业候选人今后的工作绩效和行为表现。

从求职者反应的后果来看，人才选拔过程会影响求职者的认知、情感和行为反应，并会引起一系列的组织和个人后果，如自尊、自我效能感、心理健康、组织承诺，甚至未来的职业抉择(转职、离职)等。但早期有关求职者反应的研究都比较松散，如有些研究针对的是求职者的工作意愿，而另一些研究针对的是人才选拔测试方法的有效性，考察哪些测试方法比较有利。最主要的是，这些研究缺乏有效的理论支持。如阿维等人对选拔公正的影响因素进行了探究，但并没有建立一个理论模型，将这些因素整合起来，对结果变量进行解释。但研究者都意识到人才选拔过程中存在一些共同的因素会影响求职者的反应，如工作关联性、公正认知、人际互动及互动质量等（Anderson，Born，& Cunningham-Snell，2001；Gilliland & Steiner，2012）。这为随后的人才选拔公正理论的提出打下了很好的基础。

二、吉利兰的求职者反应公正模型

吉利兰（Gilliland，1993）在1993年根据人才选拔领域对求职者反应的研究，结合组织公正理论，提出了求职者反应公正模型，用于解释人才选拔过程中求职者的反应。该理论模型主要架构在组织公正理论的基础上，尤其是程序公正理论（Thibaut & Walker，1975，1978；Leventhal，1980）和人际公正理论（Bies & Moag，1986），所以被称为求职者反应公正模型。该模型主要强调程序公正对求职者反应的影响。随后，瑞安和普劳哈特（Ryan & Ployhart，2000）提出了求职者的启发模型。在这两个模型的基础上，2004年豪斯克内希特等人（Hausknecht，Day，& Thomas，2004）又提出了求职者反应的整合模型。后两者均以吉利兰的求职者反应公正模型为核心，增加了公正的前因和中间变量。在人才选拔的研究中，吉利兰于1993年提出的求职者反应公正模型具有重要意义，因为它是第一个真正意义上研究求职者反应的理论模型（如图3-1所示）。

吉利兰的求职者反应公正模型主要强调人才选拔方法的公正性及其他特点对结果变量的影响。整个模型分为三个部分：前因变量、中间过程和结果变量。前因变量是指人才选拔过程中的情境因素和个人先前的求职经验会影响人们对人才选拔程序公正规则的知觉，进而产生选拔的程序公正感，这种程序公正感会影响随后的态度和行为。情境因素包括测试类型、人力资源政策、人力资源成员的行为，它们分别对程序公正规则产生不同的影响。

　　中间过程主要是公正感形成的心理过程，包括两个过程：程序公正（含人际公正）和结果公正。根据格林伯格（Greenberg，1990）的程序公正观点，程序公正的规则可以归纳为三个方面：人才选拔的形式特征、解释或合理化、人际对待方式。这三个方面主要由工作关联性等 10 个跟人才选拔有关的程序公正和人际公正规则构成。其他规则包括答案造假和隐私侵犯。吉利兰认为答案造假和隐私侵犯是组织公正理论没有涉及的，但对人才选拔来说，它们会影响求职者的程序公正感，所以必须加以考虑。所有规则的满足或破坏会或多或少地影响选拔的程序公正感或不公正感（如图 3-1 所示）。

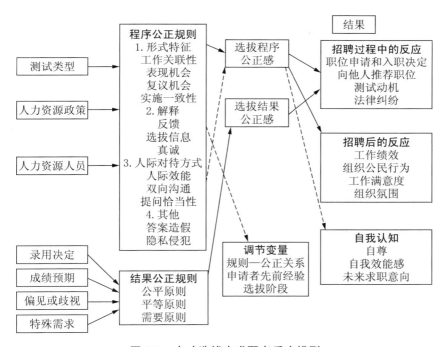

图 3-1　人才选拔中求职者反应模型

＊资料来源：Gilliland，1993，p.700

　　程序公正的规则主要包括工作关联性、表现机会、复议机会、双向沟通和提问恰当性等，见表 3-2。

需要特别指出的是工作关联性,它是研究者重点研究的内容。如果选拔方法的工作关联性高,一般情况下,该方法会获得受测者较高的评价(Smither et al.,1993)。工作关联性与选拔的标准和选拔测试内容的透明性有关。评价中心技术、工作样本测试等测试方法之所以被认为公正程度高,是因为它们工作关联性高,评估的对象明确,因而能做到"透明"。传记式资料测量、个性测试缺乏公正性,是因为它们表面上看来与工作无关,相对缺乏透明性。

表 3-2 程序公正的规则

规　则	含　义
形式特征	
工作关联性	人才测评与工作的关联程度,如表面效度和预测效度;人才测试的透明性
表现机会	展现个人知识、技能和能力的机会;显示并证明自己胜任岗位
实施一致性	执行程序的标准化,对所有人一视同仁;严禁营私舞弊;避免性别歧视等各种歧视与偏见
复议机会	质疑或复查选拔结果;给予纠正机会
解释	
反馈	提供及时、有用的用人反馈,如测试成绩和招录结果;信息详尽、具体,避免泛泛而谈
选拔信息	向求职者提供与选拔程序和方法有关的充足信息;保持足够的交流;结果的解释合理、明确
真诚	交流过程中做到态度诚实、实事求是;避免欺骗、撒谎
人际对待方式	
人际效能	人际交往的有效性,包括人际问题解决能力和策略(如关心他人)、人际冲突处理策略(如懂得如何拒绝他人)等
双向沟通	有效的双向沟通;求职者具有话语权和参与权
提问恰当性	提问方式得体;避免挑衅性的问题或带有偏见的问题
其他	
答案造假	求职者以社会赞许的方式作出非真实的反应;简历等材料伪造或歪曲事实
隐私侵犯	向求职者询问与工作无关的隐私问题,如婚姻状况、父母职业等

* 改编自:Anderson, Born, & Cunningham-Snell, 2001, p.209

工作关联性主要是指选拔测试的表面效度和预测效度。人才选拔测试中有三个与效度有关的概念:表面效度、内容效度和预测效度。表面效度是指根据题目是否容易看出出题人的意向和答案的倾向。表面效度并非真正的效度概念。

内容效度是指测试内容与测试目标的符合程度。成就测试和能力测试等都特别注重内容效度。测试的开发也注重内容效度，它是测试专家要考虑的因素。内容效度可被测试开发者用来评估测试的科学性，而表面效度一般是外行人对测试内容的表面判断，因此，表面效度并不是心理测量的严格术语，它只是受测者对选拔或测试与工作关联性的判断。

预测效度是测验分数与效标的关联程度，或者说，是预测受测者将来从事工作能够达到应有水平的有效程度。受测者也会对预测效度进行评估和判断，形成"预测效度的知觉"，如受测者会想：人才选拔中测试分数高是否意味着今后工作表现好？而这种知觉和判断会影响他们对测试的态度(Smither et al.，1993)。

对人才选拔来说，结果公正是指人才选拔测试分数或选拔最终结果的公正性，结果公正感的形成遵循三个原则：公平原则、平等原则和需要原则。吉利兰认为，公平原则是首要原则，其中成绩预期会影响实际测试结果或最终录用决定的公平知觉。例如，对应聘工作具有较高预期的求职者在面对拒绝录用的结果时，会产生相当大的不公正感。也就是说，在结果公正感形成过程中，成绩预期与录用结果之间存在交互作用。公平原则指的是与参照对象相比个人投入与产出的公平性。对人才选拔来说，它是指个人根据人才选拔的过去经验、成败体验以及个人资质（个人能力等），判断自己应该得到的录用决定。公平感是指录用结果与个人预期之间的一致性程度，而不公平感是指低于预期的不利结果或超出预期的有利结果。

除了公平原则外，考虑到歧视或偏见的存在以及申请人的特殊需要，平等原则和需要原则成为补充原则。平等原则是指所有的人机会均等，而不管他们具有什么样的能力和知识差异。对于人才选拔，它涉及一些与工作无关的因素，如性别、种族等。也就是说，如果否决某人是因为性别而不是能力，那就是不平等的。需要原则是指对特殊群体应差别对待，如残疾人。在总体公平感的形成上，程序公正和结果公正存在交互作用。其中，结果公正会调节程序公正与程序公正感的关系，程序公正调节结果公正与结果公正感的关系（如图3-1中虚线所示）。

最后是结果变量以及它们与公正感之间的关系。求职者反应的个人和组织结果分为三类：招聘过程中的反应、招聘后的反应和自我认知。这些结果包括职位申请和入职决定，个人的测试动机、自尊、自我效能感，以及录用后的工作绩效、组织公民行为、工作满意度等。

有研究者认为，求职者对招聘或选拔的态度、情感和行为反应与他们是否获得工作机会并无关系（Van Dijke & De Cremer，2016）。因此，人才选拔的结果公正不是主要的研究内容，程序公正和人际公正才是主要观测的内容。但这并非说结果公正不重要，而是认为程序公正相比结果公正在解释总体公平感、个人和组织结果的变异程度上作用更大。在实际研究中，求职者反应研究大都与程序公正和人际公正有关，结果公正的研究非常少。

三、豪斯克内希特的求职者反应综合模型

围绕吉利兰的求职者反应公正模型，研究者开展了大量研究。随后，瑞安和普劳哈特（Ryan & Ployhart，2000）对吉利兰的模型提出如下意见：首先，如前文所述，他们认为，阿维等人（Arvey & Sackett，1993）提出的影响求职者公正感的四个前因变量，在吉利兰的求职者反应公正模型中并未体现。因此，公正感的前因变量有必要进行拓展，如个人特点、工作特点和组织特点。其次，人才选拔测试中受测者的测试态度对测试成绩影响很大。也就是说，测试者的态度和动机也会影响最终的结果变量。例如，假如一个人对人才测评持怀疑态度，他便会相应地怀疑录用结果的公正性。瑞安等人认为，除了公正感，有必要增加求职者的认知和情感状态变量，如考试焦虑、测试动机等，以及对人才测试和选拔过程的总体知觉、人才选拔测试的

一般态度。豪斯克内希特等人（Hausknecht，Day，& Thomas，2004）根据瑞安等人的建议，对吉利兰的公正模型进行了扩展，提出了更具综合性的模型（如图 3-2 所示）。

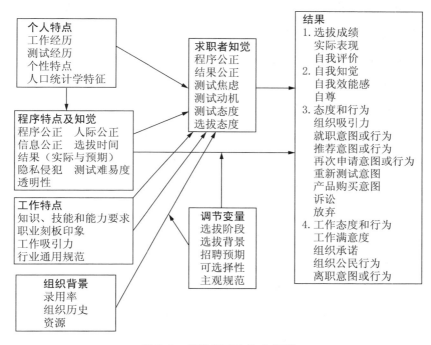

图 3-2　求职者反应综合模型

* 资料来源：Hausknecht，Day，& Thomas，2004，p.642

该模型包括前因变量、中间变量、结果变量和调节变量，其核心仍是人才选拔的公正规则和公正感。模型中结果部分主要分成三类——选拔结果、选拔后的结果和自我认知，这一点与吉利兰的求职者反应公正模型是一致的，但存在以下重要变化：

首先，求职者知觉作为影响个人和组织结果的中间变量，除了公正感，还增加了情绪和态度变量，包括测试动机、测试焦虑、测试态度和选拔态度。

其次，模型主要增加和修改了前因变量。前因变量更为明确，包括四个：个人特点、程序特点及知觉、工作特点和组织背景。其中，重点是个人特点和程序特点及知觉。该模型强调求职者反应存在个别差异，如求职者的性别、年龄、教育背景等人口统计学特征会影响求职者的反应。例如，有研究发现，黑人在认知能力测验上的得分普遍低于白人，并且黑人普遍不喜欢认知能力测验(Chan et al., 1997)。值得注意的是，个人特点会影响求职者对程序特点的知觉，从而产生个体差异，如个人先前成功和失败的选拔经验会影响他对公正规则的知觉，如图 3-2 中，个人特点与程序特点及知觉之间的路径。

模型中的求职者知觉是求职者对人才选拔的总体公正感、总体测试态度和总体选拔态度，它们受到求职者对程序特点中每个因素的积极或消极认知的影响。也就是说，选拔过程中每个选拔或测试环节的特点都会影响求职者形成的知觉和判断，而这些知觉和判断最终形成求职者对人才选拔的总体知觉。例如，选拔持续时间和选拔结果的有利性（通过／失败）会影响求职者的测试态度。又如，求职者一般不喜欢时间过长的选拔。此外，对选拔方法和录用标准提供充分的解释有助于求职者产生积极的选拔体验，测试内容的难易度和选拔程序的透明性也非常重要。

豪斯克内希特等人增加了工作特点和组织背景两个前因变量。工作特点中，人才选拔的行业通用规范主要是指人才选拔是否采用所在行业通用的做法，否则有可能被认为是不公平的。例如，有些组织突发奇想，安排一些临时测试项目，考察求职者的人品，这就是不符合行业规范的行为。因这个而拒绝录用求职者，显然是不公平的。组织背景中，录用率也是影响求职者选拔态度的重要因素。录用率过低，会导致录用预期低，信心不足者对人才测试的态度会发生变化。

最后，指明了与调节变量的关系。如图 3-1 所示，吉利兰的求职者反应公正模型并未指明调节变量在其模型中的位置，而豪斯克内希特在求职者反应综合模型中指明并强调：调节变量既会影响个人特点、程序特点及知觉等前因变量与求职者知觉等中间变量的关系，也会影响中间变量和结果变量之间的关系。

程序特点及知觉不受中间变量的调节,它直接影响结果变量(如图 3-2 所示)。例如,如果求职者认为根据自己的经验和个人条件,无法达到组织的选拔条件或测试要求,那么求职者就会放弃职业申请。又如,研究表明,程序特点及知觉与组织吸引力具有中等程度的相关,程序特点及知觉也会影响入职意愿、产品购买意愿等行为意图(Truxillo,Steiner,& Gilliland,2004)。

总之,豪斯克内希特等人提出的求职者反应综合模型解释了人才招聘和选拔过程有哪些特点会影响求职者的反应。与吉利兰的观点一致,该模型的核心——人才选拔的公正性,是影响求职者反应的主要因素。具体地说,人才选拔要遵循程序公正的原则,如具有工作关联性、表现机会、复议机会和实施一致性等;要做到信息公正,如成绩及时反馈、信息透明以及选拔程序和方法的信息公开等;要表现出人际公正,如尊重、恰当提问等。这些公正认知会影响职位申请人对人才选拔的公正判断,进而会导致不同个人和组织后果的产生。

第三节
提高人才选拔公正性的途径

一、人才选拔方法与公正的两难

人才选拔的公正对组织和个人来说无疑有利无害,但管理者在实际操作中可能面临所谓的"公正的两难"(Folger & Cropanzano,1998)。它是指有些选拔方法具有很高的预测效度,即它们是非常好的甄选工具,但并不满足公正的要求。例如,认知能力测验的预测效度非常高,但表面效度低,以致其使用率非常低。这些测验往往受到抵触,而有些技术的预测效度不高,却得到广泛应用,如非结构化面试。调查发现,在美国,简历筛选和非结构化面试是使用率最高的两项技术,使用率分别为 97.3% 和 87.6%

(Harris，Dworkin，& Park，1990)。但对于人才选拔的有效性，这两项技术的预测效度基本处于随机水平。实际情况是，人事工作中最常用的方法恰恰是面试和简历筛选，其次是个性测试和认知能力测验。评价中心技术基本很少使用，尽管其预测效度非常高。

这说明，人力资源从业者更重视社会有效性，而不是测试有效性，这是学术研究始料不及的(Gilliland & Steiner，2012)。认知能力测验等测试方法尽管预测效度高，但在求职者看来，其与工作的关系不大，感到没有机会证明自己的工作能力。反过来，有些选拔方法预测效度并不高，如非结构化面试，在研究者看来它形同虚设，但求职者一般感觉非结构化面试比结构化面试更公正，因为非结构化面试可以更好地证明自己的能力，尽管实际上结构化面试的预测效度比非结构化面试要高很多。因此，仅从统计学来看，可以了解哪些测试技术是有效的，哪些是无效的，并从中作出选择。但问题是，有时明知有问题，人事工作者在实践操作中仍视而不见，这就是公正的两难。

二、人才选拔不公正的后果

无论是吉利兰的求职者反应公正模型，还是豪斯克内希特的求职者反应综合模型，都反映了不公正导致的后果。研究发现，选拔公正感能有效预测结果变量，如接受工作机会、人才选拔的满意度、自我效能感、诉讼意图、测试动机、测试成绩和选拔态度等(Truxillo，Steiner，& Gilliland，2004)。尽管有争议，但研究者认为求职者的不公正感很可能会降低组织的吸引力和产品的购买意愿，经历不公正选拔的个体会劝阻他人前来应聘。前文已述，人才选拔的公正性主要影响求职者的态度和行为意图，其对实际行为的影响还存在争议。例如，有研究发现，求职者的不公正感会导致他们中途放弃职位申请(Schmit & Ryan，1997)，但有些研究发现两者无关(Truxillo et al.，2002)。这说明，在公正感与具体行为之间可能还受到其他因素的影响,如劳动力市场状况等。

此外,在人才选拔过程中,求职者的公正感存在长期效应,与入职后的工作态度和工作绩效有关。例如,有些研究发现,选拔阶段的公正感能大大提高职位候选人入职后的组织承诺和工作满意度(Ambrose & Cropanzano,2003)。但另外一些研究发现,公正感与入职后的工作绩效、离职意图不存在显著的相关(Gilliland,1994),这可能需要考虑更多的组织背景因素。总之,选拔公正是必要的,选拔公正感的长期效应,以及它对求职者实际行为的影响需要更加深入的研究。

三、提高人才选拔公正性的途径

(一)选拔方法与选拔公正性

如前所述,人才选拔方法不同,带来的公正体验也不同。因此,从选拔方法的视角出发,提高人才选拔公正感的对策主要有:

第一,了解每种选拔方法的优缺点,替换不公平的测试。

一般而言,有效的测试通常比无效的测试更为公平,毕竟人才选拔的准确性是关键。在技术上,选拔方法预留多种选择方案,从而保证较高的测试效度和公平性。最简单和直接的方法就是用公平的测试方法,替换不公平的测试方法。

替换之前需要从公正的角度权衡各种测试方法的可接受性,即社会效度。首先,我们应该根据需要和具体情境,了解哪种方法最有可能被替换,如传记式资料测量、认知能力测试和个性测试。这些方法尽管测量效度高,但社会效度低。其次,清晰地了解每种替换方法的特点,如评价中心技术和工作样本测试等,既有较高的测试效度,又比较公平,作为替换方法无疑是非常安全的(Gilliland & Hale,2005)。

但替换也会产生问题。首先,有时替换的方法虽然比较合理,但存在成本过高的问题。如工作样本测试和评价中心技术的成本都非常高。尤其是评价中心技术，只有实力非常雄厚的组织才能拥有自己的评价中心和专职测评师。目前，一些中小型组织一般采取购买专业测评机构的代理服务或几个组织联合建立测评机构的方式实施评价中心技术。对工作样本测试来说，它并不经济，会耗费一定的人力、物力，如果招聘职位多，考虑到情境模拟的复杂性，基本不可能大规模推行。其次，一旦公平性提高，选拔的效力就会降低。此时，就不得不仔细权衡选拔方法的有效性问题。吉利兰（Gilliland，1993）举例指出，美国一般能力倾向测试（General Aptitude Test Battery，GATB）属于认知能力测试。由于测试内容具有通用性，该测试得分可以预测不同工作岗位的工作绩效。因此，美国公共就业服务办公室（Public Employment Service Office，PESO）拟采用这个方法对求职者进行筛选。但有学者指出，该举措在公平性上考虑欠周。在测试的实际得分上，黑人与白人、亚裔人群具有很大的差异。尽管黑人在测试得分上与其他人群差异很大，但在实际工作表现上，白人、亚裔人群并不比黑人好多少。这对黑人来说无疑是不公平的。因而，美国公共就业服务办公室的官员不得不放弃美国一般能力倾向测试，转而采用非结构化面试。这样做好坏难说，因为虽然社会效度提高了，但测量效度又下降了。

总之，人才选拔是组织根据自己的用人需求对求职者进行深入了解的过程。候选对象本身的情况比较复杂，需要采取多种方法才能深入了解。因此，不能采取非此即彼的做法，应结合实际情况，根据不同选拔技术的特点选取合适的选拔技术，重视选拔技术的实用性。例如，认知能力测试和个性测试可以作为工作样本测试的补充。此外，过于刻板和严格会给选拔程序的设计带来困难。我们需要考虑的是如何在有限的条件下，取得相对满意的效果。

第二，修订现有的甄选工具，使之看上去具有高度的程序公正性。

史密瑟等人（Smither et al.，1993）发现，认知能力测试中具体的问卷项目比抽象的问卷项目更易于被受测者接受。如果修订方案合理，可以在不影响测量效度的情况下，适当地提高工作关联性。因此，在测试项目设计上，可以尽量增加与工作有关的具体技能，避免测试内容过于抽象、隐晦，从而使其显得更公平。又如，相对而言，结构化面试比非结构化面试的测量效度高、社会效度低，非结构化面试则反之。因此，吉利兰等人（Gilliland & Steiner，2001）建议采用联合型面试。在面试中既设置结构式问题，也设置开放式问题，从而既保证公正，又保证预测效度。

修订存在的问题是不能改变测试本身的结构以及成本较高。认知能力测试如果按照工作关联性进行修改，就需要根据不同的招聘岗位，开发不同的测试内容，这肯定会增加成本。此外，在有些情况下，测试内容不能修订，如有些特殊工种需要特定的体检项目。

第三，通过人际公正，削弱选拔方法的不公正。

吉利兰（Gilliland，1995）发现，许多处在求职过程中的大学生在回忆自己的面试经历时，提到最多的就是人际不公正。例如，感觉对方不礼貌、不尊重自己，反馈不及时，很久才发出面试通知，甚至临时告知取消面试，等等。因此，反馈及时、态度真诚、待人尊重，以及面对面交流时保持适度的礼仪和礼貌，都可以有效地削弱选拔方法带来的程序不公正感。

第四，通过程序公正，降低结果的不利性。

根据组织公正理论，人才选拔中程序公正规则与结果公正规则之间存在交互作用，影响求职者总体公正感的形成。具体地说，因选拔的程序不公正而导致结果不公正，会使求职者产生极大的不公正感。如果程序公正，而结果不公正，求职者不会产生太大的不满。相反，如果程序不公正，但合理控制结果的不利性，求职者的不公平感也会大大降低。有时结果的不利性是可以控制的。研究发现，对在职员工开展药物检验，但程序不公正，如没有提前告知、不做事后解释，在此情况下，如果对药物检验的结果不采取追究措施，员工也不会认为药物检验是不公平的（Cropanzano & Konovsky，1995）。这为我们提供了一个问题解决的重要思路。然而，无论如何，程序公正相对结果公正来说，主效应更强，对控制结果不利性所起的作用非常有限。对人才选拔来说，主要是保障程序公正和人际公正。面对不利局面,组织还可以通过提供申诉机会等手段来保证员工获得公正感。

(二) 选拔过程与选拔公正性

上文分析了人才选拔方法存在的公正两难问题,说明人才选拔方法及其安排会影响求职者的主观态度和公正知觉。不过,人才选拔始于招聘,结束于录用。随着时间的推移和选拔活动的开展,无论是公正类型,还是公正感形成的前提条件,都会发生变化,并产生相应的组织和个人结果(Gilliland & Hale,2005)。因此,有必要考察不同选拔阶段求职者的公正体验及其影响因素,从而深入理解人才选拔的公正性。

1. 人际公正

人际公正是程序实施过程中在人际交往活动中体现出的公正性。在组织情境中,人际公正具体体现在决策过程中对他人作出的解释,包括解释什么、如何解释(Tyler & Bies,1990)。解释什么涉及解释的内容,如何解释涉及解释的方式,即说什么以及如何说。此外,人际公正还体现在决策过程中对决策进行解释,并提供正当的理由,这可以在很大程度上降低程序公正的不利性。人际公正也体现为人际交往中对他人的尊重和基本的礼仪。在人才选拔的招聘阶段、甄选阶段和人才录用阶段,职业申请人或候选人都会跟组织招聘人员、面试人员频繁接触,因此人际公正感对他们总体公正感的形成具有重要的意义。

(1) 招聘阶段。人才选拔过程在本质上是人与人之间的互动。在人员互动的过程中,招聘方应保证人际交往的有效性,体现足够的人际胜任能力。人际效能感是指个体在与他人展开交往活动之前对自己能够在什么水平上完成该交往活动的判断(谢晶,张厚粲,2009)。例如,有些人比其他人更适合从事招聘工作。人际效能的提升具体表现为掌握一定的人际交往策略,如人际交往中对他人需求的敏感性、学会拒绝、有效地应对人际冲突等。

招聘阶段的人际公正体现在求职者对招聘人员人际效能的知觉上。

招聘是求职者与组织招聘人员初次接触的过程,招聘人员的人际效能对求职者的公正知觉非常重要。例如,很多组织的新成员在回顾招聘经历时,提及更多的就是招聘人员的人际交往方式。招聘人员的个性和行为方式很大程度上决定了求职者的第一印象,并影响其后续的反应。因此,耐心、清晰、有效地回答求职者的各种问题只是获得人际关系有效性的一个组成部分,在人际交往方式上,应给予求职者最基本的尊重,体现良好的人际交往能力。

(2)甄选阶段。甄选阶段的人际公正涉及两个公正规则:人际效能和双向沟通。比斯和摩格(Bies & Moag,1986)调查发现,大约有23%的求职者报告在求职过程中感觉招聘人员态度不友好,甚至粗鲁,有强烈的不公正感。甄选阶段的人际效能和双向沟通主要体现在面试中。前文已述,在各种人才测试方法中,评价最好的就是面试(Kravitz et al.,1996)。面试,尤其是非结构化面试,尽管测试效度不高,却受到职位申请人的普遍欢迎。首先,这是因为非结构化面试的提问和回答具有开放性,非正式的接触能增加彼此的了解,如果有良好的人际交往能力和公正的人际交往方式,双方便都会留下深刻的印象。其次,面试中面试人员与求职者之间的沟通是双向的,求职者具有很强的参与感。人才选拔过程中求职者能直接了解组织情况的机会并不多,而在面试过程中求职者可以直接询问面试人员,非结构化面试更是提供了这种机会。

面试毕竟是属于人才选拔性质的,尽管其社会有效性高,但测试效度并不高。因此,在实际面试过程中可以根据测试目的和测试内容的需要,精心安排结构化面试和非结构化面试。非结构化面试的优势在于求职者可以通过询问深入了解组织,从而评估自己是否符合组织的要求。而组织也可以通过非结构化面试获取正式测试无法获取的信息,从而提高录用决策的准确性。但非结构化面试对招聘人员的要求比较高。如前所述,面试的效果一般与面试官的个人品质和行为有关。此外,也与面试内容、面试官是否为一线员工或直属领导等有很大关系。组织需要安排有经验的招聘人员负责非结构化面试的组织和实施。

（3）录用阶段。录用阶段将面对录用或不录用的决策,此时人际效能的作用可能更为重要,尤其对求职不成功的求职者而言。组织与求职者应感同身受,无论录用与否,都应提供充分、具体的反馈信息。在录用决定沟通过程中,组织应体会求职者的内心感受,传递足够的真诚与尊重。

2. 程序公正

在人才选拔中,程序公正主要体现在招聘阶段和甄选阶段。具体地说,招聘阶段影响程序公正感的规则,包括遵循行业常规做法和提问恰当性;甄选阶段影响程序公正感的规则,包括工作关联性、表现机会、重新考虑的机会和一致性等。

（1）招聘阶段。组织在招聘方法上应采取常规、通用的做法。在招聘信息发布、招聘材料的要求上不能标新立异,提出独此一家的要求,让人摸不着头脑。采用常规的做法主要指招聘方法应与求职者的心理预期相符,否则会产生不确定感,从而引起不满。例如,很多组织在招聘中要求求职者先提交一份简历。求职者不仅不会拒绝提交,而且会精心准备。不要简历,反而易被求职者认为是不公平的。这是因为在求职者看来,提交简历是职位申请常规、通用的做法。很多招聘和选拔方法之所以被认为是公平的,并不在于这些方法本身多么科学,而是因为这些方法与求职者的预期相符。例如,面试的效度虽然不高,但在求职者看来,正式入职前肯定会有面试。如果没有面试,反而会被认为是不公平的,原因还是在求职者看来它们是常规的做法。

在招聘阶段,组织方和求职者可能会相互交流,如询问对方的年龄等私人问题,此时要注意提问的恰当性。一些涉及隐私的问题,如恋爱、婚姻、子女、父母职业、身心疾病等问题很可能是求职者非常看重的个人隐私。一些不礼貌、带有歧视性的评论和玩笑都有可能引起对方的反感,甚至冲突,最终引发强烈的不公正感。

（2）选拔阶段。选拔阶段是人才选拔过程中最重要的阶段。组织在此阶段通过多种人才选拔方法对求职者或候选人进行评价,从中筛选适宜人员。这个阶段的程序公正是人才选拔总体公正感的主要来源。吉利兰的求职者反应公正模型的主要内容就是选拔的程序公正。选拔程序不能破坏程序公正的规则,否则会引发强烈的程序不公正感。前文已述,这些程序公正的规则包括工作关联性、实施一致性、表现机会、复议机会、提问恰当性,以及其他一些影响程序公正感的规则,如答案造假、隐私侵犯等。

首先,从内容来看,选拔方法应具有工作关联性,并给予求职者充分的表现机会。选拔的公正性首先体现为组织根据工作的要求制定选拔标准。也就是说,应聘人员能清晰地推断哪些职业素质将受到评价,为什么要对这些素质进行评估,这就要求选拔程序具有较高的工作关联性。如前文所述,工作关联性是求职者对测试意图的了解程度,求职者作为外行人会对测试效度做表面上的检查,以确定测试题目与测试目的之间的关系,包括对表面效度和预测效度的知觉。

表面效度高并非好事,也不代表测试具有科学性,因为它不代表内容效度高。表面效度并非真正的效度指标,却影响受测者的测验动机。认知能力测试和个性测试内容效度高,但表面效度低,因此求职者不喜欢,测试者却喜欢。例如,让申请消防员职位的求职者做体能测试,他们能接受,但若做个性测验或认知能力测试,他们会觉得不公平,因为这些测试似乎与应聘岗位关系不大。非结构化面试并非漫无目的地闲谈,只有与工作有关的话题才会引起求职者的兴趣。工作关联性很可能比面试本身要重要(Bauer et al.,2001)。注重表面效度不能放弃预测效度,要做好测试内容和行为取样工作,测试内容应该是知识、技能和能力的代表性样本。总之,在职业选拔中,可尽量安排工作关联性高、内容效度好的测试,如评价中心技术。

根据程序公正理论,控制感和价值感是程序公正感的重要来源。表现机会能让受测者充分证明自己的知识和能力,而不是被动地接受评价,因此能大大增强其参与感和公正感。在选拔过程中,可以适当延长受测者自我陈述的时间,在有条件的情况下,可给予其实际操作的机会。在测试程序的设计上应该多样化,如在个性测试、认知能力测试之外增加一些情景模拟等工作样本测试类的测试。

其次,选拔程序和方法要标准化,实施过程中要保持高度一致,同时选拔程序和方法应尽量采用通用的做法,给予求职者成绩复议的机会。在职业测试中,测试标准和测试方法对所有人一视同仁,不能一部分人做认知能力测试,另一部分人做个性测试,更不能在评分标准上模糊不清。这不仅会造成不公正感,而且会给决策带来困难。与受测者预期不相符合的测试方法容易引起不公正感,因而使用前要慎重考虑。人才选拔最主要的是考察求职者的工作适宜性,选拔过程中要尽量避免一时心血来潮的测试方法,如让别人弯腰捡东西、替考官倒水以测试对方的品行等。除非与测试背景吻合,否则这样的做法要尽量避免。组织要允许求职者对选拔结果提出质疑和复查。

最后,在选拔过程中要注意提问的恰当性,不要随意侵犯别人的隐私。提问时要注重礼貌,避免偏见性问题和歧视性观点。对一些涉及隐私的问题,如个性测试、身体检查等,要预先采取一些补救措施,如提前告知、接受投诉、给予求职者发言权并提供合理解释等。

当前,组织不仅看重人才的知识、技能和能力,更看重人才的道德品质,有些组织甚至会专门测试求职者的忠诚度。在职业测试中造假的余地很大,如在简历中伪造事实、个性测试中求职者的社会赞许性倾向等。求职材料和职业测试中造假的余地越大,越容易引起不公正感,造成法律诉讼的可能性也越大。这些情况都可以采取行之有效的技术予以避免,此处不再专门论述。

3. 信息公正

信息公正主要是指提供与选拔有关的信息的质量和数量。人才选拔中,信息公正的规则主要是指人才选拔各阶段中反馈及时,信息真实、有效,让求职者尽可能知晓并理解组织的选拔程序和选拔方法。

（1）招聘阶段。在招聘阶段，招聘人员在回答求职者的问题时，要提供真实的信息。信息公正的真诚性是指交流过程中要做到态度诚实、实事求是，避免欺骗、撒谎。在招聘阶段，招聘人员应尽量诚实地回答求职者关心的问题，如组织的薪水情况、工作条件、工作环境、岗位需求、用人期望等。

对求职者的求职申请要及时反馈。及时反馈的效果与求职者对应聘岗位的期望有关。对应聘岗位期望较高的求职者希望在投递简历后尽快得到用人单位的反馈。很多人都有这样的经历——简历投递后很长时间没有接到用人单位的反馈，一直处在焦虑和期待中，直到很长时间后才接到面试通知。也有些组织对于不感兴趣的求职人员不提供反馈。有些求职者甚至在经历很长时间的等待后，接到的是一封被拒绝的电子邮件。这些都会引起求职者的愤怒和不公正感。不管求职者是否符合职位要求，组织都要尽快作出反馈。

在招聘阶段，一般通过口头或书面的方式，告诉求职者有关选拔的信息。选拔信息是组织有关选拔程序和选拔测试的安排信息。这些在选拔正式开始前，要提前告知求职者。对选拔信息了解得越多，求职者准备得越充分，其对选拔过程的公正感也就越高。

（2）选拔阶段。选拔阶段要及时反馈测试的成绩，不要无故推迟。有些组织甚至不公布选拔结果和测试成绩，这容易让人产生暗箱操作的感觉，为不公正感的产生留下空间。如果确实因为客观原因，如测试分析和分数统计需要花费时间，最好提前作出解释。否则时间越久，引起的不满越多。

在选拔测试之前，组织要尽可能让求职者了解评价标准和评价方法，如选拔程序的安排、选拔标准与评分标准、测试方法的科学依据和有效性等。研究发现，如果告诉求职者职业测试与工作绩效有关，并明确成绩反馈的时间节点，求职者一般会对该测试持积极态度（Lounsbury et al.，1989）。在选拔过程中，双向沟通非常重要，组织希望求职者坦诚相见，求职者也希望招聘人员真诚。例如，面试中有些面试官在回答求职者的问题时不够坦率,遮遮掩掩,模棱两可,甚至不愿意正面回答求职者的提问,隐瞒组织和选拔的相关信息,这些都会让求职者产生不公正感。

(3) 录用阶段。无论是录用还是不录用,在选拔成绩出来后,都应该及时通知当事人,并提供合理的解释。有些组织对录用人员通知,对不录用人员不通知。这些组织这么做的原因是认为暂时不予录用的人员是后备人选,可以防止第一候选人拒绝录用后,造成备用候选人的流失。曾有求职者与其他单位签约很久以后,才接到用人单位的录用通知。这种情况并非不可取,但一般都会造成当事人对该组织的不信任,甚至认为其不诚实,引起强烈反感。无论是录用还是不录用,组织都应表现出足够的诚意,对录用决策作出解释。录用决策的解释对于不利结果的职业候选人更为重要。中肯、合理的解释可以在很大程度上消除对方的疑虑。否则是不尊重人的表现,会引起求职者的强烈不公平感,很容易产生诉讼纠纷。

4. 结果公正

在人才选拔的研究中,研究者比较关注人际公正和程序公正,相对来说,对结果公正的研究不是很多。但人员选拔本身就是一个强调结果的组织行为,所以吉利兰(Gilliland,1993)提出了人员选拔过程中结果公正的三个原则:公平原则、平等原则和需要原则,并将结果公正作为一个主效应研究公正感的形成。

(1) 选拔阶段。选拔阶段的结果公正主要体现在阶段性的成果上,如职业测试的成绩。在录用之前,求职者能否进入下一阶段的选拔主要看选拔的阶段性成果。

根据公平原则,选拔过程中组织在职业测试中应该秉公办事。求职者的结果公正感主要是根据自己和他人的投入(如判断他人的资质、测试中临场发挥表现出的能力等)来比较选拔结果的公正性。但在很多情况下,求职者判断结果公正的线索主要是选拔过程,因此要尽量保证人才选拔测试的工作关联性和公平性。需要原则也适用于人才选拔,如在测试结果上可以适当地向某些特殊人群倾斜,保障他们在一些特殊职业中的利益。

（2）录用阶段。在人员选拔中，结果的公正性体现录用结果和录用预期的符合程度，而录用预期又与组织的录用率有关。录用率越高或录用预期越大，录用结果不利时，造成的不公平感越强。反之，录用率低或录用预期小，即使录用结果不利，也不会造成明显的不公平感。吉利兰等人（Gilliland & Hale，2005）认为，在结果公正感形成过程中，录用预期与录用结果之间具有交互作用。平等原则强调选拔过程中对所有人一视同仁、平等对待，反对任人唯亲、机会不均等。在选拔过程中因私人关系作出的录用决策肯定会造成强烈的不公平感。

总之，人才选拔始于招聘阶段，结束于录用阶段。人力资源从业者需要着重把握各种公正的性质，思考它们在求职者公正感形成过程中的作用。同时，要考虑他们随选拔活动开展而变化的规律。公正感的形成是动态的过程，前一阶段形成的公正感势必会影响下一阶段的选拔工作和公正知觉。相对来说，信息公正和结果公正在录用阶段比较重要，而程序公正和人际公正在整个人才选拔过程中都很重要。根据程序公正和人际公正的要求，需要注重以下几点：

首先，程序公正的关键是选拔内容和测试方法与工作有关，以及恰当的提问和明确的标准。过于隐私的问题或测试，都会被看成对个人隐私的侵犯。

其次，组织应安排合适、胜任的人员负责人才招聘、选拔工作，不仅要能胜任人才选拔的技术工作，而且能有效地处理与求职者的关系，具有较强的人际交往能力和人际冲突处理能力。

最后，组织应给予求职者充分的表现机会。面试要预留足够的时间，让求职者有充分的机会证明自己（Truxillo et al.，2001）。如果是标准化测试，则应让求职者有质疑和复查的机会，同时应提供备选测试，允许其重测。

第四章
组织公正与绩效评估

上海财经大学"常任轨"教授的去留之争

2016年8月31日,上海财经大学"常任轨"教授茆长暄被校方拒绝续聘。茆长暄认为自己作为学校6年前从海外聘请的"常任轨"教授,科研和教学都完成得不错,论文引用率排名第一,被解聘是因为曾举报过该学院包括院长在内的4名教师,因而遭到报复。对此,校方给出的不予续聘的理由是,"大多数外审同行专家不支持,加上茆长暄的各方面表现,决定不再续聘"。此事一出,在社会上引起巨大争议。

"常任轨"制度是许多高校引进海外高层次人才采用的做法,在6年聘期内给教师提供高薪酬,并要求产出高水平成果,合同到期后,教师要么获得终身教职,要么自动离开,简单说就是"非升即走"。

按照上海财经大学"常任轨"教师管理办法的规定:"常任轨"教师的去留和晋升取决于其在教学、研究、校内外服务三方面的优秀表现。如"常任轨"教师在任何一个方面表现不佳,学校就有充分理由不予续约。"常任轨"教师满足了教学、科研、服务上的最低标准并不能成为晋升或授予常任教职的足够依据。"常任轨"教师在每个方面的表现都将结合所在学院发展的要求来衡量。

这次风波引发的思考在于,解聘教授究竟谁说了算?绩效评估应如何保证程序的公正性?

资料来源:根据《京华时报》和上海财经大学网站信息整理。

　　绩效评估作为人力资源管理部门最重要的职能之一，是组织内周期性开展的员工正式评价。有效的绩效评估能塑造员工积极的态度和行为，促进组织和个人的共同发展。公正是绩效评估的核心标准，表明人们对绩效评估过程、方法和结果的反应和评价。

　　任何一个评价工具，"操作性"都是其核心。操作性最重要的成分是施评者和受评者的积极反应，这也是评价工具的使命所在。员工对绩效评估的反应包含公正的成分，如评估结果和过程的公正性，也就是说，绩效评估具有社会性。绩效评估自提出并在组织中开展以来，其科学性一直是理论和实践关注的重点，其社会意义一度被忽略。20 世纪 80 年代以来，人们开始关注组织中受评者对绩效评估的反应，意识到绩效评估的成败在很大程度上取决于组织中人们对它的接受和认可，绩效评估的公正问题开始凸显出来，这代表绩效评估研究的重点从测量观转向了社会观。研究者意识到，人们对绩效评估的反应，尤其是绩效评估的公正反应，会影响绩效评估的质量，也是绩效评估有效性的评价标准（Jacobs，Kafry，& Zedeck，1980）。

第一节
绩效评估概述

一、绩效与绩效评估概念

　　我国学者刘家义（2004，p.3）对绩效的看法是，"绩者，成果业绩也；效者，功能效应也。绩效者，成果业绩、功能效应之综合体现也。所以，不同领域，绩效的内涵、范畴是不同的"。这句话道出了绩效的实质，即绩效包括两个部分：业绩和功效。绩是指个人和组织活动实际取得的业绩，效是指个人和组织活动实现的功能和效果。因此，只有业绩突出，并且达到一定的组织、个人效果，才是绩效。可见，绩效分为组织绩效和个人绩效。对于绩效评估，绩效应该被看成一个可操作化的概念，即绩效是可测量的工作结果,以及与工作有关的行为和行为潜能,任何绩效事件都应该具有可测量性。因此,绩效事件应该是可描述的工作行为和可测量的工作结果(付亚和,2014)。绩效评估应重点测量那些对组织和个人具有效果的业绩,以及与工作有关的个人行为和个人品质。

绩效评估(performance appraisal,PA)又称绩效评价(performance evaluation)、业绩审查(performance review),有时也称为员工评价(employee evaluation),是一种记录并评价员工工作绩效的方法(Muchinsky,2012)。绩效评估有不同的定义。有人认为,绩效评估是组织根据事先确定的标准或组织目标,采用系统的方法,针对评价对象的工作业绩和工作能力进行的周期性评价过程(Manasa & Reddy,2009)。而穆钦斯基(Muchinsky,2012)认为,绩效评估是员工职业发展的一个组成部分,是组织内周期性开展的业绩审查活动。这两个概念由于提出的立场不同,因此强调的重点有差异。前者强调绩效评估的方法和评估内容,后者强调绩效评估的功能,即绩效评估与员工的发展有关。

从绩效评估的内容来看,绩效评估是一项周期性开展的活动,它是组织对员工的正式评价。绩效评估的主要内容是员工的工作绩效或生产率,评估其是否达到组织的目标或组织规定的其他评价标准。穆钦斯基(Muchinsky,2006)认为,个人品质、个人发展潜力、工作中个人的优缺点以及组织公民行为等也应该是绩效评估的对象。这说明,绩效评估结果对组织人事决策和个人职业发展具有重要的参考价值。

从绩效评估的组织功能来看,绩效评估是人力资源管理最重要的职能之一,是绩效管理的核心。绩效如何管理很大程度上决定了组织的成败。穆钦斯基(Muchinsky,2012)指出,绩效管理是改善组织的绩效水平,管理和协调组织资源的活动。绩效管理的最终目标是协调组织绩效和个人绩效,只有个人绩效达到了组织的要求,组织的绩效才有实现的可能。而绩效评估是实现绩效管理目标的核心,绩效评估的过程实际上是告诉员工组织的目标和当务之急,传递组织对员工的期望,表达组织对员工个人绩效的重视(Den Hartog et al.，2004)。

　　从绩效评估的结果使用来看，绩效评估主要用于员工的绩效改进和提高，最起码，个人工作绩效应达到组织为其规定的标准。当然，绩效评估的结果也用于薪酬管理和人事决策，如晋升、解雇、转岗、培训等。此外，绩效评估的结果也可以用于人才选拔。通过绩效评估，可以实现对员工的有效激励，引导员工合理地进行职业规划。

　　绩效评估与员工的切身利益有关，如薪资福利、职位晋升、解聘等。绩效评估操作不当，容易引起员工的不满。特别是目标设置不当，绩效评估的结果不利，又欠缺公正的情况下，更容易引起员工的强烈不满，甚至引发法律纠纷。绩效评估存在的问题主要包括：(1)绩效评估的主观性强。绩效评估主要是由管理者或主管对下属展开的评价，难免有主观的成分，如人情分现象、个人偏见、首因效应和近因效应、印象管理等。(2)评价者偏差。评价者偏差主要是指评价者难以避免的认知偏差，包括晕轮效应、宽大化倾向、严格化倾向、居中趋势等。引导案例中出现的当事双方的争议便是这些问题的具体体现。

　　绩效评估一般为一年一次。随着绩效评估在我国的推广，每年一次的绩效评估逐渐为大家所知，如年终考核。但有学者建议，从绩效改进的角度来说，最好一年两次以上，具体要视工作性质和员工特点而定。例如，常规工作可以一年一次，而非常规工作或有较大提升空间的工作，在正式的绩效评估之前，可以通过多次评估，达到绩效改进的目的(Katz，2013)。

二、绩效评估的方法

　　绩效评估的方法是绩效评估程序的主要组成部分，方法的选择会影响评估结果以及评价者对结果的反应，如结果的可接受性、结果公正和程序公正等。绩效评估的方法主要用于收集绩效评估的数据。穆钦斯基(Muchinsky，2006，2012)将其分为三类：主观评价法、个人评价法和客观评价法。

（一）主观评价法

主观评价法是最常采用的方法，也是绩效评估最主要的方法，它是根据评价者的主观判断对被评价者进行评估。主观评价法主要包括图尺度评价法、比较法和行为量表法。

图尺度评价法（graphic rating scale），也称为图解式考评法。这是最常用的绩效评估方法。它列举出一些组织所期望的绩效构成要素，由评价者针对每个要素，采用 5 点计分法或 7 点计分法对员工进行评价，汇总后构成最终得分。这种方法使用简单，结果可以量化，但缺点是缺乏评分标准，评价主观性较强。

比较法，包括等级排列法、配对比较法和强制分布法。等级排列法是一种心理学中制作顺序量表的常用方法，它要求评价者按某种要素把被评价者从高到低排列起来。这种方法常被用来评定最终绩效，其优点是不存在宽大化倾向和居中趋势，但缺点是可能会出现晕轮效应。配对比较法又称两两比较法、相互比较法，即将所有人配对进行比较，每个人在每一个绩效评估要素下，都与其他人比较一次，胜出者得 1 分，如此累计并排序。这种方法简单易行，操作成本低，但最主要的缺点是主观性强，评估效果受评价者本人的影响非常大。强制分布法是依据正态分布原理，即"中间大、两头小"的正态分布规律，确定被评价者在某一个评估维度上的得分，然后根据其得分的优劣程度，将其放置于预先确定的评价等级。例如，公司要裁减 10% 的员工，如果采用强制分布法，就是选取绩效评估分数处于最后 10% 的人作为淘汰对象，也就是末位淘汰。这种方法适用于受评人数较多的情况，常常与员工的奖惩有关，但其公正性差，最容易出现绩效评估中轮流坐庄的现象，形成绩效评估政治，即绩效评估者为达到个人或者组织的某些目的而有目的地歪曲评价结果。

行为量表法，包括关键事件法、行为锚定评价量表和行为观察量表法。首先是关键事件法（critical incident technique，CIT），其秉承的理念是：行为是绩效最好的预测指标，关键事件是使工作成功或失败的行为特征或事件。关键事件法要求评价者将工作过程中的关键事件，如好的行为和坏的行为，详细地记录下来，并在收集大量信息后对人员进行评价。据了解，这是员工最喜欢的方法。其优点是评估集中在可观察、可测量的行为上；缺点是只关注好和坏的行为，而忽略了中间行为，遗漏了平均的绩效水平。这种方法一般不宜单独使用，常与其他方法搭配使用。行为锚定评价量表法（behaviorally anchored rating scale，BARS）是将关键事件法和等级排列法结合起来使用的一种方法。例如，在一个绩效维度上存在一系列的行为，每种行为分别代表这一维度上的一种特定绩效水平，将绩效水平按等级量化，由评价者给出评分。这种方法的优点是允许员工一定程度的参与，结果比较公平，但缺点是耗时耗力，行为描述容易出现偏差。行为观察量表法（behavior observation scale，BOS）与行为锚定评价量表法类似，但观测点是一定时间周期内关键行为事件出现的频率，可以采取 5 点计分法。而具体什么是关键行为事件，需要由专家或评价者确定。

（二）个人评价法

上述绩效评估方法都是管理者或主管充当评价者，由于被广泛采用，构成了绩效评估的主要数据来源。除此之外，评价数据还可来源于同伴评价和自我评价。研究者认为，最好在评价数据的来源上采用多种方法，以保证数据的准确性和客观性，如先采用自我评价，再采用同伴评价和管理者评价。360 度评价，因其评价数据的来源是多源的，故又称多源性评价，包括上级评价、同伴评价、自我评价，有时还包括下属评价、客户评价等。

（三）客观评价法

客观评价法是指以客观标准对员工进行的评价，其客观性强，主要依据是生产指标和个人工作指标等客观指标，如销售额、产量和出勤率、事故率等。客观评价法主要包括生产指标法和个人工作指标法。

生产指标法是依据生产指标进行评估的方法,包括销售额、产量等客观性生产指标。穆钦斯基(Muchinsky,2006)指出,生产指标法虽然表面上标准明确,却存在效标污染和效标缺失的问题。效标污染是指测得的实际效标中有些部分与评价者的预期效标不相关。换句话说,尽管员工付出了很多努力,但产量和销售额的变化在很多情况下是员工个人无法掌控的。以此作为绩效评估的标准,容易引起不公正感。效标缺失是指预期效标的部分内容在实际效标中没能体现。如产量与产品质量不是同一个概念。如果效标只规定了产量标准而没有质量标准,结果可能会出现这样的情况:实际产量没有达到,而质量大大提高,却因此扣罚奖金,这是不公平的。可见,生产指标并非工作绩效,只部分反映了与工作绩效的相关性,并不能完全反映绩效。

个人工作指标法是指主要以出勤率、缺勤率、事故率等为依据对员工进行绩效评估的方法。如大多数组织将无故旷工视为严重的绩效事件,这也存在效标缺失的问题,因为旷工的数量并不能反映员工的工作投入程度,以此惩罚员工,在结果上显然不是公平的。又如,有些组织将事故作为严重的绩效事件,但问题是,谁愿意在工作中出现事故?至少部分事故的发生是由员工无法控制的因素造成的,这就有可能存在效标污染。效标污染和效标缺失均会导致绩效评估的不准确,引发不公正感。如果无故多次旷工,或者因人为因素导致事故,这当然是工作绩效的问题,但它们并不能完全反映员工的工作绩效(Muchinsky,2006)。

三、绩效评估的准确性和评价者偏差

从绩效评估的准确性来说,主观评价法是使用最广,但也是最容易产生评价者偏差的方法。这些偏差通常是由评价者的认知特点造成的,主要包括宽大化倾向、居中趋势和晕轮效应、评价者偏见等。

居中趋势也称集中趋势、中心化趋势,是指评价者给出的评价分数差距过窄，评价分数拉不开距离，导致业绩很差的人在评价分数上体现不出与其他人的差距。因而，居中趋势会导致评价分数的决策参考价值有限。宽大化倾向是一种常见的评价者偏差，评价者给予被评价者高分。与之对应的是严格化倾向，评价者给予被评价者较低的分数。晕轮效应是指评价者因为欣赏被评价者某一方面的特质，如私人关系好、趣味相投等，而给予其高分的现象。评价者偏见一般是指评价者在评价过程中存在偏见，或在评价中受到自己价值立场的影响，如在性别、年龄、相貌上存在偏见等。研究者提出了很多避免评价者偏差的办法，但效果一直不理想。

　　还有一个影响绩效评估准确性的因素是评价者的评价动机。一般而言，无论评价准确与否，评价者都不会受到组织的制裁，因而他们倾向于给下属高分，以免影响下属的工资、晋升。评价者也担心不利评价会受到下属的报复，因而不愿意承担评价责任。这些因素都会影响评价的准确性，这些在后文均会进一步解释。

　　评价的主观性和评价者偏差是绩效评估中存在的重要问题，会影响评价的准确性，也容易引起员工对绩效评估系统的不满。为了改变这种局面，很多组织加强了对评价者的培训，尽量通过评估程序设计和评价方法选择来避免绩效评估的不准确。但研究者发现，提高员工满意感的不一定是评价的准确性，而可能有其他原因。考利等人（Cawley et al.，1998）发现，与测量的准确性相比，员工对绩效评估的满意感与绩效评估的参与性的相关更显著。例如，绩效评估过程中给予员工发言权，会大幅度提高他们对绩效评估的满意感，增加他们对评价结果的可接受性。也有人注意到，对绩效评估不满意的一般是那些未获得满意评估结果的人。此外，人们一般反感被他人评价。对于较差的评估分数，员工一般持有敌意态度。绩效评估面谈（performance appraisal interview）中人们也不太乐意接受批评，即使是建设性批评。很多证据表明，测量的准确性并不能保证绩效评估的满意感，因此需要进一步从受评者反应的角度去考察绩效评估的质量和成功与否。

第二节
绩效评估:从测量观到社会观

有人用"绩效评估的缺位"来描述绩效评估实践中存在的问题(Folger & Cropanzano,1998)。绩效评估首先发端于美国等西方国家,然后在世界各地的组织内开展起来。如前文所述,绩效评估作为绩效管理的组成部分,被视作人力资源管理的核心职能之一,被用于薪酬设计、奖金发放和职位晋升等。但在操作的过程中,很多人并不了解绩效评估的真正目的,甚至不把绩效评估当回事。例如,将绩效评估看成对员工一定时间内的工作表现进行打分,并根据评分结果进行薪资、晋升等人事决策,实现所谓的奖勤罚懒、奖优罚劣的工具。久而久之,绩效评估成为一种行政管理手段,管理者这么看,员工也这么看,最终绩效评估变成管理者手中的一个政治筹码。反过来,由于涉及个人利益,员工也会采取种种手段,以取得较高的评估分数。最终,绩效评估成为一种组织政治,变成大家都不愿触及的事情。实际上,这是实际操作中对绩效评估的误解。绩效评估的基本目的是组织和员工的共同进步,实现组织和个人的目标,提高组织的工作效率,改进员工的工作绩效,而不仅仅是用于薪酬体系的规划和作为人事晋升的标准。

20世纪80年代以来,绩效评估领域的研究发生过两种变化(Levy & Williams,2004)。一种变化是从纯粹的测量观转变到认知过程观。绩效评估研究的重点是测量的准确性,测量观强调测量工具的开发、测量误差的控制。认知过程观主要是为了减少评价者的认知偏差,如晕轮效应、宽大化倾向、居中趋势等。另一种变化是重视绩效评估的有效性。不仅注重测量的准确性,而且注重绩效评估的社会性。开始将受评者对绩效评估的社会反应作为衡量绩效评估质量的重要标准。

一、绩效评估的测量观

从起源上看,绩效评估是一种测试,中心任务是对受评者实施有效的评定,获取相对客观的量化数据。例如,评价者应擅长评估开发,成为测试专家;绩效测量中采用心理测量的方法等。福尔杰等人(Folger et al., 1992;Folger & Cropanzano,1998)将这种将绩效评估理解为测试或心理测量的观点称为绩效评估的测量观,指绩效评估被简单地看成心理测量的一种形式。测量的公正性在于它的准确性。一个好的绩效评估会根据一定的绩效评估标准、方法和程序,全面、准确地搜集受评者的业绩信息,并通过量化的形式描述一个人实际从事的行为,最终作出评价。因此,在绩效评估的测量观看来,绩效评估的质量就在于它的准确性。

绩效评估的测量观强调评估方法的科学性和先进性,为此不断完善和改进数据收集的方法,如图尺度评价法、配对比较法、关键事件法、行为锚定评价量表法、行为观察量表法等。但研究者发现,这些评价方法本身在效度上并没有突出的优势。相反,评价者和受评者对评价方法有选择偏好。例如,受评者和评价者普遍更喜欢行为观察量表法;与行为观察量表法和图尺度评价法相比,行为锚定评价量表法最不受欢迎(Tziner & Kopelman,2002)。

为进一步提高测量效度,学者转而将注意力集中在评价者身上,视评价者为测量工具的组成部分,将评价者的认知偏差作为研究的焦点。在这方面,主要是减少评价者的认知造成的测量偏差,如晕轮效应、宽大化倾向和居中趋势等。这主要基于两个假设:(1)评价者具有准确测量的动机;(2)评估过程中存在的问题主要是因为主观上无法避免的认知偏差和认知复杂性,可以采取措施予以避免(Landy & Farr,1980)。但这种观点受到强烈的质疑。

以宽大化倾向为例。首先,它不仅仅是认知偏差的问题,而是存在动机上的差异,同时也受到评价者的评价目的的影响。评价尺度的宽松或严厉大都掌握在评价者手中。有些评价者会认为消极的结果会引起同事间的尴尬,有时甚至会引起冲突,因此会采取宽松的标准。又如,评价者意识到,绩效评估执行得好还是不好都不会造成严重的后果。评价者并不会因为对下属认真开展绩效评估而受到奖励,反而会在某些情况下,因为对下属作出不利的绩效评估而受到报复,从而影响评价者的职位晋升。因此,准确评估成为评价者一厢情愿、吃力不讨好的事情。此时,他们宁愿选择宽松的标准,起码不得罪人,又或选择严格的标准,作为要挟或惩罚下属的手段。

其次,宽大化倾向也受到评价者评价担责心理的影响。评价者认为自己评价某人之后,就该为自己的评定向他人负责,自己要经受得起他人的拷问,这就是评价担责心理。一旦评价者意识到自己的评价责任后,就倾向于给出较高的评价。例如,当评价者意识到给员工作出评价后,要面对面地反馈,一般都会尽量拔高评价分数,以防止受到别人的当面质疑。

最后,就认知偏差本身产生的原因来说,人类信息加工过程的特点为准确性设定了上限(Folger & Cropanzano,1998)。评价能力再优秀,也不能做到完美。正如在一些体育竞技类项目中,裁判如果仅凭双眼观察,其评判结果会经常不一致。认知心理学认为,人是"认知吝啬鬼",人们通常选择最少阻力的方法和最不费力的原则来减少认知负担,取出少部分我们所需的信息以完成对陌生事物的反应。在社会判断上,人根据事物的属性而不是数量作出判断。也就是说,认知系统强调判断的速度,而不是准确性,人们通常根据事物所属的类别对其作出判断。这种认知过程在大多数情况下是实用的,但会相应地降低准确性,对绩效评估来说尤其如此。

绩效评估不仅存在测量准确性的问题,而且存在测量社会性的问题。只有在非常理想的条件下,心理测量才能达到相当准确的水平。绩效评估的测量观有助于我们理解有效、准确的测量需要满足的条件。其局限性在于,它忽略了其测量的对象是人。人不是机器,他有自己的价值和尊严,也有自己的观点。对人来说，一旦触及利益，他们不会像机器那样无动于衷，而是会采取种种手段，为维护自己的立场而据理力争。在组织中，人毕竟是为了自己的利益而工作，虽然不是全部为了利益。因此，组织必须考虑员工的利益，否则谈不上所谓的忠诚。公正是对个人价值和尊严的认可，因而它对于维持良好的组织关系、建立成功的组织意义重大。因此，需要采取更为宽泛的视角探讨绩效评估中存在的问题，特别是社会背景因素对绩效评估的影响。

二、绩效评估的社会观

绩效评估的社会观强调绩效评估的社会性。该观点认为，组织中的绩效评估是在特定的社会背景下开展的，它必然会受到领导成员关系、组织文化等因素的影响（Levy & Williams，2004）。而就绩效评估本身来说，评估会使人们产生积极或消极的反应。只有评价者认真评价，受评者作出积极的响应，才能保证绩效评估的有效性。受评者的积极响应主要体现在对绩效评估过程和结果的接受上。因为绩效评估的主要目的是通过正式的绩效反馈促进员工今后的工作表现和绩效提高，而反馈的接受与认可是行为改变的前提条件。研究者指出，在绩效评估过程中，重视受评者的反应有两个理由（Keeping & Levy，2000）：（1）评价反应表明绩效评估参与者的利益标准；（2）评价反应决定绩效评估的成功和结果的可接受性。

卡迪和杜宾斯（Cardy & Dobbins，1994）最早提出绩效评估有效性的概念。所谓评估有效性是指判断绩效评估制度成功的评价标准，包括评价者误差、测量准确性和评价质量。其中，评价质量是受评者和评价者的反应。利维和威廉姆斯（Levy & Williams，2004，p.888）指出，"一个绩效评估制度，如果在受评者（或评价者）眼中是不公正的、无用的、无效的或不准确的，即使在测量技术上做到十分精确，也不能保证它是有效的"。随后，利维和威廉姆斯将评估者和受评者的反应作为绩效评估质量的标准,建立了一个有效性的三维模型(如图 4-1 所示)。

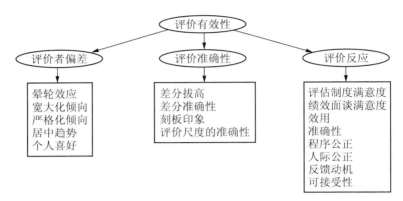

图 4-1 绩效评估有效性影响因素

* 资料来源:Levy & Williams,2004,p.890

　　评价者偏差和评价准确性代表了绩效评估有效性的准确性维度,评价反应是绩效评估有效性的社会性维度。评价反应包括评价者和受评者的反应,其中的关键是受评者的反应。受评者的反应也就是绩效评估过程中员工的反应,它是指员工对绩效评估的态度和认知评价,包括评估的准确性、公正性(评估制度的公正性、评估程序的公正性和评估结果的公正性)、效用、满意度和反馈动机。该模型吸收了考利等人(Cawley et al.,1998;Keeping & Levy,2000)关于受评者反应的研究。具体来说,准确性是指个人对绩效评估准确性的判断。公正性包括个人对绩效评估公正性的总体判断,以及对评估过程中使用的程序和政策的公正性、结果公正性和人际公正性的判断。反馈动机是指个人根据评估反馈和结果提高自己绩效的动机。效用是指评估的价值和有用性。满意度可分为两类:评估面谈满意度和评估制度满意度。将受评者对绩效评估制度的反应作为绩效评估有效性的标准,说明人们越来越重视绩效评估的社会性,这也意味着绩效评估从单纯的测量观向社会观的转变。

第三节
绩效评估公正性的影响因素及改善策略

受评者的公正感是影响绩效评估质量的核心标准。绩效评估区别于日常管理中对员工的非正式评价，是组织内周期性开展的员工正式评价。绩效评估的主要实施者通常是员工的直接领导者或主管。绩效评估涉及一套完整的程序，包括建立评估标准、选择评价内容、确定评价方法、传达评价结果等。

一、绩效评估公正的类型

绩效评估的公正感是受评者对绩效评估的总体公正判断，它主要包括三个方面：程序公正、结果公正和互动公正。

（一）程序公正与互动公正

绩效评估的程序公正是指绩效评估过程和程序的公正性。对受评者来说，程序公正的前提体现在两个方面：对决策过程和决策结果的控制；个人在绩效评估中的价值表达。

绩效评估程序不仅是制度上的安排，而且涉及评价者的执行问题。进一步说，这涉及评价标准、评价方法、评价内容等的公正问题。科学能够提供测量的工具，但不能提供测量的内容，测量的内容受到评价者价值判断的影响。只要指定某人负责绩效评估，就会在价值判断上产生某些绩效行为比其他行为更有价值的判断（Folger & Cropanzano，1998）。即使绩效评估工具再准确、完美，也有可能被舍弃不用，或选择其他绩效行为进行测量，或因认为测量内容无价值而不做测量。即使价值确定，评价内容也不一定能确定。在一定范围内，价值通常是一方强加于另一方的。因此，评估内容不是科学的问题，而是谁有权决定价值的问题。

埃尔多安等人（Erdogan，2002；Erdogan，Kraimer，& Liden，2001）认为，绩效评估的程序公正可以分为两个维度：制度性程序公正和评价者程序公正。制度性程序公正是指组织层面上绩效评估的程序公正性，一般与组织规定的评价程序和评价标准有关。组织层面的评价制度和评价标准是组织评估程序的体现，但落实到具体的评价过程时，员工的程序公正感与评价者有很大的关系。评价者程序公正是指绩效评估中评价者使用的程序和评价方法的公正性，它主要与评价信息透明度、绩效反馈等有关。

（二）互动公正

绩效评估的互动公正是指在绩效评估过程中人际互动方式的公正性，主要表现在领导者（评价者）在绩效评估面谈和人际互动中表现出的公平性。它主要体现在领导者的行为上，包括领导者与下属之间的互相信任，在绩效评估面谈中认真倾听下属的意见，保持双向沟通，表现对下属的关心、尊重等。例如，在消极绩效反馈的绩效面谈中，不仅需要领导者有很好的沟通技巧，而且需要对下属保持足够的真诚、关心和支持，必要时耐心作出解释。评价者表现出的尊重和支持会直接影响受评者的互动公正感。

（三）结果公正

根据亚当斯的公平理论，结果公正是个体将自己所获结果与参照对象相比较而得出的主观感受。绩效评估的结果公正是员工将自己的投入和绩效评估结果与参照对象比较，从而判断的结果的公正性。埃尔多安（Erdogan，2002）认为绩效评估中要区分两类结果：一类是有利的结果，即与个人投入相比，评估结果和预期相比偏高；一类是不利的结果，即与个人投入相比，评估结果和预期相比偏低。他指出，在很多组织公正研究中，对结果有利性和结果公正不加区分，这是值得商榷的。因为这在测量上会出现问题，并影响结果公正对组织和个人后果的预测效应。

绩效评估公正感由上述三种公正感构成,反映受评者对绩效评估制度、绩效评估结果以及绩效评估人际关系的公正判断。在公正判断的后果上,绩效评估公正感会影响员工的认知、态度和行为,包括评估满意度、组织承诺、离职意向、领导者的信任、领导者的满意度和领导—成员关系等,它们进而会影响员工的绩效进步和改进动机。

二、绩效评估公正性的影响因素及改善策略

从绩效评估公正性产生的前提条件来看,影响绩效评估公正性的因素大致可以区分为两类——组织背景因素与过程性因素。下面,我们分别就这两方面展开论述。

(一) 组织背景因素与绩效评估公正性

组织处于一定的社会背景下,是由具有不同需要、目标、兴趣和利益的人组成的。因而,绩效评估通常涉及复杂的组织文化环境和组织政治背景。

1. 组织政治与印象管理

朗格内克等人(Longnecker et al., 1987)很早就指出,绩效评估将会是评价者和受评者之间进行的一场政治游戏。这句话说明,绩效评估在实际操作中可能是评价者与受评者之间的利益博弈。毕竟,绩效评估涉及薪资、晋升等与员工利益直接相关的问题。评价者在评价过程中慎重,受评者在评价中也会为自己的利益积极争取。因此,在绩效评估过程中,评价者会被受评者影响,故意放宽或收紧评价分数。而受评者也会为了争取自己的利益,采用各种手段,如印象管理策略等,来获得较高的评价分数,逃避可能的不利后果。

朗格内克等人(Longnecker et al., 1987)访谈了 60 名业务主管,发现"政治上的考量几乎贯穿评价过程的始终"。领导者(评价者)放宽或收紧评价分数的原因有很多,但很少跟员工的实际工作表现有关。例如,访谈

发现,如果评价结果会录入员工的个人档案,评价者就会放宽评价,尽量避免出现消极评价。同样,如果工资增加额度不是很高,评价者也会放宽评价。有时,评价者还会刻意隐瞒员工的不佳业绩表现,这是由于缺乏上级支持,评价者担心如果如实作出评价,会遭到受评者的报复。相反,给予业绩不佳者较高的评价分数,可以为评价者避开很多麻烦。有人指出,这种情况的出现在很大程度上与信任有关(Fulk, Brief, & Barr, 1985)。如果组织中的绩效评估建立在公正的基础上,形成管理常规,上下级之间形成充分的信任,上述情况就不会出现。即使出现不利结果,员工的接受程度也会大大提高。

对上级来说,绩效评估可能是手中的政治筹码;对下级来说,则要在绩效评估中为自己争取利益,取得较高的评价分数。印象管理是个人试图改变或保持自己在他人眼中的印象。研究发现,在绩效评估中,印象管理策略经常被员工使用,并且非常有效。例如,在绩效评估中,印象管理策略可以分为积极印象管理策略(如讨好、自我增加等)和防御性印象管理策略(如解释、道歉等)(Gendersen & Tinsley, 1996)。研究表明,采用积极印象管理策略会取得更好的绩效评估分数。

韦恩等人(Wayne & Ferris, 1990; Wayne & Liden, 1995)将员工在绩效评估中常用的印象管理策略分为三类:领导者聚焦(如讨好)、下属聚焦(如自我增强)和工作聚焦。韦恩等人(Wayne & Kacmar, 1991)在实验中让被试作为上司,扮演绩效评估者的角色;让实验助手作为下属,扮演受评者的角色。下属扮演者在实验中采取了大量的印象管理策略,如逢迎上司的观点、自我增强等。结果发现,相比控制组,采用印象管理策略的被试普遍获得了较高的评价分数。有意思的是,印象管理策略也会让实验中的上司与下属采取更为友好和支持性的沟通方式。随后的研究表明,印象管理的效果存在性别差异。对男性来说,理性说服是最有效的,而对于女性,奉承或讨好最为有效。当然,奉承的效果也要看情况,有时候过于露骨的奉承反而会引起上司的反感,效果适得其反。

埃尔多安(Erdogan，2002)认为，对绩效管理而言，研究者一般强调员工的印象管理，但忽略了领导者同样也会运用印象管理。他认为韦恩的分类也同样适用于领导者的印象管理分类。领导者聚焦是指领导者将自己塑造成讨人喜欢的形象。在绩效面谈过程中，领导者通过表现出礼貌和友好的印象管理策略，来树立自己讨人喜欢的形象。下属聚焦是指领导者对下属采取欣赏和鼓励的态度。例如，在评价面谈中赞扬下属，提供个人帮助，同意下属的建议和意见等。工作聚焦是领导者将自己塑造成一个熟悉业务的好领导的形象。例如，在沟通中表现出愿意主动承担员工工作失误的责任，却也毫不掩饰自己在工作中取得的成就等。在效果上，如果工作聚焦的印象管理策略表现得太露骨，容易招致员工不满，从而引发人际不公正感。

2. 领导—成员交换关系理论

根据领导—成员交换关系理论，领导者一般根据群体成员是圈内还是圈外区别对待。一般而言，良好的领导—成员交换关系表现为上下级之间的信任、尊重，从而影响下属对领导者的程序公正感，如下属会建立公正预期、感觉到较多的过程和结果控制感，而领导者也会给下属更多的发言权、愿意接受下属的意见、给予其更多的价值表达机会，以维持彼此之间的关系。

在绩效评估中，领导—成员交换关系主要会影响人际公正。领导—成员交换关系的好坏，更多地表现在领导者对待下属的行为方式上，如沟通方式、权力行使方式等。在高质量的领导—成员交换关系中，领导者很少表现出官僚作风，也能更有效地行使奖励或惩罚等强制权力。例如，有研究表明，下属与领导者的交流频率会对绩效评估产生影响(Kacmar，Witt，Zivnuska，& Gully，2003)。在绩效评估中，领导—成员交换关系越好，下属与领导者交流得越频繁，绩效分数就越高。相反，领导—成员交换关系不好，即使交流得频繁，得分也很低。

领导—成员交换关系更直观地反映在结果公正上。研究表明，下属实际绩效分数与领导者评价分数受到领导—成员交换关系的调节,也就是说,圈内人不管实际表现如何,其得分都普遍偏高(Duarte & Goodson,1994)。但这种情况的出现需要具体分析。由于绩效评估结果与工资、晋升等有关,很多组织禁止员工相互交流绩效评估的结果,但这种情况并不能阻止员工对他人评估进行推测,推测的一条很重要的线索就是领导—成员交换关系的好坏。一般而言,如果员工认为他人的评估成绩建立在非工作关系的基础上,如与领导者个性相似、趣味相投、懂得投机取巧等,其结果公正感会大大降低。相反,建立在工作关系上的良好领导—成员交换关系,不仅对结果公正感不会产生不利影响,而且会激发员工提高自己的绩效。

值得一提的是,绩效评估中领导者的个性、情绪等会影响其评估的客观性。研究发现,大五人格测试中高宜人性和低尽责性的评价者通常在绩效评估中容易给出高分。这是因为宜人性具有合作、利他、谦虚、移情等品质,而尽责性具有公正、尽职、谨慎等品质(Bernardin et al.,2000)。领导者的心情好坏也会影响评价分数。莱夫科维茨(Lefkowitz,2000)通过大量的文献分析发现,情绪与评价分数的关系很大。领导者有好心情会倾向于给出较高的评价分数,避免惩罚下属。领导者与下属的关系好,晕轮效应明显,会导致评价的准确性大大降低。研究发现,情绪对评价分数的影响主要表现为领导者关注下属的个性品质而不是任务表现。这也就意味着,招人喜欢的员工其评价分数会提高(De Nisi & Peters,1996)。又如,情绪与评价宽大化倾向之间有一定联系,特别是领导者有充分的时间观察下属的表现时,其情绪状态更易导致评价宽大化倾向(Antonioni & Park,2001)。原因在于,心情好的领导者会充分关注某位下属,因而观察更仔细,这为领导者留出机会,让其选择并观察符合自己情绪的行为,从而导致评价误差。

3. 信任与组织支持

在绩效评估中,信任更多地体现在下属对领导者的信任上。迈尔和戴维斯(Mayer & Davis,1999)认为,下属对领导者的信任由三个成分组成:

能力、仁慈和正直。也就是说，下属信任领导者，是因为他们相信领导者会坚持自己的原则和价值立场，能胜任绩效评估工作，作出准确评价，始终把下属的利益放在心上。信任会影响绩效评估的质量和有效性。例如，下属不信任领导者时，很可能会对评价结果不满意，甚至会拒绝接受评价结果。不仅如此，在绩效评估中，信任与评价制度的可接受性有关，包括评价的准确性、评价方法的先进性等。显然，信任对人际公正、程序公正和结果公正都有重要的影响。

组织支持感（perceived organization support）是指员工对组织如何看待他们的贡献并关心他们的利益的一种总体知觉和信念（凌文辁，杨海军，方俐洛，2006；Eisenberger et al.，1997）。从本质上说，组织支持感反映的是员工与组织之间的一种互惠的交换关系。根据社会交换理论，员工是为了报酬（物质或社会报酬）而工作。员工帮助组织实现目标，其前提是组织关心和善待员工。就员工来说，组织支持感来源于员工在组织中的个人体验、职位晋升和工作条件等日常事件，以及在这些事件中员工体会到的组织对他们个人利益的关心程度。一般认为，影响组织支持感形成的主要因素包括组织公正感、上级支持感和组织奖励、工作条件等（Rohades & Eisenberger，2002）。在绩效评估中，已经存在的组织支持感会影响员工的成果公正感、程序公正感和人际公正感（孟祥菊，2010）。埃尔多安（Erdogan，2002）指出，积极的组织支持感能影响员工对组织的公正预期，而这种预期会影响他们对公正信息的选择和认知构建，从而有利于绩效评估过程中公正判断的形成。决策前听取员工意见，让员工参与决策制定等会影响员工的制度性程序公正感，而尊重员工、信任员工等会影响人际交往的质量，从而对人际公正产生影响。成长机会、公平报酬会影响员工的结果公正感。

4. 组织文化

组织文化是绩效评估活动开展的重要社会背景，它必然会影响员工的公正感。绩效评估制度应匹配现有的组织文化，形成绩效评估文化，并推动组织文化的发展。我国学者李成彦（2005）认为，一般而言，组织文化是组织特有的社会认知体系,组织成员通过学习获得共享的信念和基本假设,这些假设规范员工的思维和行为模式,引导员工的舆论,体现组织独特的价值观。从狭义上讲,组织文化反映的是组织特有的价值观和行为模式。

库克等人(Cooke & Szumal,1993)将组织中的行为模式分为三类:建设性的、消极—防御性的和攻击—防御性的。建设性文化强调个人成就和发展。相应地,绩效评估被用于支持个人绩效的提升和发展。因此,在这种文化氛围中,成员普遍感受到组织制度和评价者的程序公正性。而消极—防御性文化试图减少人际冲突,保护自己的个人利益。在这种文化氛围内,评价者一般明哲保身,避免承担评价责任。攻击—防御性文化强调获取权力,维持自己的地位,绩效评估的公正性和客观性在这种组织文化中并不重要,绩效评估是一种政治筹码。埃尔多安(Erdogan,2002)认为,在后两种文化中,受评者对评价者的程序公正感普遍较低。

组织中绩效评估的价值观主要体现在绩效反馈上,绩效评估的结果反馈和反馈中的人际处理方式是结果公正和人际公正的重要来源。有必要从组织背景的角度介绍一下绩效反馈和反馈文化等方面的概念。绩效反馈就是将绩效评估的结果反馈给被评估对象,并对被评估对象的行为产生影响。从 20 世纪 80 年代开始,以阿什福德等人(Ashford et al.,1983;Ashford,1986)为代表,研究者不再将反馈看成一个被动的信息接受过程,而是从反馈接受者的角度出发,将之看成一个主动的反馈寻求过程。反馈寻求指个体主动探明自己绩效信息的活动。这个概念表明,受评者对绩效反馈的反应是一个主动选择和加工的过程。面对不公正的反馈信息,他们很可能选择忽视甚至抵抗的态度和行为。

伦敦等人(London & Smither,2002;London,2003)提出了反馈文化或反馈环境的概念,意指员工和管理者在接受反馈和提供反馈的过程中都感觉自在的一种组织文化环境。伦敦等人(London & Smither,2002)认为,反馈文化是组织文化的一个重要组成部分。反馈文化会影响员工的反馈倾向。所谓反馈倾向是指个体对反馈信息的感受性和接受能力,包括反馈寻求、反馈的知觉和深度加工，以及按照反馈信息改变自己行为和提高绩效的可能性。在高反馈倾向和高强度的反馈文化环境中，个体可以从反馈中理解什么行为会影响业绩，并清晰感知到工作表现与奖励之间的关系。

就反馈文化的构成来说，从测量的角度出发，组织反馈文化包括反馈信息的可信性、反馈质量、传递方式、反馈的有利性和信息的可及性等几个方面（Steelman et al.，2004）。这些维度会分别影响反馈满意度、反馈信息使用动机和反馈寻求等。在后果上，反馈文化有可能改变受评者对反馈信息的反应方式，尤其是对消极反馈的反应，从而影响结果公正感。较强的反馈文化氛围大大削弱了不利反馈对受评者自尊和自我效能感的影响，也减轻了管理者的压力，避免了员工的抵触情绪，从而大大增强了人际公正感和评价者的程序公正感。管理者可以通过组织文化、培训等手段影响个体的反馈倾向，从而促进个体绩效的提升和反馈文化的建设。一般而言，在组织环境中、工作和非工作交往中，注重员工学习和发展的绩效反馈文化对员工的发展更为有利，因为在这样的文化氛围下，绩效反馈有利于员工形成积极的发展态度、动机和意图。

（二）过程性因素与绩效评估公正性

绩效评估涉及一套完整的程序，包括建立评价制度，设置评估标准，选择评价者，确定评价目的和评价行为，选择评价方法，传达评价结果，提供绩效反馈等。组织和管理者不仅要将绩效评估的准确性作为自己的目标，而且要保证评估的公正性。为保证绩效评估的公正、准确，研究者围绕以下主题开展了大量研究：绩效考核的常规化、合理的标准、选择和培训评价者、正确的评价方法、全面而有效的评价信息、面谈中的人际公正、下属参与等。接下来，首先介绍绩效评估中程序公正的正当程序观，随后就绩效评估公正的过程性因素详细展开讨论。

1. 绩效评估的正当程序观

正当程序又称为正当法律程序，它是英美法系的一条重要的宪法原则。正当程序追求的价值是程序公正。福尔杰等人（Folger，Konovsky，& Cropanzano，1992）认为，在绩效评估中会存在理解不一致、个人利益冲突、基本事实的争议等问题。绩效评估中受评者最重要的反应是程序公正感。因此，有必要引用法律中的正当程序概念，用以说明绩效评估的程序公正问题。

在绩效评估中，程序公正的影响因素包括两个方面：一是受评者对评价过程和评价结果的控制感；二是个人在群体中的价值感。与之一致，福尔杰等人（Folger，Konovsky，& Cropanzano，1992）认为，根据正当程序原则，在绩效评估中要满足三个条件：公开、透明地提前告知（adequate notice）、公正听取（fair hearing）和基于事实的判断（judgment based on evidence）。

公开、透明地提前告知是指在评估开展之前要事先通知大家，并明确告知绩效评估的标准。不仅如此，为保证公正性和可接受性，应让员工参与制订绩效评估标准，并公开信息，便于大家及时监督和查阅。此外，绩效评估应常规化。

公正听取是指绩效反馈信息是受评者可容忍、可接受的，如反馈信息应就事论事，避免攻击。员工有机会对绩效事件作出自己的解释，如对领导的判定和评价提出质疑。

基于事实的判断是指评价标准准确，数据收集科学，决策过程正式。评价者应受到专门的培训，拥有丰富的评估经验和技能，能够做到准确评估，避免组织政治因素的干扰。

泰勒等人（Taylor et al.，1995，1998）采用准实验的方式发现，与传统做法相比，采用正当程序时，即使评价成绩比较低，员工的程序公正感也会显著提高。实施正当程序能减轻评价者的个人压力，维持受评者的公正感，保证评价结果的准确性。

正当程序原则对绩效评估的程序公正具有一定的启示意义，具体如下：

首先,公开、透明地提前告知表明组织应及时向全体成员提前告知绩效评估的标准,并允许员工参与评估标准的设置。这些做法有助于提高制度性程序公正。而执行评估标准,并定期向员工提供反馈是评价者(如直管领导)程序公正的体现(Erdogan,2002)。

其次,公正听取意味着评价者熟悉受评者的工作业务,受评者能够为自己辩护和解释,在绩效评定中能发表自己的意见。评价者的选择是组织的责任,是组织制度公正的体现。决策过程中的发言权则在评价者的掌控之中,如是否允许发言,是否认真听取和接受受评者的意见等,这是评价者程序公正的体现。

最后,基于事实的判断表明绩效评估的标准对所有人一视同仁,决策能经受住事实的检验,组织应建立正常有效的投诉机制,使组织和评价者分别承担程序公正的不同角色。投诉机制的有效性是制度性程序公正的体现,而日常工作绩效的记录、评价标准的公平实施、评价结果的解释是评价者的责任,它体现的是评价者程序公正。

福尔杰和克罗潘扎罗(Folger & Cropanzano,1998)指出,绩效评估不仅是组织中的一项业务工作,也是一种政治事件。在绩效评估中正当程序是一条指导性建议,在使用中不能教条主义,否则会得不偿失,导致投诉和争议无故增多,绩效评估效率降低,组织的正常秩序遭到破坏。

2. 绩效评估公正的过程性因素

第一,绩效评估的常规化和制度化。

组织应该制定一套科学的绩效评估制度,将评估工作落实到具体部门,尤其要协调好人力资源部门与其他部门之间的关系。为加强评估效果,应经常性地评估,以便获取员工真实、详细的资料。评估过程常规化会大大提高员工的积极性和满意度,而糟糕的绩效评估会引发愤怒、不满和不公平的情绪。

在组织绩效评估实践中,绩效评估的管理工作非常值得关注,具体体现为:首先,基层员工的积极性不是很高。这通常是因为绩效评估与奖惩结果的关系没有理顺,评估结果的好坏对工资收入和职位晋升的影响不大。在有些组织中绩效考核时有时无,这当然会降低员工的热情。此时,评价的准确性在管理上失去了意义。其次,评价结果缺乏区分度,对人事管理决策基本没有用处。有些组织并没有广泛开展绩效评估,即使开展,也非常简单。在绩效评估前评价者缺乏应有的培训,评价尺度非常宽松,绩效评估没有作为管理常规来执行。最后,组织对绩效评估缺乏支持,在绩效评估中没有发挥应有的作用。如果评价者作出不利的评价,会招致员工恶意相向,但其从上级处获得的支持又非常有限。绩效评估结果与员工利益相关,员工非常关心,与之相反,组织对绩效评估却漫不经心,这种情况会造成绩效评估的执行者处于非常尴尬的地位。

第二,合理而客观的评价标准。

绩效评估的公正在很大程度上取决于评价标准的公正性,评价标准应该合理而准确。员工对绩效评估结果的满意度与其承担的任务和职责是否合理有关。不公正感在很大程度上与评价尺度不一致有关。因此,在评估指标的制定过程中,组织应尽量做到客观,评估指标不仅应内容准确、具体,而且应尽可能量化。在评价过程中一视同仁,不偏不倚。在评估标准的制定过程中应广泛征求员工的意见,充分考虑决策对各个群体的影响。

程序公正表现为员工对过程和结果的控制感,以及评估标准制定过程中员工的参与性。研究表明,选择权会改善员工的态度,使其体验到更多的公正感。例如,很多实验研究通常让被试有权或无权对评估任务作出选择。结果发现,如果对任务有选择权,即使任务失败,评价不利,被试也不会产生较大的不满情绪。相反,如果任务失败,又无选择权,被试的愤怒和不满情绪最高。

研究者发现,在绩效评估中员工拥有发言权,会认为评估过程更公正,对结果更满意,在业绩提升中会投入更多努力(Cawley, Keeping, & Levy, 1998)。进一步说,员工的参与即使不能改变绩效评估的结果,也会出现上述积极结果。这是因为发言权是个人价值的表达,参与过程充分体现了个人价值。因此,相对于获得结果的工具性参与,这种参与被称为价值性参与。可见,在绩效评估标准的计划过程中允许员工参与,可有效提高其对绩效评估的公正体验。即使获得不利的评价结果,由于参与了评估标准的制定,员工的不公正感也不会有太大变化。

第三,评价者的培训。

评价者历来被视为绩效评估的组成部分,如评价误差的出现在很大程度上与评价者本人的胜任能力以及评价者的认知偏差有关。如果评价者缺乏相关的评价知识,必然会发生评价错误,评价结果也不可能准确。当意识到评价者的无知时,员工肯定会体验到不公正感。

最初,研究者认识到,评价者发生评价错误是因为评价者的认知偏差,如晕轮效应、宽大化倾向和居中趋势等,因而对之开展了有针对性的训练。到了 20 世纪 80 年代,研究者发现仅针对评价者的认知偏差进行培训,并不足以解决评价准确性的问题,因为这种培训的最终效果与评价准确性之间的相关并不大。因此,在随后的培训中,培训的重心不再是纠正评价者的认知偏差,而是评价者对具体绩效行为的观察、识别和回忆的准确性,包括对绩效行为的准确分类和对具体绩效行为的准确记忆等(陈捷,王重鸣,1998)。例如,有研究者在 1981 年提出了参照框架计划(frame of reference,FOR)(Bernardin & Buckley,1981;Bernardin,Cooke,& Villanova,2000)。该计划要求在评估前给评价者提供各类绩效维度的界定和具体绩效行为的示例或原型,以使评价者在实际评价活动中形成针对同类绩效行为的基本参照框架,从而提高评价的准确性。此外,有研究发现,在绩效评估的培训中,对评价者同时开展参照认知框架训练、行为观察训练、绩效评估指导干预训练等多种训练,能取得更好的训练效果,能大大提高评价者的观察、识别能力,保证绩效评估的准确性(Schleicher,Day,& Mayes,2002)。

第四,评价方法的公正性。

根据程序公正的正当程序观,评价方式的公正性取决于三个要素:评价目标包含表现目标和发展目标;基于行为的评价,而不是基于个人品质的评价；评价结果基于详尽的事实。

首先是评价目标。作为一项管理技术，目标管理本身就能促进工作绩效的提高。确定目标的程序必须准确、严格，明确绩效与报酬等结果之间的关系，并把目标与频繁的反馈联系起来。组织开展绩效评估，是希望员工根据过去的工作表现，提高自己工作的质量。因此，有效的目标不仅包括表现性目标，而且包括有助于员工学习和进步的发展性目标。

在绩效评估中，允许员工参与目标设置可以在很大程度上提高其公正感，影响其对目标的接受程度，这种现象被称为工具性发言权效应。与此同时，员工的参与不会影响实际的结果，但由于员工在目标设置中陈述了自己的观点，获得了尊重感和价值感，因此参与过程本身就会提高员工的公正感，这种现象被称为非工具性发言权效应。

其次是基于行为的评价。绩效评估方法应该是可行的，也就是说，评估使用的方法要为人们所接受并广泛采用。此外，要明确评估方法的目的和含义，使员工自觉接受和配合评估工作的进行。绩效评估应测量具体的绩效行为，而不是一般能力。例如，安德森等人（Anderson et al, 2001）在绩效评估中分别采用行为期望量表和能力评价量表作为评价工具，结果发现，采用行为期望量表时，受评者普遍表现出更积极的态度，工作压力感较低。

最后是基于事实的评价。评价者熟悉受评者的工作业务。评价者应该由工作经验丰富、全面且懂行的专家承担。他不仅能充分了解受评者的工作内容，而且能充分了解受评者在多大程度上完成了自己的岗位职责，而不是仅仅扮演工作描述者的角色。只有受评者相信评价者的业务水平，他们才能接受评价者的评价结果。因此，评价的公正性不仅在于它们依据了详尽的工作记录，而且在于它们是在对工作性质充分了解的基础上作出的（Folger & Cropanzano，1998）。

绩效评估必须保证数据的客观性。德尼斯等人（De Nisi & Peters，1996）提倡使用工作日志法，这种方法要求评价者观察和记录员工的日常表现。从接受程度上看，工作日志法受到员工的普遍欢迎。通过这种方法，评价者可以准确地回忆受评者的绩效信息，从而提高评价结果的区分度。这种方法作出的绩效评估应该说是比较客观的，但缺点是比较耗时，增加了评价者的工作量，同时，这种方法受到评价者的主观性因素影响很大，其公正性和准确性在于工作日志如何组织。

360 度绩效反馈方法也是一种比较好的数据收集方法。该方法强调评估信息来源的多源性。由于绩效评估的信息来源于上级、同事、下属和客户的反馈以及自我评价，能提供全方位的信息，所以又称为多源性反馈（Garavan, Morley, & Flynn, 1997）。应该说，如果方法得当，这样的反馈信息比较全面、客观、公正和准确。

研究表明，如果忽略评价者和受评者的反应，360 度绩效反馈方法仍然存在一些问题（Seifert, Yukl, & McDonald, 2003）。例如，受评者如果认为绩效评估系统不公正、信息不准确或信息来源可疑，一般会忽略并拒绝使用 360 度绩效反馈信息。在本质上，360 度绩效反馈仍属于测量观，强调绩效评估的测量性质。可见，360 度绩效反馈方法的成功还取决于它使用的社会和组织背景，参与者对绩效评估制度的态度和接受程度影响了它的有效性。例如，组织背景因素，如组织文化、评价者的可信性、评价参与性、评价匿名性等会影响 360 度绩效反馈信息的接受程度（Waldman & Bowen, 1998）。360 度绩效反馈方法对员工发展的影响也受员工个人因素的影响，如个人社会支持感和自我发展观念、自尊、自我效能感等（Maurer, Mitchell, & Barbeita, 2002）。王永丽和时勘（2003）认为，360 度绩效反馈方法存在文化差异，如集体主义和个人主义对反馈的利用方式不一样。个人主义较强的人对集体反馈不敏感，而对个人反馈敏感。而集体主义较强的人恰恰相反，对来自集体的反馈敏感，对来自个人的反馈不敏感。并且，来自个人反馈中的消极反馈容易引起冲突行为。

第五，评价者的构成。

公正是建立在绩效评估准确的基础上的。绩效评估信息来源不准确，遑论公正性？因此，才会强调多源性绩效评估。但在大多数绩效评估过程中，绩效评估主要还是上级对下级的评价。管理者通常对自我评价持怀疑态度。实际上，如果使用得当，自我评价和同伴评价同样能做到客观、公正。

研究发现，受评者对同伴评价的态度取决于两个因素：同伴评价的结果是否可以纠正；同伴作为评价者是否能胜任评价工作。总的来说，同伴评价的公正性比较复杂。从测量的角度来看，同伴评价的信度与效度并不低于上级评价，但由于同伴评价存在友情偏差，其公正性又值得怀疑。因此，一般认为其反馈的利用价值有限。

然而，如果操作得当，同伴评价有利无害。一般认为，同伴评价比较宽容，但实际情况并非如此。研究发现，同伴评价分数的满意度和同伴的满意度并不相关（McEvoy & Buller，1987）。这也就是说，有时候虽然与对方关系很好，但对方给自己的评价不一定好。因此，同伴在进行评价的时候，其宽容度并非想象的那么大。有时，同伴甚至会作出对受评者相对不利的评价。因此，需要引导同伴评价的目的，强调为同事提供发展性建议。如果真正做到与友情无关，同伴评价会非常公平。原因很简单，关系越好，越了解对方，提出的建议也就越中肯。

相对于绩效评估中单一的上级评价，绩效评估中引入自我评价等多种评价方式，能提高员工的公正感，增加其对评价结果的满意度。自我评价存在的最大问题就是信度与效度太低，如宽大化倾向。在实践中，管理者看得非常清楚。因此，在实际绩效评估中，组织会刻意保持对评估工作的控制，给予员工参与的机会并不多，甚至对评估信息的来源进行保密处理。即使存在自我评价，也不太重视，这就为自我评价的公正性带来很大的问题。

罗伯森等人（Roberson et al.，1993）认为，如果组织一开始允诺发言权，如自我评价，就要充分尊重并重视自我评价的结果。不要一开始给员工发言权，却又在实施过程中剥夺其发言权，无视员工自我评价的结果，这会让员工感到强烈的挫败感和不公正感，对绩效评估的满意度大大降低，也容易与上级发生争议，对上级更为不满。与其这样，还不如从一开始就不给予员工发言权。

在绩效评估中，自我评价的功能也许并不仅限于绩效评估本身，而是会带来一些不错的社会效果。例如，自我评价表明了组织对员工的态度，让员工感受到组织重视自己的发言机会和发言价值，提高了员工参与绩效评估的积极性。这些都大大体现了组织的公正性，有助于组织目标和绩效评估目标的达成。但问题是，如果领导者管得过严，使下属失去参与的兴趣，其结果是有害的，不利于他们对评价结果的接受。因此，一方面要重视和尊重员工的自我评价，另一方面，为提高评价的准确性，要为下属提供参与绩效评估的正确方法，如明确自己的岗位职责、倾听他人的建议、正确陈述自己的观点等。总之，下属不是绩效评估的被动接受者，他们也有自己的权力。

公正是绩效评估有效性的一个组成部分，而不是替代成分，更不能违背这一点。如果认为自我评价值得怀疑，确实无效，可以采用其他发言机制（Folger & Cropanzano，1998）。例如，上级可以让员工提供工作报告或业绩日志。在绩效评估中，员工的这些自我报告可以被纳入业绩审核，但不必提供分数。此外，也可以在绩效评估结果公示之前，允许员工复查、审核，给予其反驳的机会。这些做法都能在一定程度上保证评价结果的客观性和公正性。

第六，绩效评估面谈与人际公正。

绩效评估面谈（简称绩效面谈）是绩效评估中的一个重要环节。它是指上下级就绩效评估的结果进行沟通，明确过去的优点和不足，为未来的绩效改进做好准备。绩效面谈对参与双方而言都会产生压力，特别是消极结果的反馈，没人愿意接受消极反馈，但又不得不面对。因此，面谈的效果对绩效评估的有效性而言非常关键。从绩效评估的公正性角度来说，它既涉及员工对结果公正的重新认知和对程序公正的判断，又涉及人际公正。为此，需要注意以下几点：

首先是领导者或组织的支持。绩效面谈需要将绩效评估的结果反馈给员工，同时为员工今后的工作表现提出建议，共同协商未来能够达到的绩效目标。在面谈中，评价者（一般为领导者）应让员工充分感受到组织的支持，让其主动接受反馈，接受反馈的意义和价值。因此，评价者需就其所掌握的情况和对员工的了解，帮助和关心员工，既要指出其存在的优点和不足，又要指出未来进步的方向。在绩效面谈中，不要一开始就直截了当地根据评估结果对员工进行分级，如优、良、中、差等，而要对事不对人，描述一些关键事件，指明员工需要解决的问题和提供相应的解决方法。领导者的关心和支持会大大提高员工对绩效面谈的公正感和满意感。

其次是参与性。绩效面谈不要采用单纯的说教式，而是要采取双向沟通的方式。以问题解决的态度，由员工和领导者双方共同讨论并确定未来的绩效目标，实现员工的高度参与。在某种意义上，员工实际上是愿意参与绩效面谈的，因为面谈让员工有机会使领导者关注自己在工作中的优秀表现，解释业绩不佳的原因。因此，员工对绩效面谈的参与性越高，对绩效面谈的满意度及其程序公正感和人际公正感也就越高。需要说明的是，有时候，员工在绩效面谈中侃侃而谈，非常乐意与领导者面谈，是因为他们觉得自己比领导者更了解自己的工作。如果认为自己工作经验不足，或对工作内容了解不够，面谈的参与性对他们而言可有可无。

再次是面谈内容的客观性和建设性。在特定的组织背景下，有两个因素会影响绩效面谈的效果：一是信任和领导—成员关系，二是组织的文化氛围，尤其是反馈文化环境。领导者起码要理解组织的社会背景，在绩效面谈中既能有效地转达评估结果，又能为员工提出合理的建议。在绩效面谈中，有些领导者会对一些负面的评估结果采取回避态度，避重就轻，提出一些非常笼统的建议。这种含含糊糊、拖泥带水的做法反而会引起员工的警惕，本能地作出自我防御反应。这样一来，就很难让对方接受任何建议。对于自己绩效的好坏，员工其实并非一无所知。对他们而言，可能最重要的是知道自己的处境,并迫切需要通过领导者的反馈来予以确认,如不良业绩会给领导者造成什么印象,是否会影响自己的加薪或晋升等。因此,在绩效面谈中,领导者如果不谈评估结果,而是绕着弯子提建议,这样的面谈显然没有意义,也不符合绩效评估的目的。

绩效评估都是在一定的社会背景和组织文化氛围下开展的。绩效面谈是一个非常好的文化建设机会。评价双方在一定程度上可以通过共同努力,不断推动组织文化的建设。因此,绩效面谈要考虑周到,内容均衡,包含尽量多的反馈信息,甚至负面信息。毕竟员工的愤恨和不满还可以通过其他方式解决,如面谈过程中的人际公正。

最后是客观评价,待人尊重。在绩效评估中,批评是一种消极反馈,也是最容易出现问题的地方。批评不当会偏离绩效评估的本意(Baron,1990)。批评本身有利有弊,运用恰当能有效地提高员工的业务水平。批评一般涉及负面的绩效反馈。问题的关键在于负面反馈信息如何呈现,如批评能否做到反馈及时、一针见血、对事不对人,等等。研究表明,绩效评估结果与评估满意度之间的关系并不大,相反,绩效评估的满意度受评估公正性和准确性的影响更大。也就是说,只要评估公正、准确,员工一般都能接受批评。这也就意味着,回避不利评价结果,避免批评,对问题的解决并没有多大的帮助。

也有研究者认为,在中国,由于受到家庭、学校教育方式的影响,人们更容易接受批评,尤其是建设性批评(Leung et al.,2001)。只要态度中肯、批评内容正确,批评的接受者一般不会有太大的抵触,并且认为批评是正当合理的。需要注意的是,私下场合的批评比公开场合的批评会获得更好的效果,有利于领导者与成员关系的改进。所谓建设性批评是指内容具体、恰当,同时不将绩效问题归因于员工内因的一种批评方式(Baron,1988;胡君辰,李涛,2014)。巴伦(Baron,1993)总结了绩效评估中建设性批评的六个特点(见表4-1)。这些建议对绩效面谈的人际公正具有一定的启示意义。

表 4-1　建设性批评与非建设性批评

建设性批评	非建设性批评
A. 关注行为或问题行为	A. 批评的内容空泛,指向不明
B. 不要因业绩不佳而攻击别人	B. 因业绩不佳而责备别人,或挖苦别人的缺点
C. 避免威胁	C. 威胁
D. 说话得当,深思熟虑	D. 说话生硬,考虑不周
E. 及时反馈	E. 消极行为出现很长时间之后才给予批评(反馈)
F. 场合恰当,如非公开场合	F. 批评的场合不恰当,如公开场合

* 资料来源:Baron, 1993, p.158

　　建设性批评通常就事论事。如果将造成绩效不佳的原因归因于员工个人品质,而不是具体行为,面谈过程就会变成双方对立斗争,批评很可能会造成冲突。正确的做法是就事论事,双方深入核实事件发生的真实原因,并作出最终的建议,将绩效面谈变成双方协商解决问题的过程。非建设性批评通常在批评内容上没有针对性,做不到一针见血。在转达消极反馈时,言语模糊,含混不清,让人不知所云。发生错误时,通常做内部归因,针对个人或个人的能力。

　　领导者要正确地行使权力。作为组织权威的代表或象征,领导者通常拥有一定的组织权力。绩效面谈在某种意义上是领导者通过自身权力去影响下属的过程。此时,如果仅仅依靠组织赋予的强制权力,如奖惩等手段,威胁甚至羞辱、恐吓对方,强迫下属接受自己的意见,往往会引起对方强烈的反感和抵触,达不到心服口服的目的。正确的做法是以理服人,避免夸大其词,说话有理有据,避免采用一些绝对性的词语,如"每次""总是"等;在交流过程中非常尊重对方,时刻为对方着想,同时,注意非言语沟通,如面部表情、身体姿势和说话语气等,避免言辞刻薄,态度强硬,让人难堪。

　　建设性批评强调反馈及时。有时候,组织会在很长时间之后才给出批评建议,从而错过了反馈的最佳时机,失去了反馈的意义。在批评的过程中,建设性批评要根据对方的个性差异,选择不同的沟通方式。胡君辰和李涛(2014)将下属具有的避免领导者公开批评的心理称为避免批评感,如私下选择合适场合进行批评。这种感知对领导者忠诚度和领导者与成员关系的影响受到被批评者自尊的影响。也就是说,批评需要注意对方的个性差异。高自尊的人,心理防御比较强,在批评时要更注重批评的场合和礼仪问题。例如,对方表现出强烈的防御反应时,不能以牙还牙。此外,批评不能有意或无意地伤害对方的自尊心和自信心。例如,在批评时要注意场合,不要在大庭广众或开会的时候批评对方,最好在绩效面谈中进行,并且要做到礼貌得体、用词得当。非建设性批评最主要的特点就是反馈不及时,尤其是结果不利的反馈。非建设性批评不注意选择反馈的场合,通常选择在开会或人多的时候批评对方。这些都会大大降低反馈、批评的效力,导致事倍功半。非建设性批评通常很难让人接受,传递信息的效果差,同时,常常引起不必要的人际冲突。它不但不能达到改进工作的目的,反而会降低工作效率(Folger & Cropanzano,1998)。

总之,公正是绩效评估的质量保障。无论是组织背景,还是绩效评估过程,都需要注意公正对绩效评估质量的影响。重视受评者的反应,即要做到绩效评估公正、合理。绩效评估不可能脱离组织背景而单独存在。追求测量的准确性无可厚非,也是绩效评估的重中之重。因为对管理决策而言,绩效评估需要具有科学性,从而为薪酬设计、职位晋升、员工职业发展提供可靠、有效的依据。但在注重准确性、科学性的同时,不能忽视绩效评估社会性的一面。绩效评估毕竟是人与人之间的活动,无法回避人们对于自己利益的关心和价值的选择。组织公正在绩效评估的成功和有效性方面具有非常重要的作用。

第五章
组织公正与领导

引导案例

领导者如何做到公平?

印度的信息系统科技(Infosys Technologies)公司是印度最有价值的五大公司之一。公司的负责人墨西,是印度最受尊敬的企业领导者之一。谈到成功领导的秘诀,墨西强调必须做到公平。所谓的公平,是每名员工都有相同的机会追求成功。如果有人表现好,领导者就应站起来为他鼓掌;如果有人表现差,领导者就应如实给予他相应的处理。公司要尽量为每件事情都设定可测量的标准,如员工的绩效,要以他们能够了解的程序和标准,公开进行评估。评估工作绩效的过程包含几个步骤:首先,公司明确告诉员工,他的工作职责以及公司会如何评估他的工作绩效;其次,如果公司评估出员工绩效不佳,公司会通过训练等方法,设法帮助员工;再次,如果员工的绩效还是没有起色,公司会根据员工的长处,为他寻找其他可能比较合适的职务;最后,如果还是没有改善,公司必须开除员工。

除了公平,墨西也强调诚实。1995年时,公司业绩不佳,亏损了数十万美元。当时有人提出,公司应该尽量避免谈到这件事情,但墨西并没有这么做。墨西表示,所谓的诚实不是只展现好的部分,而是展现事情的真相。当时公司选择告诉投资人,公司损失了多少钱,然后为公司所犯的错误道歉,并且表示将来不会再犯相同的错误。墨西表示,许多人问过他,希望以后的人如何看他。对此,他的回答是:"我希望将来别人会记得,我是一个公平的人。"

引自:领导人如何做到公平[J].西部论丛,2003(10).

组织公正研究表明,组织公正地对待每个人能大大增强组织权威的合法性和影响力,是引起人们态度和行为变化的主要因素(Tyler & Lind,1992;Tyler,1997)。

公正和领导本应是非常紧密的,但长期以来,在领导科学研究中,领导者作为组织权威的象征和代表,却很少被看成公正的来源。在很多情况下,人们都将组织公正看成制度层面的,而不是个人层面的(Blader & Tyler,2003b)。组织权威的公正性也很少根据领导者与成员的关系去考察。

近来,领导和公正的关系愈来愈受到领导科学和组织公正研究者的关注。因为决策程序和分配规则是由权威人物负责实施的,在有些情况下甚至是由权威人物制定的。这就引发了组织公正学者对公正与领导之间关系的研究兴趣,如泰勒和林德(Tyler & Lind,1992)根据程序公正提出了领导的权威关系模型、海格特维和约翰逊(Hegtvedt & Johnson,2009)根据分配公正提出了权威的资源模型。研究发现,领导的公正性能有效地预测下属的态度和行为。此外,领导的公正行为与领导情境中其他因素存在交互作用。这就意味着应考虑如何在具体情境中灵活地体现领导的公正性。本书接下来主要从组织公正的视角论述领导和权威的合法性的问题,然后结合领导公正的权变理论介绍领导公正及其效果。

第一节
领导及领导理论中的公正观

一、领导的概念

领导有很多定义,有一种定义是比较公认的,即领导是一种影响力。领导人物的产生并不能自动地解决群体存在的问题,领导必须是有效的。

领导的有效性体现为领导者成功地影响群体成员行为的能力。也就是说，领导有效的关键是领导者如何有效地影响和改变追随者的思想、情感、决策和行为（Lord & Brown，2004）。从社会心理学的角度来说，领导是领导者发挥自身的影响力，指导追随者如何决策、行动、体验和看待自己（Messick & Kramer，2005）。需要指出的是，在这里，领导被理解为相对于下属地位，处于领导岗位或地位的个人行为。它不同于个人的其他群体行为，也不同于管理行为。

领导不同于管理。管理是"正确地做事"，如制定组织的管理秩序、生产指标、管理规则等；而领导是"做正确的事"，它是通过发出指令和程序发挥自己的影响力（De Cremer & Tyler，2011）。在这一过程中，领导者需要有能力使他人愿意服从其发出的指令。获得他人服从的能力是有效领导的试金石（Tyler & Lind，1992）。也就是说，不管如何，领导者的指令，下属必须服从。

二、领导理论中的公正观

领导有效性是领导理论研究的核心。围绕领导有效性相继产生了各种理论，归纳起来主要有领导特质理论、领导行为理论、领导权变理论以及当代领导理论。下面列举一些代表性理论来说明领导理论中体现出的公正观。

在早期有关领导有效性的研究中，已包含着公正之意。例如，俄亥俄州立大学的领导行为理论虽然没有直接指出领导行为的公正性，但与组织公正研究中提出的程序公正、人际公正和结果公正具有很高的一致性（Judge，Plccolo，& Ilies，2004）。

俄亥俄州立大学的领导行为理论将领导行为分为关怀维度（关心人）和结构维度（关心组织）。其中，关怀维度指的是领导者的关注点是员工之间以及员工与领导者之间的关系。领导者与下属之间应该是尊重、友好和信任的关系。结构维度代表领导者关注任务的程度,表明领导者制定生产任务、协调成员关系、发布指令的倾向,或者说,为了实现组织目标和生产任务,领导者明晰自己与下属角色行为的倾向程度。分配公正强调结果的公正性,即强调根据每个人为组织的贡献进行分配。这正是高结构维度的领导行为:制定工作任务,设定完成的标准,判定目标达成的情况。因而,这类领导者的下属也相信领导者会根据公平的原则进行结果分配。人际公正指领导者在与下属的人际交往中表现出的尊重、正直和关心,而关系维度体现的是领导者对下属的关心和尊重的程度。高关怀的领导者会特别在意人际公正。关怀维度和结构维度都与程序公正有关,但方式不一样。高关怀行为的领导者会给予下属更多的发言权,在重大事项上会征得下属的同意。一方面,高结构维度的领导者会明确地表达自己的目标预期,为下属制定明确的标准。这体现了其公事公办,一视同仁的办事风格。但另一方面,高结构维度的领导者命令式的领导风格给予下属的发言权较少,在规则和决策制定过程中下属没有发言权。

麦格雷戈(McGregor, 1960)在 Y 理论中指出,下属的公正感来自领导者的正直与公平,以及领导者对下属利益和个人目标的关心程度。在管理方法上,领导者应给予员工更多的自主权和控制权,让员工拥有更多的决策发言权和管理上的参与权,并共同分享权力。这些观点都不约而同地指向了领导活动中领导者人际处理方式的公正性和决策程序的公正性。可见,领导行为理论与组织公正指向的都是如何有效领导,两者具有高度一致性。

当代,领导理论越来越重视领导行为对人们心理和行为的影响。柔性领导理论认为,领导影响力的有效性在于,领导要依靠领导者的非权力影响力,采取非强制命令的方式唤起被领导者的心理响应,使领导者的意图和组织目标成为被领导者的自觉行为(许一,2009)。这些观点与人际公正的观点高度一致。

变革型领导理论产生于 20 世纪 80 年代初。变革型领导者的行为风格包括四个主要维度:(1)理想化影响或魅力,领导者以自信、自尊树立良好形象,成为下属的模范与榜样;(2)智能激发,即激发下属的创意与创造力;(3)个性化关怀,领导者关心每一位下属的具体需求,不仅确认和满足其当前的需求,同时也帮助下属最大限度地开发其潜能;(4)感召力,即通过愿景与理想的目标激励下属(李锐,凌文铨,2008)。而人际公正强调权威人物或领导者对待下属是否有礼貌、是否考虑到对方的尊严、是否尊重对方等,这些与变革型领导理论的要求不谋而合。

可见,在领导有效性研究之中,或多或少都能看到公正的重要身影。从历史上看,领导和公正具有相同的历史起源,在哲学、政治乃至组织行为领域都彼此关联(De Cremer & Tyler, 2011)。而随着领导理论和组织公正理论的发展,当代领导理论研究中开始出现领导理论和组织公正理论的整合。双方从各自的角度出发,考察领导公正与传统领导理论提出的其他领导行为之间的关系。这种状况的出现,不仅与领导理论本身的发展有关,也与组织公正研究领域对领导问题的关注有关。

第二节
公正与权威合法性

近年来,权威(authority)合法性的研究开始受到关注,主要是因为合法性与权威或权威人物的领导有效性有关,而领导有效性又在很大程度上受到合法性的影响。那么权威合法性来自哪里? 程序公正和分配公正是如何促使合法性产生的? 接下来,本节将围绕这些问题展开讨论。

一、合法性的概念

合法性由英文单词"legitimacy"翻译而来,这个词确切地说可以翻译成"正当性"。在政治学中,合法性是指政府或法律的权威为民众所认可的程度。这个概念也被应用于社会学和组织行为学等非政治领域,指组织层面的权威人物或决策者的合法性(正当性)。

在心理学领域,美国学者泰勒(Tyler & Lind,1992;Tyler,1997;Tyler,2006a)从组织公正的视角提出了他的权威合法性思想。泰勒(Tyler,2006a,p.376)于2006年在《心理学年鉴》(*Annual Review of Psychology*)中对合法性的定义是“一种对权威、机构和社会制度公正、恰当而合适的信念体系”。他指出,合法性是人们对权威持有的一种社会态度,“存在于身处群体、组织或社会实体中的人们的头脑之中,使他们觉得有义务服从于权威、机构和社会制度”(Tyler,2006a,p.376)。

合法性的这一概念与韦伯的合法性概念有关。泰勒也承认,自己的合法性观点与韦伯有关。他指出,根据韦伯的观点,服从就是社会规范和价值变成人们内在动机系统的一部分,并通过奖惩手段来指导人们的行为。把社会规范和价值内化的人可以自我约束,并能够承担起那些与之相关的义务和责任。其结果是,自我控制取代他人控制(Tyler,2006a)。因此,权威有权让人们服从和接受自己的指示和命令,而服从和接受的义务感就是合法性。合法性“通常与承诺、同意、赞成、默许等概念相关”(Tyler,1997,p.177)。总之,合法性使人们自愿服从权威和规则成为可能。

需要指出的是,泰勒的合法性概念注重的是对权威或权威人物合法性的研究,而不是对制度层面的合法性的研究。在心理学上,合法性的这个概念与凯尔曼对服从行为的研究有关。社会心理学区分了两种服从:一种是强迫性的服从(obedience);一种是内在态度转变的自愿服从,即遵从(compliance)。显然,泰勒的合法性概念对应的是遵从。合法化(legitimation)是一种社会过程,在泰勒(Tyler,2006a)看来,它是指将正确而合适的事置于某种框架下而赋予其合法性的过程。凯尔曼等人(Kelman & Hamilton,1989)也指出,服从行为的基本前提是合法性,它使权威人物拥有影响力。凯尔曼的态度与行为改变理论认为,服从行为依次经历三个由外而内的阶段:(1)顺从,基于奖励或惩罚等利益关系的服从行为;(2)认同,自愿接受权威人物的观点、信念、态度和行为,具有情感成分;(3)内化,把认同的东西与自己的情感、价值观联系起来,成为个人人格的一部分。认同和内化使权威人物合法化,促使个人自愿服从权威人物的命令。

在领导研究中,合法性为什么重要? 这是因为合法性与权威或权威人物的领导有效性有关,领导有效性在很大程度上受到合法性的影响。合法性具体体现在:权威通过制定规则和决策影响他人的态度和行为,人们自愿服从权威(Tyler & Lind,1992;Tyler,1997)。

在社会环境中,人们的自愿服从是有前提条件的,即人们具有接受权威所做决策或规则的意愿。也就是说,作为一种社会态度,合法性与群体成员对权威的认可有关。关于合法性的来源有不同的观点,但在泰勒和林德(Tyler & Lind,1992)看来,合法性的产生与群体内权威人物行使权力的方式有关,其中最重要的就是权威人物能否公正地行使权力。例如,领导者的决策过程是否公正、分配是否公正,以及对待下属是否公正等。

更进一步地说,合法性研究中重视公正的作用有三个理由。首先,服从行为在很大程度上取决于群体成员的态度和价值观。因为态度和价值观是社会化的结果,是行为的内在动力(Tyler,1997)。从领导的产生来看,领导有效性的关键就在于,领导者能否有效地处理态度和价值观方面的差异,避免出现冲突和纠纷。其次,公正对于合法性的维持起重要作用。在分配结果不公正的情况下,人们的行为反应的性质在很大程度上取决于权威人物或权威机构的分配方案是否具有合法性。如果分配方案或决策过程被认为是合法的,分配不公正感引起愤怒或冲突的可能性就不大,因为程序公正感能在很大程度上削弱分配不公正感的不利反应。最后,当合法性不足以平息不公正感及其反应时,存在动摇权威的根基的可能。这就是去合法性的过程(Johnson & Watson,2015)。保持合法性的知觉会巩固现有认知,从而有利于社会秩序的稳定。

泰勒非常重视程序公正,在很多情况下,泰勒将合法性和程序公正性合并在一起使用。在合法性的来源上,泰勒的合法性理论所要解决的主要问题是权威如何通过程序公正获得合法性,或公正的程序是如何促使合法性出现的。据此,他提出了程序公正的关系模型(Tyler,1997,2006a)。不过,在接下来关于合法性来源的分析中,本书还要讨论分配公正对合法性的影响。

二、公正与合法性的来源

(一) 程序公正

泰勒将合法性的主要来源归结为程序公正。他认为,权力不会自动解决群体存在的问题。因为从领导和权威的产生来看,权力授予是将权力从一部分人手中转移给另一部分人或机构。而权力一旦授予,又会面临领导者的权威和合法性的问题,因为权力实施和服从过程受领导者个人因素的影响很大(Tyler & Lind,1992)。在泰勒看来,合法性需要通过程序公正来解决。也就是说,程序公正是合法性产生的主要前提。需要注意的是,泰勒所说的程序公正既包括程序公正,也包括互动公正,这一点后文不再特别指出。

为什么说合法性产生的主要依据是程序公正? 合法性是人们对领导者或权威人物决策或决策方式的反应和评价,而影响人们反应和评价的因素有很多。下属最重要的反应就是服从。进一步,从服从产生的前提来看,最重要的是下属对权威的决策或决策程序的认可,即下属自下而上地对权威合法性效用的判断。因此,合法性判断的影响因素有很多,包括分配有利、程序合理或分配公正、程序公正等。很多研究都表明,在不同情境中影响服从和权威合法性的关键因素是人们对决策程序公正性的判断。例如,得到社区居民支持的警察,在维持社区治安秩序、打击犯罪方面会更加成功。感觉警察办案程序和方法公平公正的居民,认为警察更具有合法性,也更满意于他们的服务(Hinds & Murphy,2007)。又如,在当事人看来无需处理的轻微交通违章,只要程序公正,当事人也还是会认为警察行为合理、合法(Mazerolle et al.，2013)。

在有些情况下人们会认为警察行为不合法,这在很大程度上都是因为引起程序不公正感而出现的(Hegtvedt，Johnson，& Watson，2016)。例如,20世纪80年代至90年代,为了加强治安管理和犯罪控制,美国纽约市政府和警察署创造性地实施了"秩序维护警务"(order-maintenance policing),用于整治纽约市混乱的社会治安情况。所谓"秩序维护警务",就是根据破窗理论,使治安从混乱变成有序,向社会发出信号,不会容忍哪怕最轻微的违规行为。具体采取的措施包括在大街上频繁拦住看上去有轻微违规行为的嫌疑人,检查身份信息等。根据调查,这种行为会对警察的合法性造成消极影响,人们也不认可通过这种行为来减少犯罪行为(Gau & Brunson，2010)。

不是说结果公正不重要,而是相对于结果公正,程序公正所起的作用更大。例如,有研究者(Sunshine & Tyler，2003)以1 422名纽约市民为研究对象,发现程序公正感是警察合法性最主要的影响因素,超过了绩效评估(警察破案率、提供居民服务等)和结果公正。警察的人际公正与合法性之间的关系强度要远远高于警察绩效与合法性之间的关系强度。此外,合法性提高了市民对警察的服从行为。又如,泰勒(Tyler，2006b)采取问卷调查的方法,调查了1 575名芝加哥居民对法律机构的态度和行为反应。研究主要考察程序公正和结果公正对合法性以及合法性和服从之间关系的影响。结果表明,不管实际结果如何(结果有利或无利),合法性主要与公正的决策程序和互动中体现出的尊重有关。结果公正会影响服从,但不会影响合法性认知。在司法、管理、政府、企业组织等部门,均发现程序公正的主效应。

泰勒(Tyler，1997)认为程序公正之所以比结果公正重要,大致有两点原因。首先,程序公正建立了人们的长期预期,公正的程序消除了人们的不确定感。不管人们对结果有何偏好,程序必须是公正的。因为程序公正导致决策结果是可预期的,所以公正的程序维护了人际关系和社会的稳定。其次,结果公正感是建立在比较的基础上的,在结果有利性或不利性不确定的情况下,人们判断结果公正的主要线索是程序公正。此外,程序公正可以很大程度上削弱结果不公正造成的消极反应。总之,程序是权威的主要行为方式,在决策和决策程序有选择余地的情况下,对决策制定者本人的公正性评价显得尤其重要。

为分析权威合法性产生的心理过程,泰勒等人(Tyler & Lind,1992;Tyler,1997)根据程序公正理论(Thibaut & Walker,1975,1978)和团队价值理论(Lind & Tyler,1988),提出了程序公正的两种理论模型:工具模型和关系模型。

1. 工具模型

工具模型(详见第二章)认为群体权威的合法性来源于资源分配的有利性。人们是出于功利性目的而与权威人物交往,这主要体现在两个方面:对结果有利性的预期和对分配决策直接或间接的控制程度。控制仍与结果有关,因为控制有利于结果的公平性。

工具模型能够解释建立在奖惩权力或强制权力基础上的权威人物的合法性问题,但其有效性有限(Tyler,1997)。泰勒认为,为了维持社会秩序,权威人物要保障群体成员的合作。其途径是通过命令或指令,依靠自己的奖赏权力和惩罚权力,让成员服从自己。但奖励和惩罚需要大量的资源,同时也要依靠系统地监控、监督,才能保证合理行为的出现。泰勒使用了不同的词汇来描述这种领导手段,如命令和控制、社会控制、强制权力、服从方法等。一旦权威人物不在场,或撤销奖励和惩罚,服从行为便消失了,强制权力无法保证自愿服从行为的出现。他指出,这种强制手段需要消耗大量的物质资源和社会资源,因而成本非常高昂,并且效率非常低。

例如,勒温的领导风格理论表明,不同权力结构和不同权力类型的有效性存在差异(Sansone et al.,2004)。也就是说,不同的领导风格会导致不同的服从行为(Tyler & Lind,1992)。勒温团队试图通过实验判定哪种领导风格是最有效的领导风格(Sansone et al.,2004)。他们分别将不同的成年人训练成具有不同领导风格的领导者,然后让这些人充当青少年课外兴趣活动小组的领导,让他们主管不同的青少年群体。进行实验的群体在年龄、人格特征、智商、生理条件和家庭社会经济地位等方面进行了匹配,也就是说,几个不同的实验组仅仅在领导者的领导风格上有所区别。结果发现,不管领导者在不在场,民主型领导者的群体成员都会服从领导者根据群体讨论作出的决定。并且,在领导者不在场的情况下,群体成员表现出的服从显然是自愿的服从行为。相反,专制型领导者作出的决策只有领导者在场的情况下群体成员才会服从,而领导者不在场的情况下服从行为不会发生。从勒温的实验中很容易看出,民主型和专制型领导者在合法性上的差异是造成服从行为产生差异的主要原因。

2. 关系模型

在团队价值理论的基础上,泰勒等人提出了关系模型,用来回答权威合法性的问题(Tyler & Lind, 1992; Tyler, 2010)。泰勒和林德(Tyler & Lind, 1992)认为,权威合法性的关键是程序公正,人们通过程序公正判断来评价自己与权威之间的关系。关系模型确切地说是关于领导者权威的程序公正模型。它表明了领导者要如何公正地行使权力才能被成员认可,引发成员的程序公正感,促使人们产生对领导者权威的合法性判断,进而影响人们对领导者决策的遵守和对群体规则的自愿服从。

在团队价值模型看来,发言权效应和尊重过程效应体现了群体中人们对自己身份和地位的重视。人们在组织中一般是通过与权威人物的关系来判断自己的身份和地位,获得社会认同的。因为权威人物是组织的代表和象征,他对待个体的方式,实际上就是组织或群体对待个体的方式。因此,权威人物在实施程序的过程中能否公平公正地对待下属,在很大程度上表明了组织对下属身份和地位的认可和尊重。在程序运转中,如果个体与权威人物之间的关系是积极、平等的,那么这种程序就是公正的。反之,如果个体与权威人物之间的关系是消极的,个体在决策中地位低下,那么这种程序就是不公正的。

例如,泰勒(Tyler,1987)选择了几个有可能影响程序公正感的领导者因素进行了研究,包括:(1)领导者有偏见;(2)领导者没有诚信;(3)领导者不会认真考虑下属的意见;(4)结果非常重要。研究结果发现,在这四种因素中,只有在第三种条件下发言权效应才会消失。也就是说,领导者即使对下属有偏见,在行为过程中缺乏诚信,并且结果对下属非常重要,只要下属觉得领导者会认真考虑自己的意见,也会认为程序是公正的。但如果领导者不尊重下属,对下属的意见视而不见、闻而不听,程序就很难被认为是公正的。在有些情况下,即使分配结果不利,只要下属认为领导者充分考虑了自己的意见和建议,他们也会认为程序是公正的。

泰勒和林德(Tyler & Lind,1992)指出,在与权威的关系中,人们的程序公正判断主要受到以下几个与权威有关的关系变量的影响:权威决策行为的中立性;对决策者的信任;个人的身份确认。泰勒和林德(Tyler & Lind,1992;Tyler,1997)发现,大量的研究均表明,这些因素比工具模型提出的过程控制和结果控制更能说明权威关系中人们的程序公正感。

身份确认是指个体在群体中的身份信息是通过其与权威的关系表现出来的,如领导者尊重个体,以及给予个体应有的尊严。反之,领导者的冷漠和粗鲁意味着个体成员身份受到威胁。领导者的尊重反映了个体在群体中的地位和身份价值。例如,在入室盗窃的案件中,警察一般很难追回当事人的财产损失。但盗劫案发生后,如果警察来到受害者家中,对案情高度重视,认真负责,并详细地做笔录,人们就会觉得作为一个公民,自己的公民权利是受到保护的。此时,警察的行为是公正的,并且得到民众的认可,但与结果无关。

中立性是指所有人都被公正无私地对待,这意味着诚实、无偏见、实事求是。与中立性相反的是偏见。中立性表明了自己与当权者之间关系的性质,而不是获得结果的手段,因此它本身是没有价值的。信任是对权威的行为预期和对权威动机的推断。信任一般指的是权威的道德意识,即能否公正行事。它意味着个人对权威未来行为的预期,以及个人与权威之间关系的持久性。

例如,林德等人(Lind & Lissak,1985)在实验中让被试在审判程序中具有极高的过程控制权。在一种实验条件下,法官表现出一些与自身身份不符的行为,如与对方律师一见面就非常亲热,假装是老朋友,或与对方律师开玩笑等。在另一种实验条件下,法官公事公办,与对方当事人和律师没有任何有个人交情的表示。结果表明,在法官行为检点的情况下,审判结果对程序公正没有任何影响。相反,法官行为不检点时,在结果不利的情况下,被试的程序公正感大大降低;在结果有利的情况下,被试的程序公正感会大大提高。这表明人们希望审判程序是中立的,不道德行为的出现使得人们对审判程序的不确定感增加,并给予更多的认知关注。而在不利情境下,结果成为人们程序公正判断的主要线索。

可见,程序公正的判断反映的是个人对自己和权威之间的关系判断(Tyler,1997),并以此来确认自己的身份和地位,获得自我价值感和社会认同感。反过来,如果某个决策程序突出了个人在群体中的身份和地位,是否意味着人们会从更公正的视角关注该程序? 换句话说,如果某个程序与身份信息有关,如对自尊产生威胁,人们是否会更加关注程序公正? 研究也确实表明,如果程序突出了个人身份信息,影响或威胁了个人在群体中的地位,人们一般会更加关注程序以及程序实施的公正性,程序公正感进而影响他们接下来的态度和行为反应(Van Prooijen,Van den Bos,& Wilke,2002)。

3. 工具模型和关系模型评析

在程序公正研究中,工具模型和关系模型是非常重要的程序公正理论。从程序公正感的产生来看,工具模型对程序公正的判断不在于程序本身,如法庭上当事人与权威的关系或程序本身的意义,而在于程序是达到结果的手段。由于工具模型主要关注程序与结果的关系,早期的程序公正的司法模拟实验主要分析被试对裁决或决策结果的评价,而没有分析当事人对程序或执行法官的评价,所以程序本身的社会性被忽略了。

关系模型认为,从程序公正感的产生来看,人们不仅关注程序带来结果的能力,也关注程序对自己身份和地位的认可,这一点与团队价值模型并无两样。关系模型进一步考察了在权威关系这一背景下,程序公正判断的前提条件。他们认为,决策者在人际互动方式上需要体现对下属的尊重,如礼貌、公平对待和信任。在决策方式上要符合程序公正的原则,如准确性、真诚性、代表性、中立性、可纠正性和道德性,以保证结果的公正。成员与权威人物交往的过程中形成的归属感和公正感会促使积极的自我认知产生,促进群体认同,形成积极的组织承诺。反过来,作为回报,群体成员也更愿意接受权威人物的决策,服从群体规则。

从结果来看,程序公正感会促生合法性判断。在合法性的产生上,关系模型与工具模型并不是对立的,而是并行的(Tyler,1997;Lind & Earley,1992)。也就是说,人们可能同时进行结果判断和关系判断,但关系判断可能更重要。工具模型和关系模型都可以解释权威的合法性,但解释方式不一样。工具模型认为公正的程序会产生有利的结果,从而导致成员对权威合法性的判断。人们是根据资源分配之后的结果来评价和判断程序的公正性和权威的合法性的。因此,权威人物的合法性主要是他们能带来有利结果的能力,如问题解决能力和胜任能力。而关系模型强调的是过程,特别是自己与权威人物社会互动的性质。因此,它强调的是组织内人际互动的过程,结果并不重要。个人对程序公正的判断和合法性的判断主要基于权威人物对待自己的方式,个人是否可以从中获取群体身份感和成员价值感。因此,关系模型更注重权威人物的动机和正直等因素。

(二)分配公正

根据泰勒权威合法性的观点,结果有利性或资源交换的奖惩权力取得合法性的能力有限,因为权力的行使是通过强制的方式实施的。在合法性上,分配公正不如程序公正,因为奖惩手段造就的是服从行为的外在动机,而不是自觉自愿的内在动机。

海格特维等人（Hegtvedt & Johnson，2009）指出，首先，权力制度本身并不意味着权力必须通过强制的手段运行。权力持有者拥有资源，采取奖励或惩罚并不是目的，而是手段，关键在于奖惩权力行使的方式。其次，工具模型强调的是个人层面的权威合法性，其产生于上下级之间的互动，而不是集体层面的权威合法性。海格特维等人（Hegtvedt et al.，2003；Hegtvedt，Johnson，& Watson，2016）认为，人们会形成分配方法和分配程序的个人评估，并与其他人（其他权威人物或同事）的观点进行比较，而比较的主要内容是公正评价和领导者评价。如果与其他人的观点不一致，他们就会怀疑自己最初的评估，从而产生不确定感。公正评价的不确定感会削弱不公正感的个人严重性。例如，有人举报领导有问题，但同事不这么认为。久而久之，由于得不到支持，举报者很可能会慢慢放弃自己的想法。此外，不公正感也会激发对分配者行为的归因。例如，如果某个人的同事们都认为领导者的行为具有合法性，即使分配（单一行为事件）对这个人来说是不公正的，他也不大可能对领导者的行为作内部归因，而是进行外部归因，此时合法性不太可能会被动摇。据此，海格特维等人（Hegtvedt & Johnson，2009）提出了分配公正的资源模型，以说明分配公正造就合法性的可能。

资源模型不是强调个人信念和动机，而是强调合法性的群体心理动力，如第三方作为旁观者可能不会像当事人那样直接受权威行为的影响，但他们对权威的信念会影响当事人的行为，这就意味着公正和合法性具有集体性质（Hegtvedt，Johnson，& Watson，2016）。由于强调公正过程的社会背景，以海格特维等人为代表的合法性研究非常重视社会比较和社会认知的作用（Hegtvedt & Johnson，2009）。

资源模型关注强制权力（如奖励和惩罚权力）如何运用才会促进权威合法性的产生。显然，这是一种制度层面的合法性的产生。要了解分配公正对合法性的影响，也就意味着需要考察权威资源分配的办法。例如，资源模型研究了权力和分配公正对合法性产生的影响（Van der Toorn et al.，2011）。研究者假设，结果依赖性（下属对权威结果分配的依赖，例如下属依赖分配结果,并且处于权力不利境地)会提高权威合法性判断产生的可能性。结果表明,结果依赖性与程序公正感和权威合法性都存在显著相关。进一步分析发现,权威合法性调节了结果依赖性和程序公正感对结果有利性的评价。由于结果依赖性有助于权威合法性的产生,因此无权者倾向于维持现有的不平等身份,而不管这种不平等是否符合其自身的利益。

针对前述的关系模型,现将资源模型的主要观点总结为以下几点:

首先,从权威合法性的产生上来看,分配公正感是权威合法性的重要来源。权威持有资源和奖惩权力,可以协调、指导成员的活动,保证组织成员的长期利益,为群体成员提供福利,帮助他们取得事业上的成就(Hegtvedt, Johnson, & Watson, 2016)。权威在结果分配上的公正性对全体成员是有益的,从长远来看,权威的强制权力是为了维护全体成员的利益。此时,权威的权力行使方式(有形资源、无形资源的奖励或惩罚)会得到群体成员的支持和认可,实现其权威的合法性。

其次,从合法性的维持来看,在当代组织内,权力制度是既定的。得到上级授权的权威人物,会为下属提供有价值的资源,如果分配是公正的,就能得到下级的认可。例如,当工人破坏组织规则时,管理者公正地行使惩罚权力会增强管理权力的合法性。又如,科恩(Cohen, 1986)认为,在权力结构既定的情况下,即使分配结果不公正,权力结构的授权(自上而下的授权)仍会维持人们对它的接受。如果旁观者相信自己的同伴也支持和认可这种权力结构(自下而上的授权),不公正感就不大可能引发改变社会秩序的群体行为。也就是说,授权和认可拥有抵制变革的力量。从这种意义上讲,合法性是把双刃剑。合法性会维持社会秩序,而其代价是默许不公正的分配、程序和人际互动方式的存在。在这种情况下,合法的东西可能是不公正的。

值得一提的是,科恩与罗尔斯的观点一致,即合法性并不一定是公正的,可人们会选择默许。上位者应该注重合法性和不公正之间的张力,合法性对不公正的默许是有一定限度的。当不公正感达到一定的程度,就会导致现有合法性的破坏,成员会采取集体行为恢复公正。

(三) 简评

关系模型和工具模型有着各自的适用范围和解释效力。对权威、组织的个人认同一般涉及关系成分。因此,关系模型可以解释与组织中权威人物或领导者存在直接人际关系的领导情境。对权威人物的认可也可以以间接的形式表现,如我们虽然不能直接接触重要的领导人,但会从可信性等角度来形成对领导人的认可。此外,工具模型也有其合理之处。在出现冲突或面临困境时,领导者的领导能力、胜任能力、复杂问题的解决能力、业务能力和知识水平等是人们评价领导者的重要指标,也决定了人们对他们的认可。例如,在紧要关头表现出的胜任能力比正直更重要。相较对程序的关注,结果越重要、风险越高,人们对结果的关注程度就越高,毕竟程序是达到结果的手段。从合法化的过程来说,工具模型和资源模型解释了资源交换初始阶段的权威认可,随后,关系模型解释了合法性的维持。

对于个人合法性(关系模型、工具模型)和集体合法性(资源模型),我们可以参照泽尔蒂奇(Zelditch,2006;Zelditch & Walker,1984)的合法性理论来理解。泽尔蒂奇的合法性理论认为,权力代表着资源分配,尤其是对奖惩的控制能力。合法性来源于两个因素:效力(validity)和正当性(propriety)。正当性是指权威人物的行为是合适而恰当的,它是个人层面的。效力是指人们对权威地位的共识,它是群体层面的。两者缺一就会导致权威的不稳定,两者俱无则必然导致去合法化,以致去权威化。在泽尔蒂奇看来,相对于正当性,效力对行为具有更强的预测力。但泰勒(Tyler,1997)认为,从个人服从权威的效果来看,权威行为的正当性对自愿服从行为的影响也不小,这两者之间的主要区别就是服从和遵从。因为服从带有强制性,遵从则属于自愿。

效力是对权威职位的性质与职责的基本共识,在某种程度上它类似于社会决策或集体预期,如人们对于某一领导职位的预期(赵蜜,方文,

2013)。如果领导者与群体成员对该职位有不同的定位，权威的合法性就会存在很大的问题。任何权力要具有效力，都有赖于他人的承认和支持。同级或上级的支持与认可叫作"授权"（authorize）；下级的支持与认可叫作"认可"（endorsement）。

泽尔蒂奇使用"正当性"（propriety）一词，该词的英文具有行为礼貌、得体、合适的含义，一般具有个人行为礼仪上的成分。它既包含权威行为结果的有利性，即权威人物能取得令群体成员满意的分配结果，也包含权威人物与下属之间人际处理方式上的恰当性，即权威人物是否值得信任、尊重他人或分配决策中立。就领导者而言，取得某一职位，该职位的职责或权力如果得到全体成员的认可，那么首先他在群体层面上具有合法性，即授权。然而，具体到实际行为，还涉及该权威人物是否被群体成员认可，即权威人物与成员的交往方式、决策过程中的态度倾向性、行为意图是否值得信任等。可以说，权威合法性的效力成分决定了人们的服从行为，并且该服从行为是建立在奖惩的基础上的：服从规则会得到奖励，违背规则会受到惩罚。此时，人们对权威人物的服从更多的是对其职位或其代表的制度、机构、法规的服从。权威合法性的正当性，反映的是人们对权威人物个人行为的认可和服从。此时，个人对领导者的服从是建立在领导者的知识、技能、人际处理方式、人格魅力等个人因素的基础上的。如果两者皆满足，那么群体对群体规则、领导者决策的服从就是自愿的服从。从这一角度来看，可以粗略地说，关系模型和工具模型关注领导者个人的有效性（非权力性影响），而资源模型关注领导者权力的有效性（权力影响）。

第三节
领导公正与领导有效性

前文从公正与合法性的关系角度，阐释了公正促生合法性的心理过程。合法性说明领导者的公正会影响下属对领导者及其行为的认可和接受。接下来,本节主要围绕组织中领导者的公正行为与组织后果之间的关系,分析领导行为的有效性。

自 20 世纪 70 年代开始,组织公正开始关注公正与领导之间的关系,如蒂博和沃克(Thibaut & Walker,1975,1978)研究人们对第三方纠纷调解程序的反应。很显然,法官是程序的一个组成部分,并且主导着程序的实施。由于重在探究程序以及人们对决策过程和决策结果的反应,蒂博和沃克并未询问当事人对法官的评价。但实际上,人们对于权威人物本身的公正评价,在很大程度上决定了他们对权威人物的反应。20 世纪 80 年代开始的研究发现,人们对领导者的公正反应主要受程序公正的影响。例如,亚历山大等人(Alexander & Ruderman,1987)以美国政府职员为对象,研究了领导者的程序公正和分配公正与管理信任之间的关系。结果发现,程序公正感和分配公正感均影响职员对管理信任的评价。在组织承诺的研究中,福尔杰等人(Folger et al.,1989)也发现领导者的程序公正和分配公正对组织承诺的预测效应显著。

一、领导公正的研究现状

21 世纪以来,人们开始真正关注领导公正的研究,领导科学和组织公正理论出现整合的趋势。总的来看,对领导公正的研究大致集中为以下三类(Van Knippenberg et al.,2007;Van Dijke & De Cremer,2016):

第一类研究考察领导和公正之间的关系,探究领导者结果公正、程序公正和人际公正的主效应。一般来看,在组织环境中,人际公正与领导者有关,程序公正和分配公正与制度有关。但实际上,程序公正和结果公正与领导者的自由裁量权有关,是领导行为的重要成分。人们对领导者的评价和反应很大程度上建立在领导公正的基础上。

第二类研究考察领导公正与领导其他行为要素之间的关系。在这类研究中,研究者将领导公正与流行的领导理论结合起来,考察它们对组织行为的影响。

　　这类研究的研究者大都将领导其他行为要素和领导公正分别看成独立变量，考察它们之间的关系，以及它们对结果的影响。例如，研究发现，变革型领导风格与领导者程序公正有着密切关系，而领导者程序公正作为中介变量调节着变革型领导行为与领导信任、组织承诺之间的关系（Pillai，Schriesheim，& Williams，1999）。这就意味着，变革型领导风格需要通过程序公正感对领导信任和组织承诺产生影响。又如，研究表明，领导—成员交换关系能有效影响领导者的程序公正感和人际公正感，但对结果公正感的影响不大。领导者的程序公正感和人际公正感在领导—成员交换关系和结果变量（如组织公民行为）之间起着重要的调节作用。在组织支持感的研究中也有类似的发现，即如果将领导公正感看成受到组织支持感的影响，那么组织支持感对下属行为的影响会受领导公正感的调节（De Cremer & Tyler，2011）。

　　第三类研究采用权变的视角，强调领导公正与领导其他行为要素之间的交互作用，以及领导公正与下属、组织情境特点之间的关系。

　　权变理论认为，没有所谓的最好的领导办法，领导者要因时制宜，根据组织内外条件，采取合适的管理和领导方式，以达到组织的目标。从组织公正的角度，领导公正研究的出发点是领导的有效性，程序公正、人际公正都是重要的领导行为和领导特点，特别是程序公正，甚至可以看成一种领导风格。而如果程序公正是领导行为的一个重要组成部分，那么它对群体、组织和组织成员的影响取决于很多其他领导因素，包括其他领导行为、领导者特点等。

二、领导公正的主效应研究

　　根据组织公正理论，领导公正包括领导者的结果公正、程序公正和人际公正，它是指领导者在资源分配、问题解决、决策程序和人际对待方式上体现出的公正性。研究者围绕领导公正，展开了大量的研究，表明领导公正可以作为领导有效性的重要预测指标。

如前所述,领导公正,尤其是程序公正,会影响人们对领导者的态度和合法化。程序公正感会提高员工的满意度、自尊感、自我效能感,以及对领导者的信任和组织承诺,引发积极的情绪体验和工作的内在动机,并产生群体合作行为和组织公民行为。

例如,泰勒等人(Tyler & Caine,1981)分别以教师和政治领袖作为考察对象,研究了人们对领导者的支持度。第一个研究采用情境模拟实验,考察结果公正性和程序公正性对领导认可的影响。研究结果表明,在结果和程序都公正的情况下,人们对领导者的认可度最高。

第二个研究是现场研究,结果表明,在实际分配过程中,人们对领导者的认可在很大程度上取决于领导者的程序公正。也就是说,程序公正是影响领导评价的主要因素。随后,泰勒(Lind & Tyler,1988)采取问卷调查的方法考察了人们支持政治领袖的原因。结果仍表明,无论是政治领导人物,还是政府机构,人们对其的评价依然取决于程序公正。也就是说,在对领导权威的认可和拥护上,程序公正的影响非常大。随后,以泰勒为代表的组织公正研究学者,在政府机关、司法机构、公司企业等组织中均发现领导者行使权力过程中的程序公正构成了领导评价的主要因素。

在组织环境中,程序公正感不仅会影响人们的态度,而且会影响服从行为,以及其他与权力合法性有关的行为。格林伯格(Greenberg,1989)发现,程序不公正容易引发抗议行为,并且与分配不公正存在交互作用。抗议行为显然不是服从,但作为权力合法性的行为指标,抗议行动意味着合法性的缺失。泰勒(Tyler,2006b)在研究中以决策接受、规则遵从、离职意图和投诉率为权力合法性的指标,发现程序公正感对上述行为指标具有最强的预测效应。林德等人(Lind et al.,1990)通过实验,研究了发言权与目标设置之间的关系。结果发现,发言权会影响被试对目标的认可程度和任务完成情况。在高程序公正条件下,目标认可度越高,任务完成情况越好。

可见,上述研究都直接或间接地证明了程序公正的主效应,表明领导者的程序公正是服从行为的主要影响因素。前文关系模型和团队价值理论均说明，领导者的程序公正传递了一种社会信息，告诉人们自己在自身所属群体中的地位。因而，程序公正提高了下属的自尊和自我效能感。在司法、政治和管理等领域，研究者都比较一致地发现了程序公正的这种主效应。

在领导公正研究中，如果将人际公正单独划分为一个维度，就会发现领导者人际公正与领导个人层面的影响力联系最直接，大多数有关公正与领导之间关系的研究都着眼于领导者的人际公正。研究发现，领导者的人际公正会影响下属对领导者的评价和反应，如领导信任、领导满意度、领导支持感、领导魅力、领导—成员交换关系等。不仅如此，领导者的人际公正还会影响下属的工作绩效和组织行为，如领导者的人际公正会影响下属的组织承诺、自信和自尊以及工作满意度、增加组织公民行为等。

领导者的人际公正能有效地缓解组织中下属的不利反应。在组织环境中通常采用物质奖励的方法激励下属服从和遵守领导者的指令和组织的决策。组织公正研究表明，这种方法取得的效果会非常好，而更有效的领导方法是让下属感觉到自己对群体的价值和重要性。因此，作为组织的象征和代表人物，领导者要注意对自身公正形象的管理。让下属相信领导者愿意考虑他们的观点和意见，在决策过程中会做到不偏不倚。对下属的关心和尊重会使权力得到更有效的发挥。此外，程序公正被破坏后，领导者的事后解释也可以在很大程度上消除下属的不公正感及其后果，因为解释表达了领导者对下属的尊重。因此，在管理中，领导者如果尊重下属，在决策过程中实事求是、不偏不倚，在不公正事件发生后能及时、合理地作出解释，就能在很大程度上提高下属的公正感，缓解员工对组织的不利态度和行为反应。

领导公正与领导其他行为要素之间有着非常紧密的关系。这在前文已有所论及，如领导公正与变革型领导、领导—成员交换关系、组织支持感之间的关系。领导公正与其他领导行为之间的关系研究，可以解释更多的领导现象。此时,领导公正可以被看成一种类似领导风格的变量,当其他领导行为与领导公正有关时,下属均会同时依据这些领导行为和领导公正判断作出反应,从而影响他们对领导者的认可和接受。值得说明的是,单独研究领导公正的主效应只是将领导公正和其他领导行为作为独立变量,分别预测它们对员工行为、态度的影响。但这是远远不够的,还需要考察领导公正行为与领导其他行为之间的交互作用,以及领导公正行为与下属特点、情境之间的关系。

三、领导公正的交互作用观

大量研究表明,程序公正与分配公正(或结果有利性)之间存在交互作用(Brockner & Wiesenfeld,1996)。结果越有利或越公正,程序公正的影响力越小。相反,结果越不利或越不公正,程序公正的影响力就越大。交互作用有助于我们考察一个变量在另一个变量不同水平上的变化情况。当交互作用存在时,单纯研究某个因素的作用是没有意义的,必须根据另一个因素的不同水平确定该因素的作用大小。对领导公正的交互作用分析有助于深入考察领导公正与其他领导行为之间的相互依赖性。例如,前文已述,程序不公正容易引发抗议行为,并且与分配不公正存在交互作用。这也就意味着,在抗议行为上,单纯地讨论程序不公正,而不交代分配不公正的情况,并不足以说明抗议行为发生的条件。

领导者的程序公正、分配公正与人际公正之间也会发生交互作用。例如,研究表明,领导者与成员发生冲突时,领导者的人际公正与分配公正、程序公正在问题解决方案的选择上存在交互作用(Rahim et al.,2000)。分配公正与建设性冲突解决策略有关,具体地说,如果下属的人际公正感低(如领导者不尊重自己、对领导者不信任等),但分配方案对自己有利,他们会倾向于建设性地解决冲突。然而,更强的效应体现在程序公正与人际公正的交互作用上。也就是说,如果下属体验到较高的程序公正感和人际公正感,他们会更加倾向于选择建设性的问题解决方案。此外,也有研究表明,在下属的报复行为上,人际公正与分配公正、程序公正之间存在交互作用。当三种公正感程度都低时,报复行为最恶劣(Skarlicki & Folger,1997)。

在程序公正或人际公正非常低的情况下,结果有利性与一些负性的自我意识情绪,如羞耻与内疚等内指向的情绪的相关程度非常高(Barclay,Skarlicki, & Pugh,2005)。相反,程序公正或人际公正只要有一项高,结果有利性与这些负性情绪的关系就都不大。研究者分析认为,在程序公正或人际公正非常低的情况下,下属会对结果不利作外部归因而不是内部归因,认为结果不公平是出于领导者的原因或分配程序的原因,而不是自己的原因,此时他们的内疚和羞愧程度会降低。相反,如果领导者人际公正或程序公正程度高,下属会对结果不利作内部归因,因而内疚和羞愧程度会提高。

交互作用的研究表明,领导公正可以被看成领导的一个重要组成部分。例如,下属自尊与程序公正关系特别大,即给予的发言权越多,下属的自尊与满意度越高,但前提是领导者要给予下属更多的鼓励和赞赏行为。此外,领导者的分配不公正会导致下属产生负面的情绪反应,但这种情况只会发生在领导者采用独裁、专制的决策风格时(De Cremer & Tyler,2005)。

四、领导公正的权变观

20世纪70年代左右产生的领导权变理论对当代的领导理论研究产生了深远的影响。心理学家费德勒(F. Fiedler)于1962年提出了有效领导的权变模型(孙健,2008)。费德勒模型把领导特质和领导行为的研究结合起来,将其放置在领导情境中考察领导的有效性。领导权变理论强调领导行为的有效性,而这种有效性取决于领导者与被领导者相互影响的方式,以及这种影响关系与领导情境的一致性。"权变"一词对应的是英文单词是"contingency",该词有"随具体情境而变"或"依具体情况而定"的意思。也就是说,领导者与被领导者的相互影响方式要随具体情境而定。可见,领导权变理论主要研究与领导行为有关的情境因素对领导有效性的影响。在不同的情境中,不同的领导行为有不同的效果,领导效果取决于领导行为、被领导者和领导情境,所以领导权变理论又被称为领导情境理论。这也就意味着,不存在一成不变的领导行为,领导有效性是多种因素共同作用的结果。

与主流的领导权变理论一致,领导公正的研究学者同样主张采用权变的视角理解领导公正对领导有效性的影响,并提出了领导公正的权变观点(De Cremer & Tyler,2011)。该观点的核心是领导公正行为和其他领导风格的交互作用。也就是说,领导者需要采取权变的方式发挥领导公正的作用。这类研究大都考察领导公正与领导情境中其他领导行为的关系,以及与下属特点、情境变量之间的交互作用(见图 5-1)。

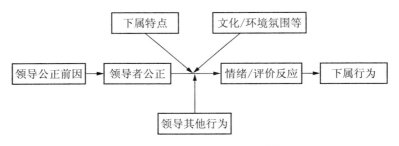

图 5-1 领导公正与领导有效性模型

＊资料来源:Van Knippenberg & De Cremer,2007,p.175

自我决定理论(self-determination theory)是美国心理学家德西和瑞恩(Deci & Ryan,1985)在 20 世纪 80 年代提出的动机理论,是一种强调人类行为的基本需要和行为内在动机的理论(皮特里,2005)。根据自我决定理论,德克里默(De Cremer & Tyler,2011)认为人类行为的基本需要有自主需要、归属需要、胜任需要、尊重需要等。有些领导行为或领导风格正好激发了下属的某个基本需要,并且这个基本需要只有公正才能够予以满足,此时公正规则是必须的。例如,程序公正、发言权是对胜任需要的满足,此时,领导有效性取决于领导程序公正的程度。领导者的尊重和信任是对人类尊重需要的满足,此时,人际公正非常重要。反之,如果领导行为与人类基本需要无关,公正则可有可无。可见,领导公正并非在任何领导情境下都是必须的,它的有效性是有条件的。也就是说,领导公正对群体成员行为和态度的影响取决于特定情境下领导者的领导风格对人类基本需要的激发和满足。

为进一步理解领导公正的权变观,下面从三个方面对其进行介绍:领导公正与奖励型领导授权行为、领导公正与魅力型领导风格、领导公正与交易型领导风格。

(一) 领导公正与奖励型领导授权行为

授权是非常重要的组织行为。授权能增加下属对工作任务的承诺,赋予工作以个人意义。加拿大教授孔格(Conger, 2004)从下属的角度界定了组织中的授权行为。他认为授权与被授权是一个心理过程,即授权是一种心理体验。授权行为透露的信息只有经过下属的认知加工,才能被下属接受、认可和理解。只有下属切实感觉到上级对自己的信任和授权,才能体现授权行为的有效性。下属被授权后感知到的授权感就是心理授权。心理授权的核心是自我效能感和控制感。研究表明(De Cremer & Tyler, 2011),有效的授权感能提高组织承诺、工作满意度、工作绩效以及组织公民行为,并很少出现职业倦怠等不良情绪和离职等消极行为。

授权型领导非常注重培养下属在工作中的自我意识,其中有代表性的一种授权行为就是奖励型授权。奖励型授权行为非常强调通过对下属自信和胜任感的培养,提高其自尊水平。具体表现为对下属的工作采取欣赏的态度,鼓励他们在工作中进行自我奖励,这一点与自我决定理论是一致的。自我决定理论认为,个体在探究情境的过程中,产生的胜任需要是人的内在需要,胜任需要是通过内在于活动本身的胜任感而获得满足的。德克里默(De Cremer & Tyler, 2005)认为,在这种情境下,领导者的程序公正显得非常重要。之所以如此,是因为奖励型领导风格的领导者能有效提高下属在工作中的胜任感。反过来,胜任感的提高必然会使下属对程序公正,尤其是发言权更为敏感。因为胜任感与自我效能感密切相关,而自我效能感会使下属特别在意自己在决策过程中的发言权。此外,这种领导风格也符合内在动机理论。因为内在动机理论主张个体自主地探究情境,并从成功行为中获得胜任感。内在动机理论强调行为的自我激励,因为不恰当的外在激励会将行为的动因由内在奖励变为外在奖励,从而破坏内在动机。工作中具有较高内在动机的个体,具有较高的工作胜任感、行为自主性和自尊水平。因此,奖励型领导可以通过程序公正提高自己的影响力。领导情境中自我奖励程度越高,发言权越重要。相反,在不鼓励自我奖励的环境中,有发言权和没有发言权的效果是一致的,员工对程序公正并不敏感。

(二) 领导公正与魅力型领导风格

魅力型领导是非常强调领导者利用自身的魅力鼓励追随者的一种理论(常健,2004)。韦伯认为魅力是领导者对下属的一种天生的吸引力、感染力和影响力。美国学者豪斯认为,魅力型领导者有三种重要的人格特质:自信、支配他人的倾向和对自己的信念坚定不移。组织情境中下属喜欢头脑清醒、高度自信的领导者,因为这些领导者有自己明确的目标,并相信自己有能力支持下属完成任务,能准确地评价下属的工作成果。这样的领导者对下属而言富有感染力,能激发下属的动机,使其保持较高的士气和工作绩效。与之相对应,领导者的自信和成功预期能影响和感染下属,使下属具有高度的自尊、自我效能感和控制感,在工作中富有主动性和参与性。

德克里默和泰勒(De Cremer & Tyler, 2005)认为,从程序公正的角度来说,如果组织领导者具有高度的自信和成功预期,那么其成员就会特别在意发言权,因为在这种领导风格的感染下,成员具有高度的控制感和自我效能感,使他们觉得自己有必要大胆地陈述自己的想法和观点。高自尊的人比低自尊的人更在意自己在群体中是否有发言权,其原因在于,高自尊的人具有更高的自我效能感,他们更愿意对决策过程施加控制。显然,在魅力型领导风格下,程序公正能大大满足下属的自尊需要和胜任需要。因此,组织中的程序公正显得尤其关键。

(三) 领导公正与交易型领导风格

交易型领导基于社会交易的观点,领导者和下属之间的关系是一种现实的契约行为,领导者与下属交换的主要是奖励、晋升、福利等物质层面的价值。因此,在交易型领导风格下,组织正式规章和决策制度能满足下属的物质需要。

交易型领导强调通过以偶然的奖赏为基础的交换方式来激励与领导追随者。有研究者分析了交易型领导风格下权变报酬对公正感的影响(Podsakoff et al.,2006)。通过分析领导者的奖励和惩罚方式,他们认为,领导者可以通过提高结果有利性来提高下属的公正感。结果越有利,下属的公正感就越高。所谓权变报酬是指领导者激励下属时,将给予下属适当的奖励和避免使用处罚作为诱因,当下属达成组织任务或依领导者指示完成任务时,则可获得相应报酬(陈文晶,时勘,2007)。领导者对下属可以采用不同的权变报酬,以达到激励的目的。权变处罚是指领导者对于没有达成任务或行为有偏差的下属,给予其纠正的机会,或通过惩罚来纠正其行为。研究表明,领导者的权变报酬会提高下属的分配公正感、程序公正感和人际公正感,但权变惩罚、非权变式奖励(或惩罚)与公正知觉的关系不大(Podsakoff et al.,2006)。而有些研究也发现(Ball,Trevino,& Sims,1994),领导者的惩罚会降低下属的分配公正感和程序公正感,领导采取类似于惩罚的控制策略会降低下属的人际公正感。

领导公正与当代魅力型领导理论、授权型领导理论以及交易型领导理论之间的关系说明,领导公正对结果的影响很大程度上取决于领导者如何通过决策程序的公正性对下属施加影响。这说明,领导公正与结果之间的关系受到领导者的其他行为、领导者的个人特点等因素的影响。除此之外,领导的有效性还取决于领导公正与领导情境、被领导者特点的匹配程度。

首先,领导公正要考虑被领导者的需要和特点。例如,研究发现,领导者人际公正与组织公民行为之间的关系受到下属自我约束能力的影响(Brennan & Skarlicki,2004)。当下属自我约束能力高时,领导人际公正才能产生有效的组织公民行为。又如,在领导认可上,领导者程序公正与下属自尊之间存在交互作用。也就是说,下属自尊越高,程序公正的领导者越能得到下属的认可(De Cremer,2003)。领导程序公正对下属情绪的影响,也受到下属归属感的影响。只有在归属需要比较高时,也就是下属对组织认同感比较强时,领导程序公正才会对下属的情绪产生影响。

其次,领导公正对组织行为的影响也要考虑到领导所处的文化和环境背景。权力距离是人们对组织中权力分配不平等情况的接受程度(陈京水,凌文辁,2012)。权力距离指数可以根据上级决策的方式是民主还是专制的、上下级发生冲突时下级的恐惧心理等因素来确定。一般来说,权力距离越大,对领导者的信任越低。但有研究发现,在权力距离指数比较低的情况下,对领导者的信任受到领导者程序公正和人际公正的影响,并且两者之间存在交互作用(Lee,Pillutla,& Law,2000)。领导公正的效果也与组织结构、组织的文化氛围有关。领导者人际公正程度越高,下属对领导者就越信任,但两者之间不是绝对的,它们之间的关系受到组织结构的影响。也就是说,与机械性组织相比,在有机性组织环境下,领导者人际越公正,下属对领导者的信任度越高(Ambrose & Schminke,2003)。领导者人际公正能有效地降低下属的职业倦怠感,但这种效果在人际公正的组织环境中更为明显(Moliner et al.,2005)。领导者人际公正对领导成员交换关系的影响在集体主义文化环境中尤其明显(Erdogan,Liden,& Kraimer,2006)。也就是说,在集体主义文化环境下,要建立良好的上下级关系,领导者需要更加注意人际交往中的尊重、礼貌和诚实。

总之,在组织或其他社会环境中,作为组织权威的代表和象征,领导者是公正的重要来源。研究者越来越意识到领导公正在有效领导行为中的作用。研究领导公正的主效应、领导公正与领导其他要素的交互作用，以及领导公正与领导情境的关系只是一个良好的开端。未来的研究需要进一步深入，如确定领导公正和领导其他行为之间的因果关系，以及领导公正随时间而发生变化的情况。此外，权变视角的方法代表领导公正研究在理论和实践上的重要发展。从理论角度来看，这些研究使领导公正不再处于领导理论研究之外，而是将自身包容进领导科学的范畴，有利于领导科学的进一步发展。从实践角度来看，研究领导公正与领导情境中其他变量之间的关系，不仅有助于从新的角度理解领导现象，而且有助于在实践中灵活运用领导公正方法，有效地激励下属，实现管理的目标。

本章回顾了领导与公正的相关研究以及泰勒等人有关权威合法性的研究。这些研究表明，当前的领导研究非常重视心理和行为因素对领导效果的影响。泰勒从心理学的视角解读了权威的合法性问题。它表明，权威的有效性在很大程度上受到领导公正的影响。也就是说，组织公正理论重新阐释了领导科学中的重要话题，即领导者不但要有能力，还要有威信，才能保证组织目标的实现。对领导者来说，拥有权力并不能自动地解决领导需要面临的问题，如下属的服从、资源的公正分配、群体问题的解决等。领导的有效性在于如何将制度权力和个人影响力结合在一起，而领导者的个人影响力需要通过公正的决策和分配体现出来。公正会影响下属的行为反应，因为公正会影响人们的群体认同和自我评价，消除个人的不确定感，这些心理直接决定了人们的工作表现和对规则的遵守。同样，当代领导科学本身也强调自我意识和身份认同过程对领导有效性的影响，如魅力型领导、变革型领导等。因此，抛却制度的因素不说，个人层面的领导和公正能潜在地形成人们对自我、组织和领导者的评价，进而影响他们在组织情境中的行为和决定。

第六章
组织公正与压力管理

富士康连连跳谁之过?

富士康是专业生产 3C 产品及半导体设备的高新科技集团,是全球最大的电子专业制造商,也是全球第一大代工厂商。自 2010 年 1 月 23 日富士康员工第一跳起至 2010 年 11 月 5 日,富士康一连发生 14 起跳楼事件,引起社会各界乃至全球的关注。自 2011 年至 2016 年富士康又有多名员工跳楼,富士康连连跳谁之过?

一方面,富士康采用森严的等级制度、绝对的服从制度、严格的纪律制度和严厉的惩罚制度相结合的军事化管理,把泰勒的科学管理发挥到极致,严格追求共性和标准化,把员工当作生产线上的机器;另一方面,在富士康工作的员工大多是 80 后、90 后的新生打工族,这代人多是独生子女,他们渴望获得尊重,得到关怀,而开始工作后,理想与现实的巨大差距让这些心理尚未成熟的打工者难以适应,感受到强烈的不公,造成巨大的心理压力,一旦压力无从排解便极易作出极端行为。

富士康的连连跳给我们的启示是深远的。如何才能避免此类悲剧的发生?需要建立公正合理的利益分配机制;建立高效的内部沟通机制,让员工能顺畅地表达自身的诉求……而这些恰恰是组织公正的核心内容。

(上述材料根据网络资料整理而成)

　　许多人都体验过无法接受的压力。压力可能来自个人的生活，也可能来自工作中的事件。研究表明，组织中的工作压力反应是长期累积的结果，如果还伴随有生活压力，会大大加重员工的压力反应。虽然必要的工作压力有利于提高工作效率，但是过多的压力会降低工作效率和质量，影响员工的身心健康。因此，如何对员工的压力进行正确的管理就成为组织无法回避的课题。当前，压力管理主要强调员工个人如何有效地应对压力，如何学会处理压力。为此，组织行为学者做了大量的努力，如开发压力测量工具、进行心理治疗、开展压力管理培训，等等。但很多情况下，仅采用个人应对策略是无法有效地应对组织中的所有压力的，并且很多压力来自组织层面，而不是个人层面，因此，需要从组织的角度进行干预和预防。接下来将从公正的视角来考察工作压力的成因以及如何有效地缓解压力，并从组织的角度提出公正行为在预防和降低员工压力中的作用。

第一节
压力及公正压力观

　　在工作中，员工会经常体验到压力，工作压力的发生率非常高。据调查，欧洲将近29％的工人认为工作影响其身体健康。在美国，压力也给组织带来了高昂的代价，每年因压力而造成的直接和间接损失高达1 500亿美元，如缺勤、工作效率降低、工伤、医疗保险、直接医疗费用等。工作压力给组织和成员带来了种种不利后果，那么什么是压力？公正与压力之间的关系是怎样的？

一、什么是压力

　　压力（stress）也可称为应激。在我们的日常生活中，随时随地都可能体验到压力。作为学生，当与同学关系紧张或期末考试来临时，都可能体验到压力。空气和噪声污染、交通阻塞、超负荷的工作,也会加重我们的压力感。虽然一提就知道,但对压力下确切定义并不那么容易。压力的概念比较宽泛,涉及生理、社会和心理等方面。一般来说,这个概念至少有三种不同的含义。

第一种,压力指那些使人感到紧张的事件或环境刺激。从这个意义上讲,对个体而言,压力是外部的。在本书中,我们倾向于将这种意义上的压力称为压力源(stressor)。

第二种,压力指一种主观反应,是紧张或唤醒的一种内部心理状态,它是人体内部出现的解释性、情感性、防御性的应对过程。

第三种,压力也可能是人体对需要或伤害侵入的一种生理反应。

以上三种定义都各有其侧重之处,但无论是心理状态还是生理反应,都必然伴随产生,不可能单独出现。所以,压力是一种主观的感受,是伴随着压力情景产生的身心反应。压力反应包括生理反应和心理反应,压力反应既有遗传的,也有习得的。在压力之下,人们往往会六神无主、食宿不安,身心发生剧烈变化。不管遭遇到何种压力,身体对压力的反应方式几乎是相同的,身体会在紧急情况下自动产生一系列的反应,如血压升高、手心出汗、心跳加速等。压力引起的情绪反应范围很广,例如愤怒、害怕、沮丧、焦虑、悲伤等,很多情绪会在压力情景下被引发。情绪反应与压力的关系如此密切,以至有研究者将情绪反应状态的自我报告作为衡量压力的指标。

医学研究者谢耶(Selye,1975)首先使用"压力"一词来描述身体的生理反应机制。谢耶认为压力是身体对加于其上的要求的非具体反应。谢耶提出了"一般适应综合征"(general adaptation syndrome,GAS),认为人们都有大致相似的对压力情境的反应模式,具体如图 6-1 所示。

第一阶段:警戒反应阶段。

第一次出现应激源时,警戒反应就会发生。个体处理压力的水平会降低(低于平时的绩效),但是随后人体会迅速寻求解决的方案并作出自我保护性的调节。如果方案有效,警戒就会消退,个体恢复到正常状态。

阶段1：警戒反应阶段　阶段2：抗拒阶段　阶段3：衰竭阶段

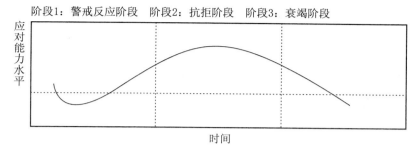

图6-1　一般适应综合征模型

第二阶段：抗拒阶段。

如果个体没能在第一阶段排除危机，致使压力源继续存在，那么个体将会调动更多的资源去排解压力。但问题是，个体必须花费大量的精力去解决危机。一般来说，最后多以放弃"反抗"告终。

第三阶段：衰竭阶段。

机体的能量是有限的，如果压力情境一直持续下去，个体的适应能力就会下降，直至精疲力竭，陷入崩溃状态。一般来说，那些自我弹性能力较强的人在第一和第二阶段停留的时间比较长，而那些自我弹性能力较弱的人很快就到达最后阶段。

谢耶（Selye，1975）认为，压力是非特异性反应，本身是中性的，同一压力源既可以是不良压力，也可以是良性压力。因此，压力反应存在个体差异，其反应性质取决于个人背景以及如何知觉情境。谢耶认为有两类压力：一类是根据压力的性质分类，包括不良压力和良性压力；另一类是按照压力的强度分类，包括压力过度和压力不足。组织中，压力的强度要适度，同时应尽可能提供良性压力。这是一种非常完美的压力体验，意味着工作是有挑战性的，而不是令人厌烦的不良刺激（Cavanaugh et al.，2000）。

二、公正的压力观

不公正感与压力的关系非常复杂，它是一个复杂的心理过程。接下来主要从亚当斯(Adams，1965)的公平理论和拉扎勒斯等人(Lazarus & Folkman，1984)的认知评价理论视角来分析公正的压力观。

(一) 公平理论

亚当斯的公平理论强调公平感是相对的,即人们会将自己的所得与投入之比和参照对象进行比较。如果个人感到自己得到的报酬在同等投入条件下比参照对象少,就会产生不公平感。这种不公平感会引起人们情绪上的愤怒和困扰,相应地,也会引起消极的行为反应,如减少工作投入,甚至辞职。

不公平是一个人应得与实际所得之间的差距。这一点与压力的概念非常接近(Vermunt & Steensma，2005)。压力是指环境要求超过了个人的应对能力或应对资源时产生的威胁感。组织中,员工常面对的压力包括:冲突、上司或组织对待员工的方式不妥当、缺乏安全感、公司政策变动、同事关系不佳、目标模糊、沟通不良、工作任务变动、薪水低、加班、工作任务重、劳动时间长、办公条件差、人际冲突、与顾客发生纠纷、缺乏合作等。个人能否有足够的应对资源,取决于资源分配的过程和结果。因此,环境需求可以看成分配事件的组成部分。如果资源分配不公,阻碍目标的达成,便形成压力。上述常见工作压力源中很多都出自分配不合理,如工作任务重、劳动时间长、加班、目标模糊等,或资源分配不足,如薪水低、办公条件差等,或人际对待方式存在问题,如上下级关系不良、人际冲突、同事关系不佳、缺乏合作等。一个人经历不公平或不利的分配结果后,他会减少努力,力求恢复公平,如怠工、降低工作质量等。根据公平理论,压力来源于在组织中体验到的不公平感,不公感越强,个体体验到的压力越大。

(二) 认知评价理论

拉扎勒斯等人(Lazarus & Folkman，1984)认为,事件是否为压力源取决于我们对它的认知评价。如果认为事件是挑战性的而不是威胁性的,那就构不成压力。认知评价理论是关于压力与应对的理论模型，因此又被称为压力与应对的认知评价理论。

认知评价决定了我们对事件的反应和应对，评价分为两个阶段：初次评价（primary appraisal）和再次评价（secondary appraisal）。初次评价是指个人认为自己受事件伤害的程度。如果认为自己没有受到伤害，该事件就不是一个压力源。而如果认为自己受到某种程度的伤害或威胁，就会产生再次评价。再次评价是指个人评估自己是否有足够的资源和能力避免伤害或减少伤害。如果个人觉得自己有能力化解该事件，则它不是压力源；如果个人觉得自己受到伤害，却又无能为力，则该事件就成为压力源。随着时间的推移，压力源通过时间逐渐累积不利的情绪体验，进而影响人的身心健康。可见，认知评价理论强调压力是有机体与环境之间交互作用的结果。环境中的压力客观存在，但对它的反应存在个体差异。

根据认知评价理论，分配不公正不一定是压力源，它取决于不公正事件对自己是否有害（初次评价），并且自己是否有能力避免这种伤害（再次评价）。也就是说，人们对分配不公正的认知解释决定了对它的反应。除此之外，与不公正事件相关的个人已有经验，个人能否获得社会支持，以及个性、能力、努力等方面的个体差异，均会影响个体对压力的体验和反应。

第二节
组织公正与压力源

压力源是客体或环境事件，包括环境的客观刺激和需求，在工作场合中它是指工作条件、工作负担、人际关系等因素。根据拉扎勒斯的认知评价理论，环境刺激或环境需求是客观存在的，人们对它们的解释决定了它们是否构成压力。组织行为学家对工作中的压力源进行了大量的研究。工作中的压力源有多种形式，几乎所有工作环境中的任何事件都可能成为某人的压力源。接下来主要从组织公正的视角讨论压力源的种类，以及压力源与组织公正对组织或个人后果的影响。

一、资源分类与工作压力源

佛蒙特等人（Vermunt & Steensma，2000，2005）将工作压力源与福阿等人（Foa & Foa，1974）的资源理论结合起来，从资源分类的视角对工作中的压力源进行了分类。这有助于我们更好地从组织公正的角度来考察工作压力源。

社会交换理论认为，资源是个体从环境中获得的任何有价值的事物，凭此可满足个体的自身需要，如被爱的感觉、得到经济上的援助等（乐国安，2009）。事物对人是否有价值因人而异，在一个人看来重要的东西，另一个人可能认为一文不值。人在获取资源的同时需要付出交换的成本。交换成本是个人与他人交换过程中的付出或产生的负性结果，如付出的时间、体力、精力，以及与之伴随的冲突和责难等。人们将自己所获的资源以及与之对应的付出与参照对象进行比较，就会产生公平或不公平感。

福阿等人（Foa & Foa，1974）将资源分为六种类型：爱、地位、信息、金钱、货物和服务。爱是爱慕、温情，表明接受和喜欢他人。在工作情境中，爱可以被看成保持良好的工作关系，如上下级关系、同事关系等，个体从中可以获取价值感和尊重感。地位是尊重和敬仰或身份的表现。在工作情境中，地位是相信自己的能力和努力，如工作中对决策的参与权和发言权。信息是对客体或事实的熟悉程度，表现为劝告、意见或教导。工作情境中的信息是指经验或信息交流，表现为合理的工作目标和明确的评价标准。金钱是薪水或收入，表现为工资和奖金。货物是有形物品、商品或产品，如工作设备、办公条件或工作条件。服务是为身体、财产等提供帮助的有关活动，表现为有形或无形的支持，如为工作提供帮助和便利、组织和上级为员工提供社会支持、人际交往中无歧视和偏见等。佛蒙特等人（Vermunt & Steensma，2000）认为，这六种资源可分为物质资源（金钱、货物）和非物质资源(爱、信息和地位)，服务则处于两者之间。资源可以给予他人，也可以拿走。例如，上司可以晋升某位下属，也可以撤销他人的职位(地位)。资源也可以分为正性资源和负性资源。例如，薪水是正性的物质资源，罚款是负性的物质资源。

　　工作中的压力源有很多分类，佛蒙特等人(Vermunt & Steensma，2005)认为，福阿的资源分类大致可以与以下四类压力源对应起来：工作内容、工作条件、就业状况和社会关系。工作内容是工作包含的任务类型，如内容单调、责任重、要求模糊等。工作条件是指工作的环境特点，如噪声、空气污染等。就业状况与工作的社会地位和职业状况有关，如工资水平、职业前景等。社会关系与社会影响力有关，如成员关系、决策的参与程度等。压力源与资源类型之间的对应关系见表 6-1。

表 6-1　工作压力源的分类与资源的类型

压　力　源	资源类型
工作内容	**信息、货物**
工作负担过重、过轻，或工作复杂	
工作单调乏味，责任重	
工作危险，工作要求模糊或矛盾	
工作条件	**货物**
环境有害，条件恶劣(噪声)	
特殊的工作姿势，体力要求高的工作	
环境危险，卫生条件差	
保护措施缺乏	
就业状况	**金钱、地位**
倒班工作，收入低，职业前景黯淡	
工作不稳定，缺乏保障，无固定劳动合同	
社会关系	**服务、爱**
领导力差，社会支持低	
决策参与程度低	
自由散漫，歧视	

＊资料来源：Vermunt & Steensma，2005，p.393

佛蒙特等人(Vermunt & Steensma，2005)认为，组织中的压力源与福阿等人的资源分类有关。工作内容压力源是货物匮乏,信息缺失。就业状况压力源是金钱匮乏,社会地位低。社会关系压力源是服务落后,缺乏爱心。有些压力源与分配结果有关,如薪水,有些则与分配程序有关,如参与决策等。有些压力源很难断定它们是分配的还是程序的,如领导力差可以被看成服务不理想和支持不够,然而谁来做员工的领导者是组织分配的结果,因此,领导力又可以看成分配结果。甚至还可以将领导者看成与程序公正和人际公正均有关,如任人唯亲、对待下属傲慢无礼、存在偏见和歧视。此外,情境和个人的相互作用决定了压力源究竟属于分配结果还是分配程序。例如,当工人不能参与决策,并认为自己也确实不应该参与时,参与权是结果,而不是程序。但如果工人要求参与决定劳动时间时,参与权或发言权就是程序,而不是结果。

工作压力源分类有助于我们考察组织资源交换中的公正性问题,将工作压力源与组织公正的研究结合起来,这为考察组织公正和工作压力源对组织和个人结果变量的影响打下了基础。但佛蒙特等人并未明确指出组织情境中工作压力和组织公正感如何对结果变量产生影响,这尚需进一步分析。

二、工作压力源与组织公正的影响过程

如前所述,谢耶将压力源分为良性压力和不良压力,佛蒙特等人(Vermunt & Steensma, 2000)认为社会资源有正负之分。工作中性质不同的压力源会影响员工的工作绩效和工作满意度。例如,适当的良性压力有助于动机的唤醒,激发人们对环境的适应能力,从而维持一定水平的工作唤起状态。只有压力过大或不良压力才会引起机体的不良反应,从而影响工作绩效。从这种思路出发,有必要从组织公正的角度考察组织情境中压力源究竟引起了什么样的公正评价或公正判断,从而对个人的工作绩效产生影响。也就是说,组织公正感在压力源与工作绩效之间究竟发挥着什么样的作用,其影响过程是什么。

卡瓦诺等人（Cavanaugh et al.，2000）以管理人员为调查对象，发现工作环境中有两类压力源会影响管理者的工作满意度和行为意图：一类是挑战性工作压力源（challenge stressors），它与积极的工作满意度具有正相关，与离职等行为意图具有负相关；一类是障碍性工作压力源（hindrance stressors），它与工作满意度具有负相关，与离职等行为意图具有正相关。可见，组织中的压力源有好有坏，能够对组织中员工的工作态度和工作行为产生不同的影响。卡瓦诺等人指出，挑战性工作压力源是指工作环境中与工作要求有关的环境事件，如工作负荷、时间管理、工作复杂性、工作责任等，这类工作压力源与个人的学习和成长、未来的成就有关。障碍性工作压力源是指组织环境中阻碍个人成长和个人进步的环境事件，包括角色冲突、角色模糊、组织政治、官僚习气和工作不安全感等。

在卡瓦诺等人的压力源分类的研究基础上，张等人（Zhang，Lepine，Buckman，& Wei，2014）提出了一个关于压力源与组织公正感的综合模型。该模型认为，组织背景中的组织公正感、领导方式在压力评价和压力应对过程中分别起着中介作用和调节作用（如图 6-2 所示）。该模型有助于我们理解组织背景和个人背景下工作压力源的作用过程，下面予以详细介绍。

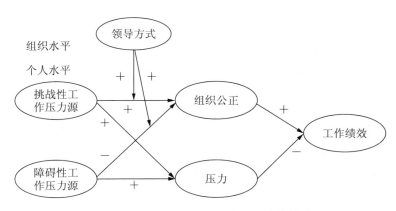

图 6-2 工作压力源、组织公正感和工作绩效关系图

* 资料来源：Zhang，Lepine，Buckman，& Wei，2014，p.676
（注："＋"代表正向影响关系；"－"代表负向影响关系）

如图 6-2 所示,工作压力源对员工的工作绩效会产生影响,但这种影响不是直接的,而是通过组织公正感对工作绩效产生间接影响。也就是说,组织公正感在压力源和工作绩效之间起中介作用。在组织中,压力源大都来自组织层面,尤其是领导者的行为,因为领导方式或领导风格会影响评价者对环境压力事件的评价和解释。因此,它在压力源和组织公正感之间起调节作用。

压力会造成个体无差别的非特异性应激反应,导致个人能量的消耗,引起焦虑、抑郁甚至职业倦怠等心理反应。根据张等人(Zhang,Lepine,Buckman,& Wei,2014)的观点,上述障碍性和挑战性工作压力源均会引起压力反应,但产生的作用不一样。障碍性工作压力源比挑战性工作压力源更容易引起压力感,因为消极事件比积极事件更容易导致心理应激反应系统的唤醒。相对障碍性工作压力源,挑战性工作压力源也会引起个人的压力感,但这种压力感主要表现为个人的动机唤醒,进而对工作绩效产生间接影响。压力对工作绩效的间接效应表现为压力源作为刺激物,会影响组织公正感,并通过组织公正感对工作绩效产生影响。组织公正感在压力与工作绩效之间起中介作用。此处,张等人将工作绩效分为五个维度:任务绩效、帮助行为、发言行为、创造行为、反生产行为。

根据参照认知理论,压力事件会引起个体对环境事件的评价和责任归因。例如,个体会根据结果有利性和决策程序对压力事件进行评价性反应,从而作出公正判断。压力会引起个人压力感,导致认知、情感和身体资源的消耗。但障碍性工作压力源是阻碍工作目标达成的因素,一般为组织中的不良压力。它表明环境要求过多,超过了个人的应对能力,或投入得不到应有的回报,因此破坏了社会交换的互惠原则。显然,个体会作出判断:障碍性工作压力源是不公平的。相反,挑战性工作压力源也会引起个人压力感和能量消耗,但由于这种压力一般是良性压力,与个人的成长与进步有关,因此,挑战性工作压力源唤起的压力感与个人工作的义务感有关,并且个人的投入会得到应有的回报,如个人成长与进步。挑战性工作压力源的投入与回报是一致的,符合互惠的资源交换原则,因而被认为是公正的。

工作中的压力源大都来自组织层面,常与领导者有关,因为领导者影响员工对压力事件的反应方式和对压力情境的解释。例如,研究者采用自由访谈的方法,要求员工列举在组织中经历的压力事件(Vermunt & Steensma,2005)。结果发现,员工指出的压力事件大都来自领导者,包括缺乏信任、强调等级关系、缺乏关心和体贴、缺乏赞许和不正确的批评等。从组织公正的角度,上述行为大都可以看成与分配和分配程序有关的行为。例如,缺乏赞许、不正确的批评是不恰当的负面报酬,属于结果公正的问题;缺乏信任、缺乏关心和体贴以及强调等级关系等都可以看作程序公正问题;缺乏关心和体贴、强调等级关系实际上是一种对他人的变相羞辱,可以看成对下属缺乏尊重,属于人际公正的范畴。可见,领导的行为都直接或间接地影响着员工的公正判断。张等人的模型吸纳了这一观点,因而将之作为压力源与公正感和压力感之间的调节变量(如图 6-2 所示)。

上述模型得到了一定程度的验证。张等人(Zhang, Lepine, Buckman, & Wei,2014)在研究中选取了 339 名员工及其上级作为样本,结果发现,领导风格不同、压力源类型不同,组织公平感和领导力的作用机制也不同:(1)交易型领导能减轻障碍性工作压力源对工作绩效的消极影响,因为这种领导削弱了障碍性工作压力源与组织公正感之间的消极关系;(2)变革型领导能增强挑战性工作压力源对工作绩效的积极影响,因为这种领导促进了挑战性工作压力源与组织公正感之间的积极关系。

三、不公正感与压力反应

压力主要在三个领域发生影响:生理的、情绪的和行为的。压力反应的症状具有共性,如一般适应综合征,但反应的发生具有个体差异,受到情境知觉、过去经验、社会支持、个性等因素的影响。下面分别从慢性压力

(应激)与个体差异的视角来阐述工作压力的影响。

（一）慢性压力

组织情境中,危害最大的是慢性压力,而不是急性压力。人们都希望受到公正的对待,如果发生不公正事件,人们会感到震惊、激动。这种不公正的经历是压力的重要来源,但在组织生活中,短暂而激烈的不公正事件毕竟是少数。相对于突发且短暂的急性压力,持续时间长的慢性压力是员工面临的主要压力。那些看似波澜不惊的微小事件是慢性压力的主要来源,构成了个体的心理困扰。

例如,同一个学校毕业的同学,和你进入同一家公司,从事类似的工作,但对方成为部门负责人,而你默默无闻,此时你是否会感觉到压力?成功地完成一个项目,为公司做了很大的贡献,本以为领导会大大奖励你一番,但没想到领导什么也没做,此时你是否会感觉到不公平?研究者采用问卷调查的方式,询问工人有关工作和身体健康状况的问题。结果发现,与报酬合理的人相比,感觉报酬不合理、不公平的工人普遍体验到更高水平的情绪衰竭。这些工人也存在更多的健康问题,请假的次数也更多(Taris et al.,2001)。分配不公正感会造成人们的消极情绪反应,并且随着时间积累,最终影响其身体健康。这些都是慢性压力的例子。很多事情看似不是大事,但累积在一起,长期得不到解决,便会对个人的健康和幸福造成影响,身处其中的人又很难察觉压力的存在及其产生的原因。

在生理上,慢性压力表现为应激激素水平的提高,导致的生理反应包括血压增高、心率加快、出汗、呼吸困难和肠胃疾病加重等,在心理和行为上则表现为适应不良。慢性压力的情绪反应包括易怒、焦虑、抑郁、低自尊、智力功能变差、工作满意度降低等。慢性压力的行为反应包括绩效水平下降、缺勤、病假、高事故率、高离职率、沟通困难等。

慢性压力对个体的身心健康的影响,具体表现为以下几点:

首先,压力反应长期、持续地唤醒,会导致压力反应系统的过度损耗。

一般认为，身体的压力反应系统不适宜保持长时间的唤醒，过度损耗会导致系统的崩溃，如一个人极度亢奋之后会感到筋疲力尽。通常，一个正常人很难长时间保持情绪亢奋的状态。超出一定程度的持续唤醒对身体是有害的，如长时间的开车。

其次，长期暴露于同一类压力源下会导致压力反应系统适应，不再对刺激作出应答，这被称为习惯化。慢性压力会导致对压力源的去习惯化，即同一压力源的每次呈现都会导致压力反应系统的高度唤醒。例如，一个害羞的人被要求每周在公开场合讲话，他每次都会体验到压力感和紧张感。又如，同事会因很小的一件事而紧张不已，该人很可能处于慢性压力之中。

再次，慢性压力会导致应激激素水平升高，无法回归原有水平。此时身体处于超负荷状态，如血糖、血压异常。例如，每次跟老板见面后的很长时间内都感觉手心发汗，心跳加快。

最后，对某些人来说，慢性压力会导致个体无法正常地面对正常的压力。我们需要正常的压力反应来维持身体的正常功能，但慢性压力导致压力反应系统无法正常地工作，处于衰竭边缘，没有足够的应激激素来应对压力，如心理衰竭时应激激素的水平要低于常人。

总之，慢性压力对身体和心理都会造成伤害。抑郁和心理衰竭通常与慢性应激有关，而在抑郁和心理衰竭之前，人们通常都会表现出焦虑。面对持续的压力源，其每次来临前，人们会建立对压力的预期，而这种预期会导致应激激素的重复释放，这就意味着更多的心理损耗。

（二）压力反应的个体差异

压力与压力反应之间受到很多因素的调节，如情境知觉、社会支持、过去经验、个性等。例如，有研究发现，大五人格的五个人格维度（外倾性、神经质、开放性、宜人性和尽责性）均调节了不公正感与压力之间的关系（Vermunt & Steensma, 2001）。又如公正世界信念，即相信所处的世界是公正的,人们得其所应得,所得即应得。很多研究者都强调了公正世界信念在压力应对中的作用。具有较高公正世界信念的个体一般将压力事件当成挑战性任务,而公正世界信念较低的个体将压力看成一种威胁。高公正世界信念的个体一般较少对事件做破坏性评价,更多地看到其良性成分,因此经历不公正事件时具有较低的身心压力反应。

佛蒙特等人(Vermunt & Steensma,2005)特别分析了压力的归因方式对压力反应的影响。如前所述,压力是指当个体感知的环境要求与其自身能力之间出现不平衡时所产生的身心体验。这种体验可分为威胁性评价和挑战性评价。威胁性评价是指个人体验到环境的要求超越了个人能力,由于个人能力无法满足环境的需要,个人因此体验到一种强烈的无助感或愤怒感。无助感源于个人将压力归因于个人的缺点,如能力等稳定、不可控的内在原因;愤怒感源于个人将压力归因于他人的决策等外部原因。归因方式的不同导致了随后的压力反应的不同。

内部归因通常表现为自责,而外部归因表现为他责。自责者的行为和他责者的行为是完全不同的。自责者试图逃避当前的情境,如请假、旷工、辞职等。他责者试图找他人讨回公道,会报复甚至攻击。他责可以采取个人归因,也可以采取角色归因。在个人归因中,如果将不公正归因于某个人,个人就会采取报复行为,包括职场暴力、攻击行为、反社会行为等。个人是否采取报复行为取决于能否改变环境或缓解压力。如果不能,则会产生更高的压力,因为报复等越轨行为会产生额外的负担,进一步破坏个人与组织和领导之间的关系。报复等越轨行为基本上属于无效的压力应对方式。

角色归因指向的对象不是加害者本人,而是指向加害者在组织中扮演的角色,这一角色通常是某个部门的负责人。大多数负责人既是上司,也是下属,因此他们有双重身份。组织中的中层领导者一般承受双重身份带来的两种不同压力。一种压力来自更高层,要求负责人完成组织的使命,如节省成本等。另一种压力是要考虑下属的疾苦。换句话说,中层领导者承担效率和公平的责任,这种双重身份对下属来说会造成分配不公正和程序不公正。

第三节
组织公正与压力的心理模型

　　组织公正与压力的关系研究始于 20 世纪 60 年代。根据亚当斯的公平理论,分配不公正感会给个体带来压力,引发一系列不利后果。这些不利后果包括不公正感带来的情绪和行为反应,如愤怒、减少工作投入等。随后,研究者更为深入地研究了压力与公正的关系。

一、不公正感整合模型

　　吕特和梅西克(Rutte & Messick,1995)提出了不公正感整合模型,用于解释不公正感及其反应。该模型认为人们并非时刻关注公正问题,只有公正问题成为突出事件时,员工在组织中的态度和行为才会受到公正判断的影响,并根据公正的规则对分配结果和分配程序进行判断,在此基础上形成的不公正感会影响员工随后的认知和行为反应。该模型认为,公正判断包括三个成分:结果评价、压力和压力反应(如图 6-3 所示)。

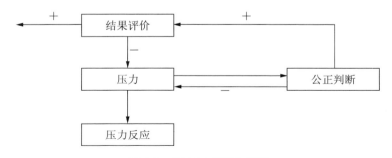

图 6-3　不公正感整合模型

＊资料来源:Rutte & Messick,1995,p.241
(注:"＋"代表正向影响关系;"－"代表负向影响关系)

(一) 结果评价

结果评价是公正判断的前提条件。只有在结果不利的情况下,人们才会判断分配的公正性。结果包括工资、晋升、表扬、工作任务、批评或解雇等。组织决策的后果无论是否具有有利性,都可以看成结果。

结果评价不仅取决于结果本身,而且取决于评价的参照对象。人们可以跟他人的结果进行比较,也可以选择与自己过去类似的结果进行比较。吕特和梅西克认为(Rutte & Messick, 1995),结果评价受个人目的的影响,因而会产生认知扭曲。例如,一个员工在跟上司讨论自己的工资时,可以跟那些资历与自己一样,但工资比较高的人比较,也可以跟资历比自己低,但工资跟自己一样的人进行比较,其目的就是用结果的不利性向上司施压。

(二) 压力

结果的不利性会导致个人压力,进而促使人们开始关注结果的公平问题,这一点与相对剥夺理论和公平理论一致。具体地说,结果不利性导致的压力主要受以下四个因素的影响(Rutte & Messick, 1995):(1)结果的效价,失去比获得引起的压力更大,公正判断的动机更强;(2)理想与现实的差距,差距越大,压力越大;(3)结果的个人重要性;(4)不利结果的突发性和非预期性。

压力伴随着公正判断,公正判断主要回答三个问题:结果是否公正?谁承担分配责任? 分配结果会对个人在组织中的地位产生什么影响?

破坏公正的规则就会形成不公正感。分配公正遵守以下三条规则:公平原则、平等原则和需要原则。

程序公正是指分配决策的公正性,包括程序公正的六个规则:一致性原则、控制偏见原则、信息准确原则、可更正原则、代表性原则、伦理性原则。此外,还包括三个与人际公正有关的规则(Folger & Bies, 1989):(1)反馈,信息反馈及时;(2)解释,给出决策的理由;(3)礼貌,人际对待方式。

上述规则如果被有意破坏,并且没有给出解释,会对个人在组织中的地位造成严重的影响。这意味着个人在组织或决策者眼中社会地位低下,从而严重损害个人的自尊和自我价值感,使之失去对决策者的信任,不再相信决策者的公正性。吕特和梅西克(Rutte & Messick,1995)认为,所有的公正规则实质上都是平等观:同样的投入获得同样的结果;当前分配与过去一致;程序上对所有人平等。任何对规则平等性的破坏都会引发不公正感。

公正判断的结果反过来会影响最初的结果评价。如果个体认为自己受到了公正的对待(程序公正),那么结果评价会被调整。个体会认为结果虽然不利,但并非因为程序不公正,因此个人不会有压力,也不会对组织产生不满情绪。而如果个体产生程序不公正感,那么结果的不利性会引发压力感,进而对组织产生不满,从而引发一系列后果。

(三)压力反应

在吕特和梅西克的模型中,不公正反应造成的压力反应分为认知反应和行为反应。根据亚当斯(Adams,1965)的观点,在分配不公正的情况下,为了减轻不公正感产生的压力,个人会在认知上对自己或他人的所得和投入之比进行认知扭曲,或更改比较对象。而在极端不公正的情况下,为了减轻压力,个人还会采取其他一系列的认知应对策略(Rutte & Messick,1995):(1)改变参照对象进行下行比较;(2)想象更恶劣的结果;(3)发现当前事件有利的一面,将其当作学习或成长的机会;(4)提高自尊,采取心理防御机制。

消极的认知和态度又会引发消极的组织行为。最初,亚当斯(Adams,1965)认为压力会产生三种行为反应:增加或减少个人努力;增加或减少个人收入;离开组织。随后的研究陆续增加了压力的行为反应,包括降低生产效率、离职、破坏行为、报复、不服从上级安排、抗议、旷工、拖延等。需要注意的是,消极的行为反应是缓解压力的应对方式。员工增加或减少自己的努力,是个人的应对方式。但增加或减少个人的收入,与组织有关,是组织层面的应对。而这一点,吕特和梅西克的模型中并未涉及。

　　吕特和梅西克的模型中也没有提到不公正感引起的身体压力反应。实际上，不公正感也会引起明显的身体压力反应。例如，与预期相比，收入过高或过低都会引起员工明显的生理反应。又如，以教师为对象的研究发现，分配不公正感一般会造成以下几种身体反应：生病、健康总体状况差、与工作有关的健康问题、衰竭（Taris et al.，2001）。

　　人际公正感作为压力事件对健康也有重要的影响。有研究发现，病假与人际不公正感之间存在显著的关系（Elovainio et al.，2002）。程序不公正与人际不公正导致的压力反应包括情绪不稳定、抑郁、注意力困难等。

二、压力与应对的整合模型

　　在拉扎勒斯认知评价理论的基础上，泰珀（Tepper，2001）根据组织公正理论提出了一个压力与应对的整合模型。根据认知评价理论，泰珀认为，在压力形成过程中，个人一直在监控事态的发展。在初次评价阶段，个体根据事件是否影响自己的利益或幸福，对事件进行区分：一类是威胁性的，一类是良性的。如果是威胁性事件，个体会在再次评价阶段，根据自己的应对资源或应对能力对事件的威胁程度进行再次评价。威胁性事件是指某一事件影响自己的幸福，超出了个人的应对能力或应对资源。良性事件是指某一事件虽然影响了个人的幸福，但个人有充足的资源和足够的能力应对，该事件是对自己的挑战。如果是威胁事件，再次评价就会激活个体的心理和行为反应，并评估这些心理与行为反应能否有效地降低威胁。在这里需要指出，对事件是否具有威胁性的判断存在个体差异。同一件事，对一个人是威胁性的，对另一人却可能不具备威胁性。评价过程决定了事件的个体差异性。

　　在泰珀看来，程序公正和分配公正均会引起压力反应，但两者在压力产生过程中所起的作用不一样。如果压力是分配不公正引起的，初次评价会在得失的基础上评价事件的威胁性，并将分配不公正视为对自尊和自我效能感的威胁。由于不公正分配对自尊和自我效能感具有消极的影响，因此再次评价中将这种对自尊产生威胁的不公正事件视为压力源，它引起了个体的压力与应对反应。此外，初次评价、再次评价与程序公正均存在联系。程序公正具有工具性价值和非工具性价值。程序公正的工具性价值是指公正的程序会作出有利的结果分配。在初次评价阶段，不公正的程序意味着个体失去了发言权和对结果的控制。控制感的缺失被个体视为对未来分配不公正的威胁。程序公正的非工具性价值是指程序具有价值表达功能，意味着个体在群体或人际关系中的地位。公正的程序意味着组织对个体的尊重，个体作为群体有价值成员的身份得到了确认，而不公正的程序意味着个体得不到组织或组织权威的支持。因此，在再次评价阶段，不公正的程序剥夺了员工两个重要的应对资源：自我效能感和社会支持。

　　程序公正与分配公正不仅单独影响压力的心理和行为反应，而且两者的影响之间存在交互作用。程序公正对压力反应的影响随结果公正程度而发生变化。如果结果不利，程序公正对员工的压力反应的影响大，因为对不利结果的公正判断取决于导致这些结果的程序是否公正。程序表明组织对正确的行为会兑现承诺，对错误的行为会作出惩罚，从而使个体建立对未来的预期。如果程序公正，就表明组织是可以信任的，此时不利结果引起的压力反应会大大降低。反之，如果程序是不公正的，就表明在未来的分配中无法信任组织，此时不利结果引起的不公正感会大大提高，从而导致个人强烈的压力反应。例如，程序不公正对自尊的影响，取决于结果是否公正。如果结果公正，程序不公正对自尊的影响将大大降低。同样，程序不公正会引起员工的压力反应（抑郁、焦虑、情感衰竭），但这取决于结果是否公正。如果结果公正，程序不公正对员工的抑郁反应影响便不是很大。可见，结果的得失引起初次评价，分配不公正表明个人利益受到了威胁。如果受到了威胁，再次评价会调动个人的应对资源，此时，程序提供的信息表明个体是否有足够的资源来应对威胁。

　　佛蒙特等人（Vermunt & Steensma，2001，2005）提出了另外一种看法。他们认为，判断程序和结果的不公正是否具有威胁性还需要其他信息作为线索,否则它们都是不具有威胁性的,或良性的。一旦不公正被知觉为是威胁性的,再次评价会调动可利用的资源有效地应对威胁。例如,员工认为分配结果不公平,威胁到他们的合理收入,并且员工从多种渠道得知减薪的决策程序是不公正的。于是,两者结合起来形成了一个压力情境。此时,有效的应对策略是对决策程序提出质疑。但如果决策程序被认为是公正的,那么此时的结果不公正不是威胁,而是挑战。有效的应对策略是加倍努力。如果短期内通过努力加薪无望,员工就会深陷压力之中。此外,无论结果是否公正,员工都会评价分配程序。因此,公正分配有时也会引发压力,但前提是它的程序是不公正的。当然,相较不公正的结果,公正的结果引发的压力要小得多。在大多数情况下,员工会同时获取分配结果和分配程序的有关信息,此时,他们是同时处理这两种信息的。在共同处理的过程中很容易发生交互作用,并共同影响初次评价的形成。工作负担重(分配不公正)、人际关系差(程序不公正)会激起员工最强烈的压力反应,相反,让员工觉得没有压力负担的一般都是工作负担合理、人际关系处理得当的组织环境。此外,有研究发现,程序公正与分配公正的交互作用存在性别差异。分配不公正(任务完成时间不充裕)、程序不公正(没有发言权)的显著交互作用只出现在女性被试组中,男性被试组中这一交互作用并不显著(Vermunt & Steensma, 2005)。总之,在压力情境中,分配公正和程序公正都会引起员工的压力知觉,进而导致其压力反应。

综上可见,感觉到收入不合理或感觉到分配不公正,只是造成压力反应的条件之一。除了分配结果,人们对组织中使用的分配程序也非常敏感。对不利结果的公正性判断取决于导致这些结果的程序是否公正。如在法庭上,被判有罪的判决是否公正,取决于判决程序是否公正。程序公正体现为,被告有权在法庭上为自己辩护,并且认为法官认真考虑和真正理解自己的辩护。程序不公正,如认为决策程序存在偏见或不准确,或认为领导跟自己过不去,故意造假,等等,此时人们不仅认为程序不公正,而且认为结果也不公正。

　　由于程序公正感会影响分配公正感，根据认知评价理论，在程序不公正的情况下，分配的结果不利性就会成为压力源。在初次评价过程中，人们会搜集信息，评估受事件损害的程度。由于人们对分配结果（如工资）的差异非常敏感，他们会非常敏锐地寻找事件发生的原因。在这种情况下，程序的公正性能帮助人们解释分配不公正的原因。

　　如果程序公正，人们会认为从长期来看，自己的利益不会受损。也就是说，如果人们认为程序是公正的，就会认为组织的行为是为自己的长期利益考虑的，即使在某一阶段存在结果不公，在未来自己的损失是可以弥补的。相反，如果人们认为程序不公正，就会产生担忧，如是否存在偏见、工资政策为什么不能公开讨论等。这种程序即使从长期来看，对个人肯定也是不公正的。因此，在这种情况下，分配不公正和程序不公正共同成为应激源，给个人造成压力。

　　程序公正和分配公正在压力反应上的交互作用表明，由不公正程序导致的不利结果比单纯的结果不利性更易造成个人压力。有研究者以荷兰卫生部门一线员工为调查对象，考察他们面对组织变革时的压力体验。研究中的压力指标是工作焦虑和职业倦怠（Janssen，2004）。结果发现，在分配公正和程序公正都低的情况下，组织变革带来的压力最大。可见，在组织中收入或分配不公正的情况下，人们会根据组织情境提供的信息对结果进行解释。当发现分配不公正是程序不公正导致的时候，他们就会体验到较大的压力。此时，分配不公正是一个重要的压力源，进而引起了人们一系列的应激反应。

三、互动公正与压力反应模型

　　如前所述，根据压力的认知评价理论，只有个人感觉自己无能为力，无法应对压力时，才会产生压力反应。这就涉及再次评价，即个人判断自己是否有能力改变压力局面。再次评价涉及组织公正的第三种形式：互动公正。互动公正指的是人际对待方式的公正程度。它表明程序和结果的合理解释，以及个人受到尊重的程度。例如，面对不公正的分配程序和分配结果，为改变自己的不利局面，员工会与自己的上司或组织的其他领导人物进行沟通。在这种情况下，领导者的反应非常重要。因为领导者是组织的代表和象征，也是员工可以指望的人。领导者的反应在某种程度上是对员工的社会支持，可以帮助他们更好地应对不利的压力局面。

如果领导者在解释分配结果和分配程序时态度恶劣、漠不关心，对员工缺乏应有的尊重，忽视员工的尊严，也不给出合理的解释，员工就会感到强烈的互动不公正感。此时，员工跟领导者交往后受到的伤害可能更深，感觉自己得不到组织的任何支持。压力不是变小了，而是变得更大。相反，如果领导者能对分配决策作出合理的解释，并给予员工应有的尊重，保护员工的尊严，员工会感觉到自己是组织的重要成员，体会到自我价值感和组织对自己的认同感。此时，尽管程序和分配都不公正，但能在很大程度上缓解他们的压力反应。

据此，格林伯格（Greenberg，2004）将互动公正作为一个独立的变量加入压力反应的范畴。如图6-4所示，不公正感与压力反应之间的关系会经历如下过程：(1)程序不公正，通过初次评价证实了伤害；(2)互动不公正，主要指组织或领导者的人际处理方式，意味着没有补救措施（再次评价）。

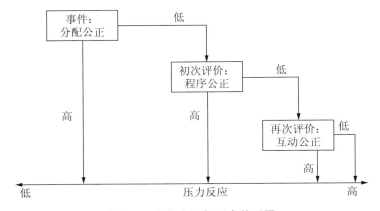

图6-4　组织公正与压力关系图

＊资料来源：Greenberg，2004，p.358

格林伯格（Greenberg，2004）以护士为研究对象，研究了工资调整后不公正感对压力反应的影响。实验中以睡眠质量作为压力的行为指标。结果发现，程序不公正感和结果不公正感均会影响护士的睡眠质量。随后，实验者对其中一家医院的主管进行了互动公正训练，训练内容包括学会倾听、沟通真诚而坦率、给予对方尊重和保护对方的尊严等。相反，对另一家医院不做实验处理。研究发现，在结果和程序都不公正的条件下，随着时间的推移，两家医院护士的睡眠质量都出现了明显下降。但在适应过程中，互动公正感能有效地缓解程序不公正和结果不公正带来的不利后果。经过互动公正训练的医院，护士睡眠质量的改善明显好于另外一家。这说明，程序不公正感和结果不公正感会导致压力反应，但互动公正感能有效地缓解压力反应。对管理来说，在不改变工资政策的情况下，领导者通过互动公正的方式就能取得很好的效果，这无疑具有管理上的成本优势。

第四节
组织公正视角的压力管理

世界上不存在绝对的公正，我们能做到的是相对的公正。在组织生活中，员工根据自己的付出和贡献获得回报和奖赏，遵守组织制定的各项规章和政策，与各种人物建立性质不同的人际关系。在这一过程中发生不公正事件在所难免，但这并不意味着不公正是正常的，更不能因为不公正而让员工深陷压力之中，背上沉重的心理负担。在组织生活中，很多不公正事件都与组织有着千丝万缕的关系，有些甚至直接来源于组织，这是员工个人层面无法解决和移除的压力源。对组织来说，应着重思考如何进行有效的压力管理。对此，研究者陆续提出了很多压力应对策略（Vermun & Steensma，2001，2005；Greenberg，2004），值得我们去思考。

一、结果公正与压力管理

首先，要重视并避免报酬不合理的现象。所谓不合理，是指员工的投入与所得不对等。如前所述，报酬不仅仅意味着物质报酬，而且意味着精神奖励和社会赞赏。有时候，最重要的报酬可能是社会赞赏。哪怕只是一些口头鼓励或公开表扬，也能表达对员工工作的认可。如果员工的努力长期被忽略，得不到别人的赏识，缺乏社会认可，就会失去工作的价值感，这也在无形中贬低了员工的地位。此外，员工不仅重视报酬的合理性，而且注重与其他成员的比较。与其他成员相比，所得与投入的比值高或低都会引起员工的压力反应，长期来看，这会造成职业倦怠。所得与投入的公平性能有效地降低员工的压力和压力反应。例如，从个人层面来看，所得低时，员工会降低自己的投入来保持心理平衡，如怠工、交涉、投诉等。从组织层面来看，组织应采取各种手段与员工保持沟通，给予其社会支持，避免无谓的心理损耗。

其次，要通过各种补偿手段恢复结果公正。根据亚当斯的公平理论，结果不利主要是相对于投入，所得偏低。此时，恢复公平的手段就是减少投入或增加所得。个人恢复公平的方法就是减少投入，因为决策一旦作出，个人很少有可能改变组织的分配决定，增加自己的所得。相反，组织恢复公平的手段就是增加回报，以此来恢复公平。例如，考虑到贡献和工作能力，组织理应晋升某位下属，但因种种原因，如财政支出问题或暂时无合适的领导岗位，而无法实现晋升。佛蒙特等人（Vermunt & Steensma, 2001）认为，采取其他分配手段来恢复结果公正被称为补偿。在公司等各种组织机构中，补偿是常见的现象。作为补偿，组织可以在征询下属的意见后，安排其承担更重要的职责，或从事更具有挑战性、趣味性的工作。这种安排是一种补偿，目的是增加所得。例如，某公司的区域经理本应调入总部，担任公司其他重要职务，但由于种种原因没能实现，随后，他被安排拥有更高的决策权，薪水也大幅度地提高。这种补偿也许不能完全恢复公平,但相对什么都不做,会大幅度降低不公平的消极影响。如果没有补偿,该区域经理会深受打击,身心疲惫,陷入苦恼而不能自拔,现有职位对他来说也不再具有吸引力和挑战性。结果公正会影响员工对程序公正程度的判断。有时,分配程序本身不公正,但分配结果对员工是有利的。此时,员工对分配程序的公正判断是积极的,也就是说,对员工而言,因为结果是有利的,所以程序的公正感大大提高。佛蒙特等人(Vermunt & Steensma,2001)将这种通过结果有利性来恢复程序公正感的现象称为赏识。

二、程序公正、互动公正与压力管理

在组织生活中,仅靠员工自身是无法有效应对不公平的压力的,组织(主要指上级)应通过其他的途径来帮助员工更好地应对压力,避免不公正事件恶化,使员工陷入不利境地。除了从分配公正的视角进行压力管理,也可以从程序公正和互动公正的角度进行压力管理。

程序公正感是对分配决策的反应。员工的程序公正反应包含一系列行为和心理过程:员工对程序不公正感的察觉,信息反馈,公正恢复行为,公正评价。这意味着管理者和上级在制定决策时应考虑下属的反应,必须时刻留意是否会造成员工的不公正感受。有时,不公正在所难免,但如果补救措施得当,会在很大程度上减少甚至消除不良的应激反应。

根据结果公正和程序公正的交互作用,结果不公正导致的压力感可以通过程序公正和互动公正给予补救(Vermunt & Steensma,2005)。通过程序公正来补救结果不公正的方法被称为合理化,即通过公正的程序使不公正的结果合理化。这说明,员工对结果的公正判断受到程序公正的影响。也就是说,相对于程序不公正,在程序公正的情况下,即使结果不公正,员工对结果公正感的反应也不会是消极的。由于结果不公正,上级和下级之间会暂时失去对彼此的信任,而此时最重要的是恢复彼此之间的信任。因此,克服结果不公正的方法是采取公正的程序,即合理化或解释。也就是说,只要程序公正，即使结果不公正，员工也会无话可说，上下级之间的信任也不会受到很大的破坏。很多研究都证实了合理化的作用。例如，在绩效评估中，以下措施会对随后的政策的实施具有积极的作用：合理的评估标准、精明懂行的评估专家、公正的评估方法、绩效评估面谈中的互动公正、培养下属的参与性等。在早期有关发言权的研究中，曾以员工是否能对决策发表意见，以及发言时间的长短作为合理化的指标（Folger et al.，1979）。结果发现，这种类似辩解或抗议的发言权能够有效降低员工的不公正感。

通过互动公正来恢复结果不公正的补救措施叫作缓解，这种方法主要发挥互动公正在压力应对中的作用。如前所述，在程序不公正和结果不公正的情况下，通过互动公正可以在一定程度上缓解员工的压力反应。在工作中，上级会根据一定的方法来分配任务和生产设备，这些分配方法也许是不公正的。上级，尤其是中层领导，经常面临效率优先的压力，在工作中或多或少会采用不公正的方法，这些做法对下属的利益和健康会产生不利的影响。此时，上级可以适当采取一些变通的方法，如互动公正，以恢复上下级之间的信任。例如，上级应注意避免打击下属，与下属建立良好的人际关系；在与下属相处的过程中，能够保持谦虚、平易待人；对下属表现出足够的真诚、关心和尊重等。这些方法都可以称为缓解措施。

缓解措施最重要的功能就是为员工提供社会支持。在组织中，人与人之间关系的冷漠、长期的人际冲突、非个人化的工作关系，都会造成彼此的隔阂和敌意，最终削弱社会支持的功能，而社会支持至少可以从三个方面降低员工的压力感受。首先，可以让员工觉得他们自己是有价值的，这就可以提高员工的自尊，并且使其认为自己有能力处理压力。其次，社会支持也可以提供信息，从而帮助员工解释、理解甚至消除压力源。最后，来自他人的情感支持可以直接缓解员工的压力体验。具体来说，从程序公正和互动公正视角进行压力管理的措施如下：

（一）解释

在很多时候，员工对分配政策和制度并不是很清楚。通常情况下，员工持有一种阴谋论，特别是分配不公正时。此时给出决策的理由就非常关键（Greenberg，2004）。问题是，决策和结果的解释需要注意传递什么样的内容，以及解释过程中传递了什么样的人际信息。

首先是对分配决策和结果的合理解释。在解释的过程中，能够做到改变员工的认知，重新构建对分配决策的理解，赋予决策和分配结果以新的意义，从而帮助员工达成对组织的理解和认可。解释本身也具有价值，这种行为本身会传递有关员工身份和价值的信息，让员工认识到自己对组织的重要性。这些做法能有效地缓冲不利结果带来的压力。在解释的过程中，不能掩盖不公正，而要做到实事求是。

其次是采用什么样的方式进行解释。在沟通过程中，领导者要展现人际公正性，要做到态度真诚。态度生硬、冷漠会大大降低解释信息本身的效能。领导者应充分理解当事人的立场，报以共情和关心的态度。成功的领导者能把握机会，把不利变有利，展现自己正直、公平的一面，使下属感受到自己提供的社会支持，有效地缓解压力反应。

（二）发言权

从程序公正的角度来说，发言权能大大提高程序的公正感和决策参与感，增强员工对决策和结果的认可和接受。发言权的关键是形成控制感，包括结果控制和过程控制，表明员工对结果的可控性，增强其自尊和自我效能感，因此发言权具有工具性价值。但发言权也有非工具性的价值，即具有价值表达的功能。有发言权是一回事，实际决策是另一回事，但这并不会影响发言的效果。根据认知评价理论，再次评价的关键是评价自己能否应对压力情境，发言权提供了个人对结果的控制感，因此能有效地增强个人应对压力的信心。与此同时，发言权提高了自我效能感，降低了个人无助感，而无助感是压力的重要来源。

控制感一般与自我效能感和成就感有关。具有强烈责任感的人一般会频繁体会到控制危机和较重的工作负担。控制感存在问题，一般反映的是个人有超越职权的责任感。它的通常表现就是压力，即个人感觉自己具有完成某项任务的使命感，但又感觉自己无能为力。控制感的长期缺失会引起员工的职业倦怠感。

从互动公正的角度来说，发言权反映了权威人物对员工的尊重，承认他们在组织中的价值。也就是说，人们发言是因为他们本人需要得到尊重。发言权提高了人们对组织的认可，反过来，也证明了组织对他们的接受，这种价值感和认可感大大降低了人们可能存在的压力反应。需要注意的是，给予发言权，就必须认真考虑对方的意见。毕竟员工表达自己的意见和建议是希望它们能被认真考虑，一旦他们发现自己的观点和意见并未得到领导者的足够重视，或领导者压根没考虑过自己的意见，就会认为自己不被尊重，受到极大的打击。此时危害将更大，还不如不给发言权。然而，这并不意味着员工的任何建议和意见都要认真考虑，因为员工的意见也要合理。但在拒绝的时候，一定要说明拒绝的理由，给予充分的解释，并在沟通中充分尊重对方。

（三）信息准确，无歧视和偏见

错误的信息会导致不利的结果，会引起员工强烈的情绪反应和对组织的不满。其传递的信息就是组织不做正事，自由散漫。即使错误的信息导致了有利的结果，员工也不一定领情，因为这反映了公司在决策上欠缺公正。程序不公正会给人带来一种对未来的不确定感，由此产生压力。

组织在决策上要杜绝厚此薄彼，避免偏见。决策有偏见反映了领导者的动机不良。歧视行为会造成一系列的不利后果，不仅当事人深受其害，旁观者也会报以同情。同时，麻烦制造者会危害整个组织，因为人们对这样的领导行为充满了不确定感。这种对权威人物行为的不确定感会使员工对组织行为失去信任，从而加深其对压力事件的压力反应。

在决策过程中力求信息准确，保证不偏不倚，不仅针对的是当事人，同时也是对他人的一种警告。因此，在决策过程中，领导者应尽量做到公正、透明,让别人无话可说。决策的公开与透明为员工提供了一种安全感,它意味着管理决策无隐瞒,愿意受到全体员工的监督。

(四) 充分利用奖赏的作用

奖赏是指个人通过努力工作而获取的回报,如薪水、表扬等。个人在组织中的回报包括物质奖励和精神奖励。有时候,最重要的是精神奖励,如公开表扬等。缺乏奖励说明个人努力被忽略,成果得不到别人的赏识。缺乏认可会失去工作的价值感,贬低员工的地位。一般而言,奖励不足会严重影响个人的自我效能感。

总之,组织中的不公正对员工身心健康存在不利影响。不公正的分配会对员工造成压力,引起职业倦怠,影响员工的工作绩效和身心健康,而不公正的程序和人际处理方式会进一步加重员工的压力反应。从压力的来源来看,员工的压力大都与组织中资源的分配有关。资源分配过程中一旦激发员工对公正问题的关注,其接下来的行为和心理反应就会连续发生。因此,压力管理的关键在于确定压力的成因和心理过程,压力管理的策略是组织干预和个人应对技巧的相互结合,从而有效地降低员工的压力和压力反应。关于压力与公正之间的关系,尚有很多问题需要进一步探讨,如现有研究大都是相关性研究,实验室研究较为匮乏,并不能充分说明公正与压力之间的因果关系。但有学者指出,职业倦怠主要与个体长期处于压力状态有关,而在很多组织因素中,公正是效果最好的干预方式(Maslach et al., 2001; Hakanen et al., 2011)。例如,为提高公正感,研究者让员工每周讨论如何采取有效措施避免工作中的不公正现象(Dierendonck et al., 1998)。结果发现,一年之后,员工的公正感得到很大程度的提高,情绪衰竭现象也大大降低。公正不仅能帮助员工更好地应对压力情境,而且能很大程度上缓解压力反应。总之,工作压力与组织公正之间存在密切关系,不公正增加了压力,公正减少了压力。在未来的研究中,需要进一步在不同背景中应用公正与压力的关系特点,以有效地减少员工的压力及压力反应。

第七章
组织公正与冲突管理

女秘书挑战易安信大中华区总裁

易安信是美国一家信息存储资讯科技公司。2006 年 4 月 7 日晚，易安信大中华区总裁陆纯初回办公室取东西，到门口才发现自己没带钥匙。此时他的私人秘书瑞贝卡已经下班，陆纯初试图联系她但未果。数小时后，陆纯初还是难抑怒火，于是在凌晨 1 时 13 分通过内部电子邮件系统给瑞贝卡发了一封措辞严厉且语气生硬的"谴责信"。

陆纯初用英文在邮件中说："我曾告诉过你，想东西、做事情不要想当然！结果今天晚上你就把我锁在门外，我要取的东西都还在办公室里。问题在于你自以为是地认为我随身带了钥匙。从现在起，无论是午餐时段还是晚上下班后，你要跟你服务的每一名经理都确认无事后才能离开办公室，明白了吗？"（事实上，英文原信的口气比上述译文要激烈得多。）陆纯初在发送这封邮件的时候，同时传给了公司几位高管。

两天后，瑞贝卡用邮件回复："第一，我做这件事是完全正确的，我锁门是从安全角度考虑的，如果丢了东西，我无法承担这个责任。第二，你有钥匙，你自己忘了带，还要说别人不对。造成这件事的主要原因是你自己，不要把自己的错误转移到别人的身上。第三，你无权干涉和控制我的私人时间，我一天就 8 小时工作时间，请你记住，中午和晚上下班的时间都是我的私人时间。第四，从进易安信的第一天起到现在，我工作尽职尽责，也加过很多次的班，我没有任何怨言，但是如果你们要求我加班是为了工作以外的事情，我无法做到。第五，虽然咱们是上下级的关系，但也请你注意一下你说话的语气，这是做人最基本的礼貌。第六，我要在这里强调一下，我并没有猜想或者假定什么，因为我没有这个时间也没有这个必要。"瑞贝卡将这封信发给了易安信中国公司的所有人，并且这封邮件被数千人转发，瑞贝卡在网络上也被称为"史上最牛女秘书"。

这一上下级之间的人际冲突虽有中西方文化差异的原因，但仔细分析下来，其实是组织公正规则被破坏了，包括程序公正的规则和人际公正的规则。

（上述材料根据百度百科整理而成）

组织一旦建立，实际上就是建立了一种组织成员之间互相依存的结构关系。人与人之间的行为受到各种规则、利益和资源交换关系的制约，当这种关系在互动的过程中发生认知偏差、目标分歧，或个人与组织的目标出现不一致时，冲突很容易产生。研究发现，领导者日常工作中处理人际冲突的时间大约占其工作时间的20%。这说明组织中人际冲突是非常常见的现象，也说明组织中的冲突管理是成功的领导者必备的技能之一。冲突是客观存在的，也是组织本身难以避免的，不能将之看成组织的一种病态现象。适当的冲突对于保持组织的活力和创造力非常重要，因此，当代组织行为学并不将组织冲突看成消极事件，而是采取一分为二的态度——既承认组织冲突带来的破坏的一面，又承认组织冲突带来的有利的一面，关键在于如何对之进行有效的管理。冲突产生的原因和解决的方法有很多，但组织公正无疑是其中非常重要的一个因素。公正既可能是引发冲突的原因，也可能是解决冲突的手段。

第一节

冲突及组织公正的冲突观

一、什么是冲突

"冲突"(conflict)一词来源于斗争(struggle),意指击倒。冲突在词源上来自拉丁语"conflicyus",意指一起争吵。在英语中,冲突意指打斗、战斗或争吵。

冲突的概念有很多种,涉及个人层面、人际层面和组织层面。例如,从个人层面来说,冲突是驱使某个人产生两个或多个互不兼容的反应时所处的状态;从人际层面来说,冲突是实际的反应与希望的反应之间互不兼容时产生的两个或多个社会成员之间的紧张程度(樊富珉,张翔,2003);从组织层面来说,冲突更多地表现为群体内人与人之间的纠纷。拉希姆(Rahim,2002,2008)认为,冲突是社会实体内部或社会实体之间出现的一种互不兼容或互相排斥的互动过程,它可以是个人层面、群体层面或组织层面的。从冲突管理的角度来说,冲突是社会实体内部或社会实体之间的一种冲突感,可以是个人层面的,也可以是组织层面的,冲突结果的积极性或消极性取决于对冲突的控制能力和管理能力(Awamlah,2013)。这个定义承认了冲突的知觉性质,涉及冲突水平、冲突形式以及冲突的影响,并指出了管理冲突的可能性。

二、冲突的形式

根据冲突涉及的个人、人际和组织层面,组织内的冲突形式大致有以下四种:

(1)自我冲突。自我冲突是指个人遭遇挫折、目标受阻的状态。自我冲突包括角色冲突、目标冲突、期望冲突、价值冲突或信念冲突。尽管这种冲突发生在个体内部,但在很多情况下,他人的态度和行为是产生个人冲突的主要原因。因此,个人冲突常常导致个人和他人的冲突。

（2）人际冲突。人际冲突表现为人与人之间的个性冲突、角色冲突、文化冲突、经济冲突和知识冲突等。人际冲突是组织中最常见的冲突,会影响组织内的其他人,因此,管理者需要重点关注人际冲突的消极影响,采取恰当的策略进行有效地管理,否则会导致个人效率和组织效率的降低。

（3）个人和组织的冲突。每个群体都要求成员遵守规章制度和行为规范。如果组织的目标与个人的目标互相抵触,或者个人迫于压力不得不遵守组织的要求,个人就会与组织产生冲突。个人与组织的冲突是指个人无法满足组织的要求,要么个人适应组织的标准,要么组织采取措施使之就范,因此引发冲突。这种冲突一般持续时间较长,是一个适应和被适应的过程。

（4）组织内的群体冲突。组织由各种群体构成,包括正式群体和非正式群体。功能群体属于正式群体,指构成组织结构的管理单元。非正式群体是成员基于兴趣而自发形成的群体。群体冲突是组织内非常常见的冲突,如生产部与销售部的冲突。

三、冲突的水平

冲突水平是指个人在组织中感觉到的分歧程度。员工感觉到的冲突水平的高低存在个体差异,包括高、中、低三个水平。理想的冲突水平是指最优的冲突水平,高于或低于该水平对组织都是不利的。研究认为,冲突管理需要考虑两种情况:一种情况是冲突水平过高,管理者需要降低冲突,使之达到最优水平;一种情况是冲突水平过低,管理者需要激发冲突,使之达到最优水平。表7-1列出了各冲突水平对应的组织特点、组织互动情况。

表 7-1　不同冲突水平对应的组织特点、组织互动情况

冲突情境	冲突水平	冲突结果	组织特点	组织互动
1	低	有害的	冷漠、僵硬、适应缓慢、缺乏创新、回避挑战	低
2	适中	有用的	活力、自我批评、适应、问题解决取向、锐意进取	高
3	高	有害的	随性而为、无合作、抵触、协调困难	低

＊改编自:Awamlah, 2013, p.69

由上表可见,过高或过低的冲突对组织都是不利的,只有水平适中的冲突才能保持组织的活力,维持成员间的积极互动。冲突水平适中的冲突,可以使成员敢于自我批评,能很好地适应组织的各项要求和规范。在冲突解决过程中,以问题解决为取向,而不是以各种报复行为和负面情绪为取向。整个组织充满锐意进取的精神。

四、组织公正的冲突观

费尔斯蒂纳等人(Felstiner, Abel, & Sarat, 1980)指出,冲突从潜在的状态转换为实际的行为跟人们如何解释事件有关。转换过程包括三个阶段:(1)指认阶段,在该阶段,个体意识到自己受到某种特定的伤害。(2)指责阶段,确认某人为加害行为负责。(3)维权阶段,个人试图补偿自己的损失,如报复行为、诉讼等。可见,从冲突的产生过程来看,一个人如何知觉、定义和解释冲突比冲突本身更为关键。

实际冲突的发生基于两方面的判断:首先,冲突或不利分配结果的个人直接体验,即判断自己的利益受到侵犯或受到不公正待遇。其次,结合自己的工作满意度和组织满意度,对自己的遭遇进行评估。这样就存在两种评估:一是对自己当下遭遇的评估;二是对情境和组织的总体评估。比斯和泰勒(Bies & Tyler, 1993)认为,这两种评估非常关键,因为它们会影响员工对权威决策的解释。

组织公正理论认为,人们不仅根据利益的得失对组织决策作出反应,

而且会对决策行为和决策过程的公正性作出评价。这并非是说结果的有利性不重要，相反，组织公正理论非常强调结果在公正判断中的重要性，如公平理论，但结果的有利性和结果的公正性是两个不同的概念。组织公正理论认为，员工冲突的发生主要取决于组织是否破坏了公正规则，如分配公正的规则、程序公正的规则和人际公正的规则。

根据亚当斯的公平理论，分配公正是组织资源分配的公正性。在分配过程中人们遵循需要原则、公平原则和平等原则。这些原则的破坏会引起不公正感。在结果不公正的情况下，人们有两种恢复公正的方式：心理调适和行为调整。例如，如果晋升失败，感觉不公正，个体会改变自己的认知，如认为自己的晋升条件不够或认为自己确实无法晋升等，此时，冲突的可能性大大降低；在行为上，他们会选择组织内的投诉或冲突来应对晋升失败带来的挫折感、失落感。

程序公正是指资源分配过程中决策行为、方法和程序的公正性。如果破坏了程序公正的规则，人们就会感觉不公正，这些规则包括可更正、代表性、伦理性、一致性、信息准确和控制偏见。在程序公正的情况下，人们对分配结果或冲突的满意度和接受性会大大提高。反之，如果程序不公正，人们对分配结果或冲突的满意度和接受性将大大降低。根据泰勒（Tyler，1997）的观点，程序公正性是权威合法性的关键，特别是在结果不利的情况下。也就是说，面对不利结果或冲突，只要员工相信决策过程是公正的，权威的合法性就不会动摇，员工挑战组织权威的可能性会大大降低。因此，组织在资源分配中注重程序公正，意味着员工在面对不利结果或潜在冲突时，不大可能采取实际的冲突行为。

人际公正主要是指人们在人际交往中是否得到尊重，组织是否给予其应有的尊严。科尔基特等人（Colquitt et al.，2001）认为人际公正是有别于程序公正的一个独立维度。他们认为，在结果非常不利的情况下人际公正更为重要，如解雇、辞退员工等。根据组织公正理论，人际不公正会严重损害员工的尊严和自我价值感，使对结果的解释趋向于愈加不利的方向。例如,林德等人(Lind et al.,2000)发现,在解聘期间,管理者如果态度恶劣,使员工的尊严和自尊受到严重伤害,员工因终止劳动合同存在的问题而向组织索赔的可能性将大大增加。

因此,从组织公正的视角来理解冲突,冲突的发生主要取决于组织或者权威人物是否破坏了公正规则,如分配公正的规则、程序公正的规则以及人际公正的规则。

第二节

组织公正影响冲突的机制

归纳起来,组织公正对冲突问题的研究大致有两条路线:一条研究路线是员工对冲突的态度,主要考察不公正感导致的态度后果,如冲突的动机和意图;另一条研究线路是员工的实际冲突行为,如诉讼、报复行为等。这些研究大都表明组织公正感对冲突态度和行为的预测效果,即不公正感会造成组织冲突。莱文(Levine,1998)认为,不管冲突的结果如何,人们都会因为冲突而付出情绪代价。冲突涉及利益的得失,因此,即使冲突在表面上得到解决,甚至通过官方的渠道得到解决,但如鲠在喉的感觉会一直持续下去,特别是冲突引发的情绪反应,很难随冲突的解决而立即平息下去。例如,一个人失去晋升的机会,可想而知其内心充满愤怒和不满,他会在随后的很长一段时间内为竞争对手受到打击而幸灾乐祸,也经常为自己失去晋升机会而自责不已。这种事后的情绪反应在很大程度上需要靠公正来逐渐平息(Colquitt,Greenberg,& Zapata-Phelan,2005;Cropanzano,1993)。

然而,在论证组织公正与组织冲突之间的关系之前,尚需要理论来解释组织公正在组织冲突的产生和解决过程中扮演着什么样的角色。在此,我们主要结合参照认知理论(Folger,1986a;Cropanzano & Folger,1989)和报应公正(Bies,Tripp,& Kramer,1997;Folger & Cropanzano,1998)来说明这一问题。

一、参照认知理论的冲突解释

参照认知理论首先强调程序公正和结果公正对冲突的共同影响,并认为结果公正和程序公正在冲突产生中存在交互作用;其次强调不公正感引起的愤怒是冲突产生的重要前提。

(一) 结果评价与冲突

参照认知理论的基本观点是,个体会根据一定的参照标准对结果进行评价。如果结果不利,个体会通过反事实推理来追问冲突发生的可能性和应当性。首先,有些不利结果必然会发生。但是,在其他情境下,事情本来"可能"会更好,这就是目标受阻状态。例如,工人被解雇后感觉不满的地方是:如果组织采用其他组织通用的绩效考核标准,自己可能不会被解雇。员工会按照这种反事实思维来推断不公正的责任,如果推断出参照结果,员工就会根据实际结果和参照结果的差异作出反应,从而产生消极的情绪体验。反过来,情绪反应或动机反应的强度受到这种差异大小的影响。这种状态对冲突的发生而言是必要条件,但并不是充分条件。不利结果发生后,个体会寻找替罪羊。一旦找到替罪羊,受害者会追问:这种不利结果"应当"发生吗? 也就是说,个体会根据社会规范的标准对不利结果重新进行评价。此时,不利结果在道德上的不应当性成为宣泄愤怒的出口,最终引发冲突。抱怨者的立足点是,坏事降临的理由不充分,如果它必然发生,那么在道德上也必然不可原谅(Folger & Cropanzano,1998)。可以推理,如果证明了引发不利结果的行为是合理的,那么愤怒产生的可能性会大大降低。因此,不公正感的基础是为什么别人对你是不利的。可见,归因会影响人什么时候愤怒,进而影响什么时候产生冲突。不利结果一旦发生,只要当事人认为不是加害者导致的,就不会因此而愤怒。

在根据社会规范的标准对事件进行评价的过程中,参照认知理论结合了组织公正来说明不利结果的消极影响。该理论认为,程序公正、人际公正和结果公正在冲突形成中具有不同的作用。根据分配公正的规则,员工的所得与投入应当一致。例如,被解雇的员工应当是那些对组织没有多少价值的员工。但问题是,如果员工认为组织没有按照这个标准裁员,那些应当解雇的没被解雇,不应当解雇的却被解雇了,此时,员工的分配公正感会非常低,进而产生一系列破坏或敌意行为,如怠工等。这些行为起着补偿作用,目的是为了恢复结果公正感。

冲突产生过程中结果不公正与程序公正和人际公正存在交互作用。在认定结果不公正的情况下,如果进一步认定承担责任的加害者,不利结果引起的反应会更加激烈。福尔杰(Folger,1993)认为,员工对不利结果的反应受到两个因素的影响:结果的严重性和决策者行为的不恰当性。决策者行为的不恰当性是指不公正的决策行为或不尊重员工。他认为,决策者的不恰当行为会影响员工的程序公正感和人际公正感。例如,有研究表明,只有在程序公正和人际公正都低的情况下,结果公正感与组织报复行为才会存在显著的相关关系(Skarlicki & Folger,1997)。程序和人际都不公正的情况下,解雇员工引起的报复行为最恶劣,如法律诉讼。人际公正可以抵消或缓解程序不公正的效果,在人际公正的情况下,结果不公正和程序不公正引发冲突的可能性将大大降低。这就意味着,领导者的人际公正在人际冲突的解决中非常重要。关于这一点,我们将在下一节详述。

(二) 愤怒与冲突

在理论上,冲突是一种状态,是个人感觉目标受挫或感觉目标在未来可能受挫的一种状态(Folger & Cropanzano,1998)。此时,个人会采取手段和策略来弥补自己的损失,而冲突被看作一种弥补损失的手段。实际上,冲突的引发还需要其他条件。参照认知理论认为,一个人选择冲突而不是其他手段作为问题解决的策略,是因为不公正感引发了愤怒。

亚当斯(Adams,1965)指出,在分配不公平的情况下,不公平感会引起强烈的愤怒。比斯等人（Bies & Shapiro，1987）同样认为，行为的社会规范被破坏的情况下，不公正感会引起道德义愤。这种道德义愤会进一步引发针对组织的冲突行为，如报复、诉讼等。参照认知理论认为，不公正感产生之后会引发对加害者的愤怒情绪，并有可能引发冲突。

在结果不利的情况下，程序不公正会使当事人追问决策行为产生的正当性。如果认为参照对象会做到程序公正，而当前决策者没有，当事人就会把情绪指向当前决策者。通常情况下，不公正感引发的情绪体验是泛化的、没有具体所指的。但如果决策者成为消极情绪的指向对象，泛化的情绪就会变成具体的情绪，即愤怒。

根据施皮尔贝格尔等人（Spielberger，Jacobs，Russell，& Crane，1983；Spielberger & Reheiser，2009）的状态—特质愤怒理论，愤怒可以分为两类：对当前情境状态的愤怒和作为更稳定的人格特质的愤怒。前者为状态性愤怒，后者为特质性愤怒。状态性愤怒是指个体在特定事件中体验到的愤怒感觉，强度从烦恼或恼怒到暴怒和激烈的怒火（Spielberger，Jacobs，Russell，& Crane，1983；邵阳，谢斌，张明岛，2010）。与之伴随的是一系列的身体和行为反应，如生理上的肌肉紧张、心率和呼吸加快、血压升高，行为上的摔门、攻击、羞辱、威胁他人等。状态性愤怒被看成一种具有明确行为指向的动机唤醒状态，会促使人们采取恢复公正或公平的行为（Goldman，2003）。由于员工对不利结果的反应取决于决策者的行为，因此不公正感引发的状态性愤怒会引发针对决策者的侵犯态度和侵犯行为。

特质性愤怒指个体易于感知愤怒的个性倾向。特质性愤怒水平高的个体容易在各种情境中感到被激怒，因而更容易体验到状态性愤怒。施皮尔贝格尔（Spielberger & Reheiser，2009）认为，特质性愤怒对程序公正更敏感。特质性愤怒与情绪的压抑、表达和控制有关。例如，特质性愤怒水平高的个体在日常生活中在愤怒的强度和爆发频率上都较特质性愤怒水平低的个体高。又如，有研究者认为，个性差异会影响侵犯行为的表达方式，如吹口哨或赤裸裸地威胁（Folger & Baron，1996）。特质性愤怒水平高的个体在人际关系中处于不利地位,容易为负面的事件大发脾气。此外,特质性愤怒水平高的个体也容易将他人的行为归因于不良意图,因此更容易爆发冲突。结合参照认知理论和愤怒理论,戈德曼(Goldman,2003)认为,特质性愤怒在公正与冲突之间起调节作用,状态性愤怒起中介作用。

(三) 不公正感与冲突

参照认知理论实际上从认知和情绪两个角度探讨了不公正感导致的冲突过程。不公正感是冲突产生的重要原因,但并非冲突产生的唯一原因。也就是说,不公正感能引发愤怒,但愤怒和不公正感并非冲突产生的决定性因素(Folger & Cropanzano,1998)。冲突的实际发生是利益权衡后所做的理性决策。只有拥有足够的实力和成功的资源后,群体才会发动社会行动。马丁等人(Martin,Brickman,& Murray,1984)做了一个非常经典的实验。他们以女性管理者为被试,分为高、中、低三个不公正组。针对不公正,被试可以选择非法手段予以回应,如怠工等。结果发现,三组被试在非法手段的选择上并没有显著差异。因此,马丁等人认为,对冲突而言,相对于实力和资源,不公正感本身处于次要地位。

为了进一步阐明公正与冲突之间的关系,针对马丁等人的实验,克罗潘扎罗和福尔杰(Cropanzano & Folger,1991)也做了一个非常经典的研究。实验要求大学生被试参加广告战,由其中一个被试(实验助手担任的假被试)担任评判者的角色。实验助手作为假被试可以根据自己的评判给自己和被试分配兑奖券。有些被试的成绩评价非常不公平,因此分配的兑奖券非常少,而有些被试的评价比较公平,实验助手和他们平分了兑奖券。之后选择一部分被试承担评判者的角色,其评判的依据是被试广告策划书的撰写质量。1/3 的评判者评价实验助手,1/3 的评判者评价其他被试,1/3 的评判者不做评价。评价实验助手时,原先受到不公平对待的被试将大部分奖券给了自己。基本上,他们都对实验助手原先的恶劣行径给予了回击,但对其他被试,他们基本上都做到了公平分配,甚至放弃获得额外奖券的机会。另外,原先受到公平对待的被试,给实验助手更多的奖券,显然,他们并不想获得更多的利益。上述实验结束后,被试们(包括实验助手)模拟某假想基金的分配进行谈判。根据谈判的质量,被试均有机会牺牲实验助手的利益为自己争取更多的奖券。结果发现,原先公平组的被试在谈判中更加合作,更有可能接受均分的分配方案。不公平组则不同,只要有机会评价实验助手,不公平组的被试在谈判中就变得比较难缠,直到他们获得的奖券多于实验助手,感到公平后,才同意平均分配假想基金。实验发现,试验中的所有被试,包括不公平组,并不是为了要更多的奖券,而是为了得到公正。一旦获得公平感,奖券的分配也就公平了。

克罗潘扎罗和福尔杰的实验表明,不公正感可能会引起冲突,消除不公正感则可以相应地减少冲突。随后的大量研究也发现了类似的结果。结合前文的分析,在某些条件下不公正感可以引发组织冲突,公正感可以相应地减少组织冲突。提高或增加组织的公正水平可以相应地调整组织的冲突水平。但马丁的实验也说明,组织公正并非冲突产生的唯一原因。

二、报应公正与报复动机

学者普遍将冲突看成一个动态发展的过程,即冲突之所以从一种心理状态变为实际的行为,受到环境和背景的影响。同时,冲突的升级也是冲突双方相互作用的结果。冲突处理不当,会影响双方未来的关系。托马斯(Thomas,1976)提出,冲突过程可以分为挫折期、认知期、行为期和结果期。冲突结果反过来形成新的挫折和冲突的螺旋循环,使冲突不断升级或消减。鲁滨逊和本内特(Robinson & Bennett,1995)指出,冲突的过程包括五个阶段:(1)潜在对立,主要包括组织结构、群体中的利益和资源分配以及成员的个人变量,如个性、需要等。(2)个人认知,主要指事件评价和知觉,形成冲突感。(3)冲突意向,涉及冲突的处理策略,如竞争、合作、妥协、退让和顺应。(4)冲突行为,属于冲突的外显化,涉及冲突中自己和他人的行为，如暴力、诉讼等具体报复行为。(5)冲突结果，提高或降低组织或个人绩效。

从组织公正的角度来说，不公正是对当事人的一种剥夺，受委屈的人会遭受有形或无形的损失，如薪资、晋升、个人声誉、社会地位等方面的损失，致使当事人处于一种缺失状态。为了弥补损失，找回失去的东西，当事人会采取某种行动来填补自己的缺失，从而恢复公正和平衡，这就是报复(Folger & Cropanzano，1998)。报复是由不公正造成的，反过来，它也是恢复公正的手段。这种建立在报复基础上的公正被称为"报应公正"(retributive justice)。

如果说实际的人际冲突始于个人的某种不满，参照认知理论就阐释了个人内心冲突产生的心理过程，包括对冲突事件的公正评价以及不公正感引起的消极情绪反应。可以说，不公正感为潜在的冲突行为做好了准备，但并未解释冲突从一种心理状态转化为实际行为的过程。人的行为是受动机支配的。组织中，实际冲突行为背后的动机在很大程度上与报复动机有关。员工的组织满意感与工作绩效之间的关系可以称为组织公民行为。员工的不满意感会导致一系列的消极行为，包括不公正感引发的针对组织的惩罚性行为，它被称为组织报复行为(Skarlicki & Folger，1997)。组织报复行为意指不满的员工在组织内针对上级或雇主的不公正行为作出的惩罚性反应。从后果上看，组织报复行为不一定是外显的攻击性行为，但在有害性上不低于此类攻击性行为。

比斯和特里普等人(Bies & Tripp，1995；Bies，Tripp，& Kramer，1997)围绕不公正与报复行为之间的关系展开了大量研究，首先提出了报应公正模型，说明了报复如何从一种不满的心理状态转化为报复行为。随后，特里普等人(Tripp，Bies，& Aquino，2007)又据此提出了公正警戒模型，用于说明报复行为的选择和影响方式。下面我们主要介绍报应公正模型，随后结合公正警戒模型说明报复行为的表现及其影响因素。

（一）报应公正模型

比斯等人（Bies & Tripp，1995）将不公正引发的报复过程比作热动力事件（如图 7-1 所示）。根据他们的观点，报复包括三个阶段：启动事件阶段、升温阶段和冷却阶段。启动事件是指导致事件发生的火花，它引起了事态的升温，形成了张力。该阶段发生的事件主要造成人与人之间的信任被破坏。升温阶段是指当事人认知和动机的改变阶段。升温阶段至事态平息，温度降低，称为冷却阶段。出于报应公正的需要，当事人可以选择的平息事态的方式有多种，如采取激烈的方式（暴力、争吵），或采取温和方式（谅解、宣泄），甚至采取社会退缩行为。

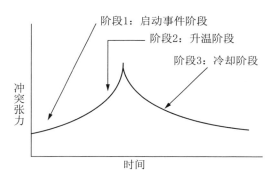

图 7-1 报应公正模型

* 资料来源：Bies，Tripp，& Kramer，1997，p.20

1. 启动事件阶段

比斯和特里普（Bies & Tripp，1995）采取质性访谈的方式，对 90 名工商管理硕士进行了访谈，其中男性 61 人，女性 29 人，平均工作年限为 3.2 年，他们全部为在职人员。访谈内容是让他们描述对同事采取报复行为的动机过程，研究者从中总结了一系列引发报复的事件。大致来说，这些事件可分为两类——公民秩序和社会认同，启动事件导致了信任违背（violation of trust）。

成员的义务以及组织对成员的行为预期被称为公民秩序，它是组织中成员关系的黏合剂。公民秩序的破坏是指破坏社会规则,违背组织对成员的社会预期,践踏成员应当履行的义务。公民秩序的破坏大致包括三类事件。第一类事件是较为严重的规则破坏行为。规则破坏行为是指破坏了人与人之间的约定,其中违背组织的正式规则是严重的信任违背事件。例如,领导者随意践踏组织规则,晋升不够资格晋升的人。此外,员工对违反合同或规则的事后改变是极为愤怒的。比斯和特里普(Bies & Tripp,2005)发现,程序不公正时,规则破坏行为比目标受阻更容易引起报复。第二类事件是破坏诚信事件,如逃避责任、待人不诚实、出尔反尔、撒谎、泄露别人的秘密等,主要是指不符合主流道德观和社会规范的行为。第三类事件是权力滥用,如腐败、不尊重下属等。报应公正通常被认为是处理这类事件的常用手段。也就是说,需要采取必要的手段使这些破坏公民秩序的行为受到惩罚,恢复公正。

同样,除了公民秩序,社会认同也是重要的因素。社会认同主要是出于个人身份认同的需要。人身攻击、破坏个人的社会认同或社会声誉的事件必然会引起报复。比斯和特朗普(Bies & Tripp,2005)认为,当众批评、羞辱、不公正的指责等均会引起报应公正的需要,进而引发报复的动机和行为。

组织要保持正常运转,人与人之间需要最起码的信任。其成员必须履行自己应尽的义务,并遵守最基本的社会规范,体现对他人的尊重,信守人与人之间的承诺。如果不能做到这一点,人际合作根本无从谈起,整个组织就会陷入无序状态。破坏组织正式或非正式的行为规则,不守信用,以及滥用权力都会被视为对公民秩序的破坏。任何行为只要破坏了公民秩序,也就相应地对群体造成了威胁,进而影响了成员的利益。同样,损毁他人的声誉,侮辱别人的人格,都是无法容忍的。无疑,破坏组织公民秩序和影响他人社会认同的行为必然会遭到惩罚。

2. 升温阶段

如果没有有效地处理启动阶段的事件,就会导致冲突事态的升级,进入升温阶段。在升温阶段,信任违背事件会进行认知评价,包括归因和信息加工。

　　在升温阶段,责任归因发挥着重要的作用,包括加害者的行为责任归因、角色责任归因和组织责任归因。行为责任归因是指受害者判断加害者的行为是否与伤害行为存在因果关系。如果认定加害行为是出于加害者的自私和恶意,一般会采取报复行为。如果受害者相信加害者是出于上级压力或其他外部不可控的原因作出伤害行为,一般不会做个人内部归因;加害者如果能及时道歉或作出解释,受害者一般不会采取报复行为。如果受害者认为加害行为出于加害者的非个人外部归因,但得不到加害者的合理解释,此时,受害者一般会转而作出个人内部归因。此时,对加害者施加报复的可能性会大大提高。

　　如果上级或组织权威人物违背了成员对他们的社会预期,就会受到成员的谴责,这就是角色责任归因。成员会根据伤害程度作出评估,对该角色人物作出报复,如怠工、投诉等。组织责任归因是指人们认为组织应为加害者的伤害行为承担一部分责任,起码,组织应该对其有一定的约束力。

　　在认知上,升温阶段中个人的认知和动机会发生改变,情绪处于白热化。此时,成员会变得极其愤怒,思维上极具冲突色彩,如戴着有色眼镜看待他人的行为,认知上总是认为他人的行为是自私的、恶意的。伴随着上述认知,个人的认知会发生进一步的变化,比斯和特里普等人(Bies, Tripp, & Kramer, 1997)称之为冲突偏见。在报复过程中,个人的行为是被动消极的。也就是说,个体把自己的行为看成对他人恶意行为的反应,以他人的错误证明自己的报复行为具有合理性。一旦积非成是,就形成了彼此之间的偏见,双方基本上不可能认识到自己在冲突中的错误,而是互相苛责对方。一方的报复引发另一方的反击,最终导致冲突的不断升级。

　　3. 冷却阶段

　　冲突到达一定阶段后逐渐平息,事态开始缓解,最终进入冷却阶段。

根据冲突的表现方式，冷却的方式有很多（Folger & Cropanzano，1998）。

　　首先，最激烈的方式就是冲突的爆发，这是一种强烈的报复行为，如采取司法诉讼、申诉、公开谩骂，甚至人身攻击等方式表达自己的愤怒。其次，较为温和的冲突解决方法是宣泄，如加倍努力地工作，或向朋友倾诉、报复性想象等。但宣泄也并非理想的冲突解决方式，宣泄应该是建设性的，而不是破坏性的，否则会进一步引发愤怒，使实际冲突更有可能发生。再次，冲突还有可能随时间的流逝而平息，如冲突导致双方筋疲力尽进而放弃或私下协商。最后，当事人也有可能原谅对方，使潜在的危机无法成为现实，毕竟报复是需要花费巨大代价的。当然也可以采取回避行为，如社会退缩行为（辞职、消极怠工）。

（二）公正警戒模型

　　特里普等人（Tripp，Bies，& Aquino）于2007年提出公正警戒模型，认为冲突的解决方式包括和解、报复、回避和原谅。该模型指出，个人具体选择哪种冲突解决方式受以下几个方面的影响。首先，个人对加害行为的严重性、加害者的动机和不公正程度的评估。这相当于前文所说的费尔斯蒂纳等人（Felstiner et al.，1980）提出的指认阶段。其次，评估的结果决定了受害者对加害者的指责程度。加害者导致的事件越严重，越不公正，对受害者的指责越强烈，受害者报复的动机就越强。最后，报复手段的选择，包括报复、回避、和解和原谅。受害者的报复动机越强，选择报复的可能越大，和解和原谅的可能越小。至于具体选择哪种报复手段，还受到其他因素的调节，比如权力大小、程序公正和个性差异等。特里普等人着重指出，这些因素影响了个人在报复手段的选择和报复的表现形式上的差异。

三、简评

　　报应公正模型主要说明报复行为从一种心理和认知状态转化为实际

冲突的过程。受害者想要加害者受到惩罚，以此获得补偿，如获得金钱、声誉、秩序感等。报复本身是手段而不是目的，因为受害者是通过报复来恢复公正的（Bies & Tripp，1996，2002）。由此可以推测，如果公正的恢复可以借助组织的力量，受害者便没必要采取个人报复行为。因此，组织如果能够深入调查加害行为，保证冲突处理的程序公正，使受害者深信组织会公平、公正地处理加害者，那么报复发生的可能性会大大降低。这跟司法环境中实施法律、维持公正是一致的。

参照认知理论（Cropanzano & Folger，1989；Folger & Cropanzano，1998）和报应公正模型（Bies & Tripp，1995；Bies，Tripp，& Kramer，1997），从组织公正的角度解释了冲突的产生和升级过程，对我们具有一定的启示意义。组织中的冲突是一把双刃剑，既有不利的一面，也有有利的一面。正如克罗潘扎罗和福尔杰（Cropanzano & Folger，1998，p.140）指出的："当组织死气沉沉、缺乏活力时，适当的不公正也许是有效的激励物。"例如，隐晦模糊但不挑明的威胁信息，以及单位不同部门之间展开的竞争等，这些做法都有造成不公正的潜在可能性，能起到激励的作用。一般而言，在低组织公正的情况下，组织冲突的水平呈上升趋势。组织公正和组织冲突之间存在周期性平衡，通过管理和组织变革可以使冲突和公正在最优水平上下波动。

从组织冲突的功能来说，组织应将冲突视作组织变革的工具，因此成功的冲突管理是管理者的必备技能。研究发现，组织公正感与合作冲突管理方法具有正相关，会激发员工积极的工作态度。例如，组织公正与冲突水平具有负相关，高组织公正与合作冲突管理方法具有正相关（Awamlah，2013）。在低组织公正的情况下，管理者最没有可能选择合作策略。管理者应通过测量等方式监控组织公正和组织冲突的水平，根据组织公正和组织冲突的实际情况调整冲突水平。

组织需要创设一种有压力的环境，从而激发员工的创造性，避免惰性。但也要注意到，通过激发冲突的方式获得创造力，需要注意冲突方式的选择和冲突结果的控制。福特公司就是一个很好的例子(Folger & Cropanza-no，1998)。福特经常故意挑起下属之间的冲突，让下属为获得上司的赏识而互相竞争，或故意制造利益冲突，让下属之间矛盾重重。福特这样做的目的就是让自己高高在上，渔翁得利。这种管理风格有点类似社会达尔文主义。有时，福特采取的方式可以说非常歹毒，但他始终坚信下级或管理者之间就是要"弱肉强食"，只有最强的管理者才能获得资源。结果，福特公司内部矛盾重重，下属之间互不信任，彼此怀疑。由于生产的产品过时，公司很快濒于破产。幸亏有第二次世界大战的军队订单，否则很难避免破产。可见，福特激发冲突的方式是不公正的，公司很快走向歧途。

福特公司的例子告诉我们，如果想通过激发冲突的方式获得有利的后果(如创造力)，激发冲突的手段必须是公正的，否则就有可能面临结果不可控的境地。要避免福特公司的覆辙，首先，必须保证冲突的结果是有利的、公正的。其次，必须注重冲突激发方式的公正性，即保证激发冲突的程序是公正的。冲突结果是否有利很大程度上取决于激发冲突的方式是否公正。如果采取公正的方式激发冲突(如有意制造分歧)，结果很可能是有利的。相反，如果冲突的激发方式欠妥，本身是不公正的(如威胁)，则冲突的结果不可能是积极的，必然会对组织产生不利的后果。

领导者和组织处理组织冲突的方式有多种，但不管怎样，冲突爆发后，保持公正是关键。接下来将从组织公正的角度探讨冲突的解决方法。

第三节
组织公正视角的冲突管理策略

冲突管理策略是指冲突双方处理冲突的行为倾向，常见的冲突管理策略有回避、强迫、折中、合作和迁就。学术界一般认为，冲突管理策略并无好坏之分。组织文化背景、组织价值观和个人价值观都会影响冲突解决策略的选择，没有哪种方法适用于所有情境。本节将从领导者的公平敏感性的角度来讨论如何选择冲突管理策略,同时介绍一个解决人际冲突的社会解释模型以及第三方冲突解决策略。

一、组织公正与冲突管理策略

(一)冲突管理策略

冲突管理策略也称冲突解决策略。学者们从不同的视角提出了不同的冲突管理策略。布莱克和莫顿最早提出冲突管理的二维模型,根据关心人和关心生产两个维度将冲突解决策略区分为五种不同的类型:强迫、退避、安抚、妥协、问题解决(Thomas,1976)。托马斯(Thomas,1976,1977)从满足自身利益和满足他人利益两个维度,提出了五种冲突管理策略:回避、竞争、折中、合作、迁就。这五种冲突管理策略又根据合作、武断两个维度构成了一个坐标图。武断维度是个人关心自身利益的武断程度,合作维度是满足他人利益的合作程度(如图 7-2 所示)。

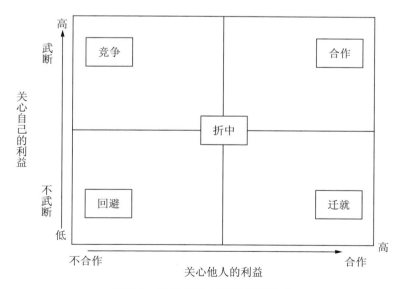

图 7-2　托马斯冲突管理策略模式

*资料来源:Tatum & Eberlin, 2008, p.299

竞争策略(competitive)是牺牲他人的利益来满足自己的利益,这是一种强硬式问题解决策略。这种策略强调冲突解决的方式是非输则赢。回避策略(avoidant)是对当事双方的需要无动于衷,忽视双方的利益。折中策略(compromising)是双方都有所让步,冲突双方有得有失。迁就方式(accommodating)是屈从于对方的意愿,只考虑对方利益而牺牲自身利益。合作策略(collaborative)是双方的利益都得到满足,这种方法强调双方利益的一致性,强调冲突解决的双赢局面。

托马斯指出,每种方法既有有利的一面,也有不利的一面,使用的背景非常重要。例如,竞争策略在体育竞技环境中是最可取的。又如,男性比女性更喜欢使用竞争策略。但在组织环境中,一般认为最好以合作取代竞争,以谋求双赢的局面。

(二) 领导者的公正敏感性对冲突管理策略选择的影响

组织的正式要求不一定与员工的志向、抱负和个人目标相吻合,这就使人们有维持组织公正的意识和倾向,这种公正态度就是公正敏感性。休斯曼(Huseman,Hatfield,& Miles,1987)认为,公正敏感性是个体对公正的不同偏好。他们认为,公正敏感性是一个连续体,两端和中间分别代表不同的公正偏好类型:大公无私型、公平交易型和自私自利型。面对同样的分配不公正和程序不公正,自私自利型的人可能知觉到的压力更大(奚家文,王怀勇,刘永芳,2014)。公正敏感性是组织成员对组织与个人之间差异的知觉。员工根据自己意识到的组织公正性构建自我认知,使自己更加适应组织文化和组织目标(Albert,Ashforth,& Dutton,2000)。塔特姆和艾柏林(Tatum & Eberlin,2008)采取质性访谈的方法,比较了领导者公正敏感性的差异,考察了他们在高低冲突情境中对组织冲突管理策略的选择(如表 7-2 所示)。

表 7-2　高低冲突情境中公正敏感性对冲突管理策略选择的影响

公正情境	竞争策略	回避策略	折中策略	迁就策略	合作策略
高公正：领导者对组织公正非常敏感	管理者没有与员工竞争的想法，也没有支配员工的想法。管理者关注结果的公正性和对员工的关心体贴	管理者不会回避冲突。回避或忽略冲突形成不利于员工的公正感，因为回避意味着信息不透明，员工无法介入冲突解决过程	从组织公正的角度来说，折中策略是一种非常重要的策略。而折中策略要让步能否让步取决于员工利益和组织利益的最大化	迁就的前提是已经实现了公正。如果迁就导致分配不公正或导致向他人隐瞒了正或组织利益和组织利信息，管理者一般不予采用	管理者最喜欢这种策略。合作促进了信息共享，员工参与分配结果公正，表达了组织对员工利益的重视和关心
低公正：管理者对组织公正不敏感	管理者更注重过程而不是结果的公正性，对员工利益无动于衷。只要竞争策略能达到管理者的目的，他就会采用这种方法	实现组织公正需要花费时间，付出更多的努力。如果管理者对公正和信任不感兴趣，他们一般会回避冲突，避免浪费时间和精力	如果让步是达到目的的最直接的手段，有助于完成工作任务和工作安排，管理者一般会选择它	在管理者看来，迁就或安抚策略是达到目标的最好手段。也就是说，不管员工公正与否，只要分配结果能直接受到，迁就也无妨	管理者选择合作并非为了公正，选择合作是为了更好地平息一小部分人的反对

* 资料来源：Tatum & Eberlin, 2008, p.300

根据塔特姆和艾柏林的调查结果,可以发现,组织公正敏感性的差异使得领导者在冲突策略的选择和使用目的上存在很大的差异。高公正敏感性的领导者一般不会选择竞争、回避和折中策略,他们最有可能选择合作策略,强调冲突处理结果的公正性,这与低公正敏感性领导者的选择正好相反。低公正敏感性领导者只注重冲突处理的过程,不在乎结果公正与否。因为对低公正敏感性领导者来说,结果本来就是强加给员工的,过程只是达到结果的手段。低公正敏感性领导者在冲突解决策略的选择上主要以竞争策略和回避策略为主,较少采用合作策略。这就意味着,高公正敏感性领导者对冲突解决策略的选择以双赢为目的,而低公正敏感性领导者的策略选择以输赢为目的,主要是为了让对方接受自己的立场。塔特姆和艾柏林(Tatum & Eberlin,2008,p.300)对此评价道:"缺乏公正意识的领导者不值得仿效,但在实际管理过程中大多数领导者在冲突管理的过程中都持有这种态度和行为。"

对于高公正敏感性领导者,由于会充分考虑当事双方的利益,他们会首选合作策略。同时,只要能保证结果的双赢,他们不介意选择任何有效的冲突处理策略。例如,只要结果公正,高公正敏感性领导者也可能选择迁就策略。高公正敏感性领导者一般不会回避组织中发生的冲突,并能意识到冲突不可避免。因此,他们会随时注意组织公正,防止冲突发生。高公正敏感性领导者一般会做到分配公正和程序公正,尤其是人际公正。这主要表现为,他们会在结果上尽量做到公正,不会任意支配员工,更不会将不公正的结果强加在员工身上、与员工建立对立关系。在程序公正和人际公正上,高公正敏感性领导者会采取各种方式鼓励员工,表达对员工的关心和支持。在冲突处理过程中,他们不会有任何隐瞒,与员工保持通畅的人际沟通,以便员工对冲突局势有所了解,并鼓励员工参与冲突解决过程。在冲突处理过程中不暗箱操作,公开透明,充分提供有关分配和冲突处理的信息。

与高公正敏感性领导者相反,低公正敏感性领导者一般对组织公正不敏感,在冲突解决策略上倾向于选择竞争和回避策略,较少考虑合作策略。他们一般会例行公事地解决冲突,问题解决的过程缺乏公正性和透明性。在高冲突情境下,低公正敏感性领导者一般都会采取强迫式冲突解决策略(如竞争策略),并且能回避冲突就尽量回避。领导者会从自己的立场出发解决冲突,较少考虑对方的利益和感受。对他们来说,结果的公正无关紧要,关键是要达到自己的目的,因此任何达到目标的手段都可以选择。公正的代价就是要在管理上投入更多的时间和精力。由于不把公正当回事,因此低公正敏感性领导者在处理冲突问题时不愿意花费过多的时间和精力。为了避免麻烦,低公正敏感性领导者一般都不愿意面对冲突,尽量避免冲突,以节省时间和精力。

　　低公正敏感性领导者也会选择迁就策略,但与高公正敏感性领导者在问题处理上的目的是不一样的。高公正敏感性领导者采取迁就策略的前提是结果公正,而低公正敏感性领导者采取迁就策略是敷衍员工,主要表现为,与员工交流和谈话的时间不多,在交流的过程中会表面上迁就员工以回避正面冲突,但实际目的还是为了让员工接受原有结果。有时候,低公正敏感性领导者也会采用合作策略,但这样做不是为了公正,而是为了速战速决,以更好地平息事端。也就是说,合作不是为了提高员工的公正感,而是为了让处于冲突中的员工尽快完成工作。

二、人际冲突与社会解释模型

　　人际冲突是组织中最常见的冲突。客观上来说,冲突来自彼此目的、观点、利益或价值观的互不兼容。主观上来说,个体感觉到彼此之间的分歧,并伴随愤怒、敌意或怀疑等外显或内隐的种种情绪。认知的观点认为,冲突的存在是知觉到的存在,如果没有知觉到冲突的存在就没有所谓的冲突(樊富珉,张翔,2003)。可见,个人对冲突情境的知觉和理解非常重要。因此,如果在冲突管理中干预个人对情境的知觉和理解,或许能有效地缓解冲突和冲突反应。福尔杰和克罗潘扎罗（Folger & Cropanzano，1998）的社会解释模型为解决人际冲突提供了方案。

社会解释模型是福尔杰和克罗潘扎罗在 1998 年提出的（Folger & Cropanzano，1998）。该模型根据参照认知理论，强调从人际公正的角度去干预冲突，即通过合理的解释改变冲突者的认知，以达到避免冲突或缓解冲突反应的目的。根据参照认知理论，不公正事件要引发冲突必须满足两个条件，即可能性和应当性。可能性是指在其他情境下事情本来会比现在好得多，应当性是指即使发生也应当比眼前这种结果好。当事人一般会综合这两个方面的判断，决定是否与他人发生冲突。因此，人际危机事件的解决可以找到一个相对便捷的突破口——解释，克罗潘扎罗和福尔杰称之为社会解释（social accounts）（另见：Bies，1989；Greenberg，1993；Tyler & Bies，1990）。所谓社会解释是指通过注入新的信息，对不公正事件的性质给予重新定义和解释。

福尔杰和克罗潘扎罗（Folger & Cropanzano，1998）认为，社会解释影响我们给予他人的印象。在现实生活中，我们不能总是做到绝对的公正，但必须要向他人展示我们是公正的。要达到这一目的，一个方法就是要在不利事件发生后及时向他人作出解释，否则很容易发生人际冲突。报应公正模型说明，在确定加害者的责任时，如果加害者未做合理的解释，受害者一般会产生个人内部归因（Bies & Tripp，1996）。此时，针对个人的报复动机会增强。如果给予合理的解释，报复动机就会减弱。例如，你向别人提出要求，别人不会总是满足你。但如果别人在拒绝的同时给予合理的解释，你肯定会好受很多。如果别人直截了当地拒绝但又不做说明，你或多或少会觉得不公平。解释的作用就在于它能消除不利事件可能造成的消极后果。据此，福尔杰和克罗潘扎罗（Folger & Cropanzano，1998）提出了不公正事件的社会问责模型，用以说明事件的解释在不公正事件及人际冲突处理中所起的作用（如图 7-3 所示）。

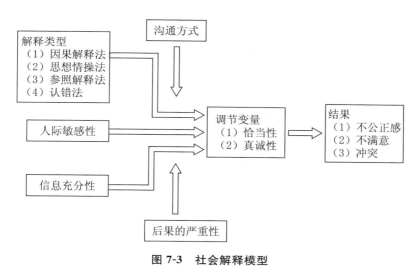

图 7-3 社会解释模型

* 资料来源：Cropanzane & Folger, 1998, p.144

如图 7-3 所示，解释是紧跟消极事件之后作出的，主要涉及两个方面的问题：解释的内容和解释的方式。事件发生后，责任人总会想要避免受到指责。因此，他必须要找到一个借口或作出解释。根据解释的内容，解释可以分为四种类型：因果解释法、思想情操法、参照解释法和认错法。这四种不同的解释会影响他人对不利事件的反应。如果解释发挥了作用，受害方体验到的不公正感会较少，也不会发生冲突。但问题是，为什么有些解释起作用，有些不起作用，这就涉及解释的方式。

有效的解释需要满足两个标准：解释恰当、态度真诚。这两个标准是解释与结果之间的调节变量。解释的恰当性还受到其他因素的影响，即解释的充分性和人际敏感性。也就是说，解释的效力或多或少依赖于它提供的信息是否充分、彻底，在解释时是否体现出足够的人际敏感性，如关心、体贴。

沟通方式和后果严重性是非常重要的两个中介变量。沟通方式的选择会影响沟通的效力。此外，解释是否起作用还受到事件严重程度的影响。接下来将围绕上述模型展开详细的论述。

（一）解释类型

解释影响个人对不利事件的知觉。有三种重要的社会解释方法:因果解释法、思想情操法和参照解释法(Stikin & Bies, 1993)。图 7-3 模型中克罗潘扎罗和福尔杰还增加了一种重要的方法——认错法,即当事人承认错误,并为此道歉。

1. 因果解释法

因果解释法,也称缓解法,是指明确地指出之所以那么做,是因为事出有因,情有可原,从而让当事人免除他人应当承担的责任。当事人并没有否认结果是不公正的,而是想通过解释,从原因上证明自己是没有责任的。根据归因理论,这是将错误归因于外部、不可控的原因,从而为自己脱责,达到缓和冲突的目的。

需要注意的是,解释是达到人际公正的重要手段。人际公正与结果公正、程序公正之间存在交互作用。因此,解释效果的好坏还取决于结果公正和程序公正的程度。在结果不公正的情况下,因果解释不一定能消除对方的不满情绪。此外,情有可原也要让对方相信,否则解释会起到相反的效果。例如,员工在接受不公平的分配后,如果上司告诉他分配决策不是自己作出的,对于不利的分配结果自己也无可奈何,其结果可能不会让下属感到上司不公正。但问题是,这种解释会让下属觉得领导者窝囊,在职权范围内权力有限,从而使领导者失去权威。

2. 思想情操法

思想情操法,通俗地讲就是晓之以理、动之以情,借助更高的价值目标来证明不当行为的合法性。当事人会认为自己是出于更高目标的考虑而愿意承担责任,因此显得高风亮节。例如,将不利结果看成舍小利以谋大利或对自身品格的磨炼等。在这种情况下,坏事变成好事。一个事件会带来眼前的伤害,但从长远来看未尝不是好事,这种方法也被称为免责解释法。

在组织实践中,当存在分配不公的问题时,采取思想情操法可以使这种分配结果变得更为合法。这种晓之以理的方法甚至可以有效地缓解公司裁员、工资冻结等严重不利事件的消极影响。在消除不满情绪上，思想情操法比因果解释法更有效。

3. 参照解释法

参照解释法通过改变受害者的参照点来达到劝解的目的。根据参照点的不同，可以将其分为两类：社会参照法和时空参照法。社会参照法是指鼓励受害者，让其向下比较，从而形成对事件不利性的重新认知。例如，领导者告诉下属其他人的处境更为恶劣，这种方法可以有效地降低下属的参照标准，从而降低其不公正感。但这种操作方法存在的问题是，低标准、低预期会产生低不满是一回事，领导者是否有能力直接影响下属改变自己的参照标准是另一回事。这种方法在调解时常会用到，如劳动仲裁部门最有效的调节方法就是降低被调解人的预期，或让被调解人通过比较明白自己的处境并非那么糟糕。

时空参照法是让受害者着眼于未来，跟未来进行比较，意识到未来会更美好，这实际上就是让受害者着眼于未来的长期利益。有三个实验能说明时空参照法的使用问题：

第一个实验是福尔杰等人（Folger et al.，1983）于1983年做的相对剥夺实验。实验中，被试没有获得预期的报酬。随后，一半的被试被告知，他们在接下来的任务中会有机会获得更好的报酬，另一半作为控制组没有被告知任何信息。结果发现，未来预期高的被试的不公正感和愤恨情绪明显低于控制组。第二个实验是马克（Mark，1985）做的重复实验。实验同样在一开始让被试没有获得预期的报酬。随后，让另一主试告诉被试在接下来的任务中有机会获得更好的报酬。结果发现，被试的不公正感和消极情绪并没有因为接下来的可能的高报酬而降低。甚至在高报酬即将到手时，他们的不满情绪仍没有改变。

这是为什么？克罗潘扎罗和福尔杰（Cropanzano & Folger，1989）认为，原因在于，个人产生的不公正感针对的是加害者或挑起事端的人。也就是说，不仅要有不利情境的存在，而且不公正的对象必须是造成这种不利情境的人。因此,在马克的实验中,被试的不公正感没有降低,是因为尽管结果公正实现了,但造成原先不利情境的人不是同一个人。被试可能对结果满意,但对第一个实验中的主试仍然存在不满。为证实上述假设,克罗潘扎罗和福尔杰(Cropanzano & Folger, 1989)对实验进行了修改。被试被分为三组:未来的高报酬分为由原主试告知、其他人告知和不告知。结果发现,原主试(加害者)告知组的不公正感显著低于其他两组,而其他两组之间没有显著差异。这说明,未来长期收益的改善并不足以降低不公正感,关键在于造成不公正问题的人也必须为之作出补偿。

4. 认错法

认错法,也称忏悔法,即当事人承认错误,并为此而道歉。无论是实验研究还是现场研究,其结果都证明认错并道歉是消除不满的有效方法。但需要注意的是,认错法中受害者仍然感到委屈,结果也并没有得到纠正。如果能取得谅解,这种直截了当的做法对于降低不公正感将非常有效。

(二) 解释的方式及影响变量

1. 解释的人际敏感性和信息充分性

解释的人际敏感性是指解释过程中表达对他人关心和体贴的程度,解释的信息充分性是指解释的信息详尽、充分,逻辑清楚。两者均与图 7-3 模型中解释的恰当性有关。这也说明仅仅作出解释或辩解是不够的,解释的同时要充分体会对方的内心感受。有研究发现,解释的人际敏感性和信息充分性紧密相关,能大大降低员工的不公正感。同时,解释的人际敏感性和信息充分性之间存在交互作用(Shapiro, Buttner, & Barry, 1994)。解释的信息充分性对公正感的形成更为重要,尤其是情况不明了时。例如,在人才选拔测试中,让被试意识到公正问题,但又不提供与测试有关的充分信息,这时被试的不公正感要远远大于没有意识到公正问题的被试。这说明,不充分的解释还不如不解释。此外,解释要掌握好时机。例如,员工面对不确定情境时,详尽的解释才是必要的。相反,如果员工已经对情境非常明了，过多的解释反而画蛇添足。

2. 沟通方式和后果的严重性

对于解释的恰当性，沟通方式和后果的严重性起调节作用（如图7-3）。在传递解释信息的时候，有多种媒介可以选择，如口头信息、书面信息，或通过社交平台、电子邮件等。但在传递不利信息的时候，需要慎重选择沟通手段。例如，在人才选拔中，对于拒绝录用的结果，除了要有详尽的解释，还可以提供口头说明。但对解释的恰当性影响最大的还是后果的严重性，特别是在结果不利的情况下。后果的严重性不仅对不公正感有主效应，而且与其他变量产生交互作用。

严重的不幸事件发生后，不解释比解释更恰当。小事说说就过去了，大事则不然。当人非常难过时，强烈的情绪体验会影响他们的思考，因此多说不如少说。只有情绪平复后，恰当的解释才会起作用。道理也很简单，严重伤害事件发生后，无论如何解释，人的反应都会是消极的。这一点说明后果的严重性对不公正感存在主效应。

解释与后果的严重性之间存在交互作用。当一个人经历特别严重的不利后果时，解释是无效的，只有事件贻害不深时，解释才能发挥作用，这被称为低严重性效应，即负面事件导致的消极结果不严重时，解释会发挥最好的作用（Ohbuchi, Kameda, & Agarie, 1989）。一般而言，损失不大，伤害不深，道歉是有效的。但如果某人受到他人严重羞辱，并深深受到伤害，就很难听进对方的解释，和解的可能性也不大。这说明，结果的不利性相对较低时，个体的反应与解释有很大的关系。真诚、详尽、及时的解释能最大程度上降低这些不利事件的消极影响。

高严重性效应是指结果不利时，解释发挥的作用更好，结果有利时，解释发挥的作用不大，这一点与低严重性效应正好相反。例如，在工作场合禁烟，对于抽烟的人这是一件大事，详尽的解释能大大提高抽烟员工对禁烟决定的接受；但对于不抽烟的人，解释跟不解释都一样无效。同样，当组织宣称对某项考核的结果采取奖惩措施时，肯定要作出详细的解释，并要考虑到员工可能产生的反应。又如,组织宣布裁员决定时,如果该决定涉及没被裁减的员工的利益,他们对解释的详尽性会特别关注。反之,如果裁员决定的后果不严重,员工不会特别在意组织的解释。此外,公司不景气时,最好作出详尽的解释,让员工清晰地知晓目前的处境,并表现出对员工切身利益的关注。

这里存在一个问题:社会解释本质上属于程序,而组织公正的大多数研究表明,结果公正和程序公正之间存在交互作用(Brockner & Weisenfeld,1996)。这种交互作用表现为,结果不利时,程序公正对不公正感的影响更大;结果有利时,程序公正与公正感之间的关系不大。解释的高严重性效应与程序公正和结果公正的交互作用的研究是一致的,即后果越不利,解释与公正感之间的关系越大。但低严重性效应并不符合程序公正和结果公正的交互作用的研究,因为在此情况下,当后果并没有那么不利时,解释与公正感之间的关系反而更大。

造成这一情况的原因在于,程序公正、人际公正与后果有利性之间存在不同的交互作用,这也变相地说明人际公正是不同于程序公正的一个独立维度(Folger & Cropanzano,1998)。低严重性效应和高严重性效应说明人际公正与后果不利性之间的交互作用,不同于程序公正与后果不利性之间的交互作用。后果严重性与解释之间是一种曲线关系。只有当后果为中等程度的不利时,解释才会发挥作用。当后果无害或极其有害时,解释不起作用。这就是说,中等程度的不利后果,其低严重性效应明显,解释更起作用。

3. 解释的恰当性和真诚性

解释的方式会对解释的恰当性产生影响。例如,解释的恰当性取决于解释是否详尽、合理,有足够的人际敏感性,沟通手段合适。此外,后果的严重性影响特定情境中个体对解释的接受程度,但它只是恰当性的前提条件。恰当性本身是对接受者而言的,因此,解释必须被接受者接受,才能被认为是恰当的,才能说明解释是有效的。也就是说,对接受者来说，说服的理由必须被认为是充分的、可信的。这就要求对事件的解释要言之有理，即领导者在说服和解释的过程中要晓之以理（因果解释法），动之以情（思想情操法），使员工体会到决策的程序公正和领导者的人际公正。

真诚性是影响解释与后果之间关系的又一个中间变量。例如，员工受到严肃的批评之后，组织或领导者在解释批评的原因时，如果做不到真诚，这种解释就很难消除员工的愤怒和不满情绪。也就是说，只有让员工感受到组织或领导者的诚恳，事后的解释才能让员工信服，从而消除批评引起的不满。否则仅有解释，而员工体会不到真诚，解释的作用就非常有限。研究发现，解释和后果严重性对不公正感的影响受真诚性的调节，这说明真诚性是非常重要的调节变量（Shapiro et al.，1994）。

总之，社会解释模型根据参照认知理论，从人际公正的角度，提供了解决组织中人与人之间冲突的有效工具。人际冲突一旦产生，解释什么以及如何解释，会影响解释的恰当性和真诚性，进而影响人际冲突的解决，决定是否能缓解或避免一些可能出现的严重后果。但在组织情境中，解释并非解决冲突的唯一手段。引发冲突的原因还与组织结构、组织的权力和政治，以及组织中的利益冲突有关。随着冲突的升级，工作会受到影响，因此在身处其中的人受到实际伤害时，组织干预是必要的。

三、组织公正与第三方冲突解决

在很多情况下，发生人际间的矛盾冲突时，员工并不愿意引起管理者的注意，更愿意选择私下解决，只有在迫不得已的情况下，才会让管理者介入。若管理者介入太快，反而会引起员工的不安。因此，在介入时间的选择上，管理者要把握好火候。如果管理者介入过于仓促，冲突双方一般会消极应对。而在冲突双方实在无法达成协议的情况下，管理者作为第三方将被引入冲突解决过程。对于第三方介入冲突解决，尤其需要注意第三方的公正性问题。例如,在组织中,解决冲突通常采用调解法和对抗法,原因在于这两种方法比较公正,尤其是调解法。下面分别从结果公正、程序公正和互动公正的角度,讨论第三方冲突解决的公正性问题。

(一) 第三方冲突解决方法

谢泼德等人(Sheppard, Saunders, & Minton, 1988)认为,从冲突解决的角度,可以将冲突事件分为四个阶段:性质界定阶段、协商阶段、方法选择阶段、和解阶段。在性质界定阶段,需要摆事实、讲道理,确定矛盾的性质,选择解决的方向和程序。在协商阶段,双方各自发表自己的观点,澄清事实。在方法选择阶段,评估双方的观点,选择冲突解决的方法。进入和解阶段后,则听取双方的诉求,并作出决定。谢泼德指出,根据管理者对上述四个阶段的控制,大致可以区分出三种冲突解决策略:质询、推进和对抗。

质询法是管理者对协商阶段、方法选择阶段与和解阶段自始至终保持控制,这是第三方控制比较高的冲突干预策略。第二种方法为推进法,也可称为奖惩法。此时管理者主要控制和解阶段,鼓励矛盾双方自己解决冲突,采用警告或威胁的手段要求双方尽快达成一致。对抗法也被称为仲裁法或审判法,管理者并不局限于双方摆出的事实和观点,把自己绕进去,而是避开争执,要求双方只说明自己的情况。随后管理者给出自己的冲突解决方案,并强制实施。

管理者最常采用的方法是调解法。从控制的角度来说,管理者对冲突过程的控制较少,管理者在某种程度上的控制有利于双方和谈。因此,采用这种方法时,管理者的角色比较模糊。有时,管理者对冲突过程保持控制,严格澄清事实,但对冲突的最终解决不予干预。有时又有点类似质询法,即管理者扮演催化剂的角色,带动双方坐下来商谈,帮助他们寻求最终的解决方案。一般而言,采用调解法时,处于矛盾中的员工可以自行决定谈判的主题,管理者仅作为调停者,真正的问题交由冲突双方自己解决。

（二）第三方冲突干预的公正性

从结果公正的角度来说，第三方介入干预有多种可能的结果，如一方胜出、双方妥协和陷入僵局。按照分配公正的观点，尽管妥协对双方来说都没有获得自己想要的全部结果，但妥协至少被认为是公平的。不同的冲突解决方法都能达成妥协。采用调解法最容易达成妥协和互相让步，推进法的可能性最小，质询法的效果处于两者之间。对抗法也能让双方达成妥协，但这种妥协是第三方作出的。在冲突解决中，管理者要避免出现一方胜出，赢者通吃的情况，而质询法和对抗法最容易出现这种局面。陷入僵局是最不利的局面，因为冲突双方两败俱伤。在第三方没有最终决定权时，僵局最有可能出现，如质询法和调解法。这就存在一个问题，公正程度最高的应该是调解法，但它恰恰是最有可能陷入僵局的方法。因此，可以采用整合的方法，在不同的发展阶段，采用不同的策略。例如，调解法使冲突的解决陷入僵局时，可以加强控制，采用对抗法。

从程序公正的角度来说，在结果不确定的情况下，冲突者通常想保持对冲突过程和结果的控制，这也是员工喜欢调解法（过程控制）和对抗法（结果控制）的原因。这两种策略都能让冲突双方对最终的冲突结果保持一定程度的控制。例如，学校老师在解决学生冲突的时候，最喜欢采用调解法。同样，组织环境中，管理者也比较倾向于采用调解法。这种方法的控制权掌握在冲突者手中，同时能够在第三方的调停下，使双方坐下来协商，这本身也有利于双方关系的缓和。在冲突解决中，矛盾双方并非不愿意让第三方控制，如冲突双方最不愿意看到冲突被管理者忽略。有时候，在协商无果的情况下，冲突双方更愿意让出过程控制权，让管理者对冲突的结局作出决策，也就是使用对抗法。

在冲突解决过程中，作为第三方的管理者要做到程序公正，需要注意控制的程度和自己的立场。对管理者而言，解决冲突时不能破坏程序公正的规则，如中立原则。如果做不到不偏不倚，就很难保证公正。有时，冲突的解决会涉及管理者的既得利益，管理者就很难做到完全中立。如果坐山观虎斗，试图做得利渔翁,便很难让人相信解决方案的公正性。

采用哪种干预策略涉及管理者对控制程度的把握。例如,有研究者让无管理经验的工商管理硕士学生与经验丰富的管理者共同解决一起冲突事件(Karambayya et al., 1992)。实验中,在没有组织正式权力的情况下,两组被试采用的问题解决方案均是调解式的,而一旦赋予他们正式的权力,两组被试的问题解决风格便出现了差异。无管理经验的被试倾向于采用专制法,而有冲突管理经验的被试仍较多采用调解法,这说明冲突管理的经验非常重要。研究发现,当冲突非常严重时,或在非赢即输的情况下,人们通常乐于遵从和接受第三方的介入和解决方案,如对抗法(Folger & Cropanzano,1998)。冲突不严重时,人们一般愿意自己解决问题。冲突解决方案和结局比较复杂时,当事人更喜欢自己掌控冲突解决的过程和最终的结局,如调解法。

另外,作为第三方的管理者要做到互动公正。这里互动公正是指在冲突解决过程中,第三方要对双方当事人保持适当的礼仪,给予对方尊重,维护对方的尊严。研究者在实验室中让被试身处冲突情境中,如性别歧视情境(Folger & Barron,1996)。被试分为高冲突组和低冲突组,然后让被试去跟管理者解释。管理者的解决方式都一样:公司内部公开通报。在两种实验条件下,处理过程和处理结果都是一样的,但管理者的人际对待方式存在差异。在处理过程中,有一半的被试得到管理者的尊重,并获得有关处理结果的解释(高互动公正组);另一半被试没有得到管理者的尊重,并受到管理者的指责(低互动公正组)。结果发现,被试的公正感、对处理结果的满意度以及未来继续犯错的可能性有很大的差异,并且都受到互动公正的影响。可见,在冲突处理的过程中,管理者最起码要做到互动公正。管理者如果在冲突解决的过程中做到互动公正,便能有效地降低组织冲突导致的消极行为。

参 考 文 献

一、中文部分

1. 卞冉,林培剑,车宏生(2013).人事选拔中的应聘者反应研究述评.*心理科学进展*, *21*(7):1317—1330.

2. 常健(2004).*现代领导科学*.天津:天津大学出版社.

3. 陈京水,凌文轮(2012).组织情境中权力距离研究述评.*中国人力资源开发*,*11*:5—8.

4. 陈文晶,时勘(2007).变革型领导和交易型领导的回顾与展望.*管理评论*,*19*(9):22—29.

5. 陈捷,王重鸣(1998).参照框架训练及其研究中存在的问题.人类工效学,*2*:56—59.

6. 樊富珉,张翔(2003).人际冲突与冲突管理研究综述.*中国矿业大学学报(社会科学版)*,*5*(3):82—91.

7. 付亚和(2014).*绩效管理*.上海:复旦大学出版社.

8. 胡君辰,李涛(2014).建设性批评对领导下属交换的影响机制研究——避免公开批评的视角.*管理科学*,*6*:65—76.

9. 乐国安(2009).*社会心理学*.北京:中国人民大学出版社.

10. 李成彦(2005).*组织文化对组织效能影响的实证研究*.上海:华东师范大学.

11. 李锐,凌文铨(2008).变革型领导理论研究述评.*软科学*,*2*:70—78.

12. 李晔,龙立荣,刘亚(2003).组织公平感研究进展.*心理科学进展*,*11*(1):78—83.

13. 凌文轮,杨海军,方俐洛(2006).企业员工的组织支持感.*心理学报*,*38*(2):281—287.

14. 林晓婉,车宏生,张鹏,王蕾(2004).程序公正及其心理机制.*心理科学进展*,*12*(2):264—272.

15. 刘家义(2004).关于绩效审计的初步思考.*审计研究*,*6*:3—8.

16. 刘永芳(2008).*管理心理学*.北京:清华大学出版社.

17. 刘亚(2002).*组织公平感的结构及其与组织效果变量的关系*.武汉:华中师范大学.

18. 刘亚,龙立荣,李晔(2003).组织公正感对组织效果变量的影响.*管理世界*,*3*:126—132.

19. 孟祥菊(2010).组织支持感研究述评.合肥工业大学学报(社会科学版),24(4):24—29.

20. 邵阳,谢斌,张明岛(2010)."状态—特质愤怒"理论概念及其临床研究现状.上海精神医学,22(2):109—111.

21. 孙健(2008).领导科学.天津:南开大学出版社.

22. 田晓明,段锦云,傅强(2010).群体卷入模型:理论背景、内容介绍与未来展望.心理科学进展,10:1628—1635.

23. 王永丽,时勘(2003).上级反馈对员工行为的影响.心理学报,35(2):255—260.

24. 王琦,杜永怡,席酉民(2004).组织冲突研究回顾.预测,23(3):74—80.

25. 谢晶,张厚粲(2009).大学生人际交往效能感的理论构念与测量.中国临床心理学杂志,17(3):330—332.

26. 许一(2009).柔性领导.北京:经济管理出版社.

27. 奚家文,王怀勇,刘永芳(2014).组织公正感与压力的关系:公平敏感性的调节作用.玉溪师范学院学报,2:40—44.

28. 俞文钊(1991).公平差别阈与公平分配.行为科学,1:8—13.

29. 张书维,王二平,周洁(2010).相对剥夺与相对满意:群体性事件的动因分析.公共管理学报,7(3):95—102.

30. 赵德雷(2010).当代美国社会心理学的发展图景:以"库利—米德奖"为线索.中国农业大学学报(社会科学版),27(2):90—105.

31. 赵蜜,方文(2013).社会政策中的互依三角——以村民自治制度为例.社会学研究,6:169—192.

32. D.赫尔雷格尔,J.W.斯洛克姆,R.W.伍德曼(2001).组织行为学(第九版).俞文钊,丁彪,等,译.上海:华东师范大学出版社.

33. 罗尔斯(1988).正义论.何怀宏,等,译.北京:中国社会科学出版社.

34. 皮特里(2005).动机心理学.郭本禹,译.陕西:陕西师范大学出版社.

二、英文部分

1. Adams, J. S. (1965). Inequity in social exchange. In L. Berkowitz(Ed.), *Advances in experimental social psychology*(vol.2, pp.267-299). New York: Academic Press.

2. Albert, S., Ashforth, B. E., & Dutton, J. B. (2000). Organizational identify and identification: Charting new water and building new bridges. *Academy of Management*,

25(1), 13-17.

3. Alexander, S., & Ruderman, A.(1987). The role of procedural and distributive justice in organizational behavior. *Social Justice Research*, *1*, 177-198.

4. Ambrose, M. L., & Cropanzano, R.(2003). A longitudinal analysis of organizational fairness: An examination of reactions to tenure and promotion decisions. *Journal of Applied Psychology*, *88*, 266-275.

5. Ambrose, M. L., & Rosse, J. G.(2003). Procedural justice and personality testing: An examination of concern and typicality. *Group & Organization Management*, *28*(4), 502-526.

6. Ambrose, M. L., & Schminke, M.(2003). Organization structure as a moderator of the relationship between procedural justice, interactional justice perceived organizational support and supervisory trust. *Journal of Applied Psychology*, *88*, 295-305.

7. Anderson, N.(2003). Applicant and recruiter reactions to new technology in selection: A critical review and agenda for future research. *International Journal of Selection and Assessment*, *11*, 121-136.

8. Anderson, N., Born, M., & Cunningham-Snell, N.(2001). Recruitment and selection: Applicant perspectives and outcomes. In N. Anderson, D. S. Ones, H. K. Sinangil, & C. Viswesvaran(Eds.), *International Handbook of Work and Organizational Psychology*(pp.200-218). London: Sage.

9. Anderson, N., & Ostroff, C.(1997). Selection as socialization. In N. Anderson & P. Herriot(Eds.), *International handbook of selection and assessment*(pp. 413-440). London: Wiley.

10. Antonioni, D., & Park, H.(2001). The relationship between rater affect and three sources of 360-degree feedback ratings. *Journal of Management*, *27*(4), 479-495.

11. Arvey, R. D., & Sackett, P. R.(1993). Fairness in selection: Current developments and perspectives. In N. Schmitt, W. C. Borman, & Associates(Eds.), *Personnel selection in organizations*(pp.171-202). San Francisco: Jossey-Bass.

12. Ashford, S. J.(1986). Feedback-seeking in individual adaptation: A resource perspective. *Academy of Management Journal*, *29*, 465-487.

13. Ashford, S. J., & Cummings, L. L.(1983). Feedback as an individual resource: Personal strategies for certain information. *Organization Behavior and Human Performance*,

32, 370-389.

14. Avery, D. R., & Quiñones, M. A.(2002). Disentangling the effects of voice: The incremental roles of opportunity, behavior, and instrumentality in predicting procedural fairness. *Journal of Applied Psychology*, *87*(1), 81-86.

15. Awamlah, H. S. A. (2013). The impact of organizational justice at organizational conflict level between its parties: A field study in jordan public administration. *International Journal of Business Administration*, *4*(6), 62-74.

16. Ball, G. A., Trevino, L. K., & Sims, H. P.(1994). Just and unjust punishment: Influences on subordinate performance and citizenship. *Academy of Management Journal*, *37*, 299-322.

17. Barclay, L. J., Skarlicki, D. P., & Pugh, S. D.(2005). Exploring the role of emotions in injustice perceptions and retaliation. *Journal of Applied Psychology*, *90*, 629-643.

18. Baron, R. A.(1988). Negative effects of destructive criticism: Impact on conflict, self-efficacy, and task performance. *Journal of Applied Psychology*, *73*, 199-207.

19. Baron, R. A.(1990). Countering the effects of destructive criticism: The relative efficacy of four interventions. *Journal of Applied Psychology*, *75*(3), 235-245.

20. Baron, R. A.(1993). Criticism(informal negative feedback) as a source of perceived unfairness in organizations: Effects, mechanisms, and countermeasures. In R. Cropanzano (Ed.), *Justice in the workplace: Approaching fairness in human resource management* (pp.155-170). Hillsdale, NJ: Lawrence Erlbaum Associates.

21. Bauer, T. N., Maertz, Jr., C. P., Dolen, M. R., & Campion, M. A. (1998). Longitudinal assessment of applicant reactions to employment testing and test outcome feedback. *Journal of Applied Psychology*, *83*, 892-903.

22. Bauer, T. N., Truxillo, D. M., Sanchez, R. J., Craig, J., Ferrara, P., & Campion, M. A. (2001). Applicant reactions to selection: Development of the Selection Procedural Justice Scale(SPJS). *Personnel Psychology*, *54*, 387-419.

23. Bernardin, H. J., & Buckely, M. R.(1981). Strategies in rater training. *Academy of Management Review*, *6*, 205-212.

24. Bernardin, H. J., Cooke, D. K., & Villanova, P.(2000). Conscientiousness and agreeableness as predictors of rating leniency. *Journal of Applied Psychology*, *85*(2),

232-236.

25. Bies，R. J.(1989). Management conflict before it happens：The role of accounts. In M. A. Rahim(Ed.)，*Research on negotiation in organizations*(pp.43-55). Greenwich，CT：JAI Press.

26. Bies，R. J. (2005). Are procedural justice and interactional justice conceptually distinct? In J. Greenberg & J. A. Colquitt (Eds.)，*Handbook of organizational justice* (pp.85-112). Hillsdale, NJ：Lawrence Erlbaum Associates.

27. Bies，R. J.，& Moag，J. S.(1986). Interactional justice：Communication criteria of fairness. In B. Sheppard (Ed.)，*Research on negotiation in organizations* (pp. 43-45). Greenwich，CT：JAI Press.

28. Bies，R. J.，& Shapiro，D. L. (1987). Interactional fairness judgments：The influence of causal accounts. *Social Justice Research*，1，199-218.

29. Bies，R. J.，& Tripp，T. M.(1995). The use and abuse of power：Justice as social control. In R. Cropanzano & M. Kacmar(Eds.)，*Politics，justice，and support：Managing social climate at work*(pp.131-146). Hillsdale, NJ：Lawrence Erlbaum Associates.

30. Bies，R. J.，& Tripp，T. M.(1996). Beyond distrust：Getting even and the need for revenge. In R. M. Kramer & T. Tyler(Eds.)，*Trust and organizations*(pp. 246-260). Hillsdale，NJ：Lawrence Erlbaum Associates.

31. Bies，R. J.(2001). Interactional(in) justice：The sacred and the profance. In J. Greenberg & R. Cropanzano (Ed.)，*Advances in organizational justice* (pp. 85-108). Standford，CA：Stanford University Press.

32. Bies，R. J.，& Tripp，T. M.(2002). Hot flashes，open wounds：Injustice and the tyranny of its emotions. In S. Gilliland，D. Steiner，& D. Skarlicki (Eds.)，*Emerging perspectives on managing organizational justice* (pp. 203-223). Hillsdale，NJ：Lawrence Erlbaum Associates.

33. Bies，R. J.，& Tripp，T. M. (2005). The study of revenge in the workplace：Conceptual，ideological，empirical issues. In S. Fox & P. Spector(Eds.)，*Counterproductive work behavior：Investigations of actors and targets*(pp.65-81). Washintong，DC：American Psychological Association.

34. Bies，R. J.，Tripp，T. M.，& Kramer，R. M. (1997). At the breaking point：Cognitive and social dynamics of revenge in organizations. In R. A. Giacalone & J. Greenberg

(Eds.), *Antisocial behavior in organizations* (pp.18-36). Thousand Oaks, CA, US: Sage.

35. Bies, R. J., & Tyler, T. R. (1993). The "litigation mentality" in organizations: A test of alternative psychological explanations. *Organization Science*, 4(3), 352-366.

36. Blader, S. L., & Tyler, T. R. (2003a). A four-component model of procedural justice: Defining the meaning of a "fair" process. *Personality and Social Psychology Bulletin*, 29, 747-758.

37. Blader, S. L., & Tyler, T. R. (2003b). What constitutes fairness in work settings? A four component model of procedural justice. *Human Resource Management Review*, 13 (1), 107-126.

38. Blader, S. L., & Tyler, T. R. (2009). Testing and extending the group engagement model: Linkages between social identity, procedural justice, economic outcomes, and extrarole behavior. *Journal of Applied Psychology*, 94, 445-464.

39. Blau, P. (1964). *Exchange and power in social life*. New York: Wiley.

40. Brennan, A., & Skarlicki, D. P. (2004). Personality and perceived justice as predictors of survivors' reactions following downsizing. *Journal of Applied Social Psychology*, 34, 1306-1328.

41. Brockner, J., Dewitt, R. L., Grover, S., & Reed, T. (1990). When it is especially important to explain why: Factors affecting the relationship between managers' explanations of a layoff and survivors' reactions to the layoff. *Journal of Experimental social Psychology*, 26, 389-407.

42. Brockner, J., Konovsky, M., Cooper-Schneider, R., Folger, R., Martin, C., & Bies, R. J. (1994). Interactive effects of procedural justice and outcome negativity on victims and survivors of job loss. *Academy of Management Journal*, 37, 397-409.

43. Brockner, J., & Wiesenfeld, B. M. (1996). An integrative framework for explaining reactions to decisions: Interactive effects of outcomes and procedures. *Psychological Bulletin*, 120(2), 189-208.

44. Brockner, J., & Weisenfeld, B. (2005). How, when, and why does outcome favorability interact with procedural fairness? In J. Greenberg & J. A. Colquitt (Eds.), *Handbook of organizational justice* (pp. 525-554). Mahwah, NJ: Lawrence Erlbaum Associates.

45. Brockner, J., Wiesenfeld, B. M., Stephan, J., Hurley, R., Grover, S., Reed,

T., & Dewitt, R. L. (1997). The effort on layoff survivors of their fellow survivor's reactions. *Journal of Applied Social Psychology*, *27*(1), 835-863.

46. Cardy, R. L., & Dobbins, G. H. (1994). *Performance appraisal: Alternative perspectives*. Cincinatti, OH: South-Western Publishing.

47. Cawley, B. D., Keeping, L. M., & Levy, P. E. (1998). Participation in the performance appraisal process and employee reactions: A meta-analytic review of field investigations. *Journal of Applied Psychology*, *83*(4), 615-633.

48. Cavanaugh, M. A., Boswell, W. R., Roehling, M. V., & Boudreau, J. W. (2000). An empirical examination of self-reported work stress among U. S. managers. *Journal of Applied Psychology*, *85*, 65-74.

49. Chan, D., Schmitt, N., DeShon, R. P., Clause, C. S., & Delbridge, K. (1997). Reactions to cognitive ability tests: The relationships between race, test performance, face validity perceptions, and test-taking motivation. *Journal of Applied Psychology*, *82*, 300-310.

50. Cohen, R. L. (1986). Power and justice in intergroup relations. In H. W. Bierhoff, R. L. Cohen, & J. Greenberg (Eds.), *Justice in social relations* (pp. 65-84). New York, NY: Plenum.

51. Colquitt, J. A. (2001). On the dimensionality of organizational justice: A construct validation of a measure. *Journal of Applied Psychology*, *86*, 386-400.

52. Colquitt, J. A. (2004). Does the justice of the one interact with the justice of the many? Reactions to procedural justice in teams. *Journal of Applied Psychology*, *89*, 633-646.

53. Colquitt, J. A., & Chertkoff, J. M. (2002). Explaining injustice: The interactive effect of explanation and outcome on fairness perceptions and task motivation. *Journal of Management*, *28*, 591-610.

54. Colquitt, J. A., Conlon, D. E., Wesson, M. J., Porter, C. O., & Ng, K. Y. (2001). Justice at the millennium: A meta-analytic review of 25 years of organizational justice research. *Journal of Applied Psychology*, *86*, 425-445.

55. Colquitt, J. A., Greenberg, J., & Scott, B. A. (2005). Organizational justice: Where do we stand? In J. Greenberg & J. A. Colquitt (Eds.), *Handbook of organizational justice* (pp. 589-619). Hillsdale, NJ: Lawrence Erlbaum Associates.

56. Colquitt, J. A., Greenberg, J., & Zapata-Phelan, C. (2005). "What is organizational justice? A historical overview". In J. Greenberg & J. A. Colquitt (Eds.), *Handbook of organizational justice* (pp. 3-56). Hillsdale, NJ: Lawrence Erlbaum Associates.

57. Colquitt, J. A., & Jackson, C. L. (2006). Justice in Teams: The context sensitivity of justice rules across individual and team contexts. *Journal of Applied Social Psychology*, 4, 868-899.

58. Colquitt, J. A., & Shaw, J. C. (2005). How should organizational justice be measured? In J. Greenberg & J. A. Colquitt (Eds.), *Handbook of organizational justice* (pp.113-154). Hillsdale, NJ: Lawrence Erlbaum Associates.

59. Colquitt, J. A., Scott, B. A., Judge, T. A., & Shaw, J. C. (2006). Justice and personality: Using integrative theories to derive moderators of justice effects. *Organizational Behavior and Human Decision Processes*, 100, 110-127.

60. Conger, J. A. (2004). Motivate performance through empowerment. In E. A. Locke (Ed.), *Handbook of principles of organizational behavior* (pp. 137-149). Oxford, UK: Blackwell.

61. Cooke, R. A., & Szumal, J. L. (1993). Measuring normative beliefs and shared behavioral expectations in organizations: The reliability and validity of the organizational culture inventory. *Psychological Reports*, 72, 1299-1330.

62. Cornille, T. A., Pestle, R. E., & Vanwy, R. W. (1999). Teachers' conflict management styles with peers and student's parents. *International Journal of Conflict Management*, 10, 69-79.

63. Cropanzano, R. (Ed.). (1993). *Justice in the workplace: Approaching fairness in human resource management*. Hillsdale, NJ: Lawrence Erlbaum Associates.

64. Cropanzano, R. (Ed.). (2001). *Justice in the workplace: From theory to practice* (Vol.2). Mahwah, NJ: Lawrence Erlbaum Associates.

65. Cropanzano, R., & Ambrose, M. L. (2001). Procedural and distributive justice are more similar than you think: A monistic perspective and a research agenda. In J. Greenberg & R. Cropanzano (Eds.), *Advance in organizational justice* (pp.119-151). Palo Alto, CA: Stanford University Press.

66. Cropanzano, R., & Baron, R. A. (1991). Injustice and organizational conflict: The

moderating role of power restoration. *International Journal of Conflict Management*, *2*, 5-26.

67. Cropanzano, R., Bowen, D., & Gilliland, S. W. (2007). The management of organizational justice. *Academy of Management Executive*, *21*(4), 24-48.

68. Cropanzano, R., Byrne, Z. S., Bobocel, D. R., & Rupp, D. E. (2001). Moral virtues, fairness heuristics, social entities, and other denizens of organizational justice. *Journal of Vocational Behavior*, *58*, 164-209.

69. Cropanzano, R., & Folger, R. (1989). Referent cognitions and task decision autonomy: Beyond equity theory. *Journal of Applied Psychology*, *74*, 293-299.

70. Cropanzano, R., & Folger, R. (1991). Procedural justice and worker motivation. In R. M. Steers & L. W. Porter(Eds.), *Motivation and work behavior*(5th ed., pp.131-143). New York: McGraw-Hill.

71. Cropanzano, R., & Greenberg, J. (1997). Progress in organizational justice: Tunneling through the maze. In C. L. Cooper & I. T. Robertson(Eds.), *International review of industrial and organizational psychology*(pp.317-372). London: Willey.

72. Cropanzano, R., Glodman, B., & Folger, R. (2003). Deomtic justice: The role of moral principles in workplace fairness. *Journal of Organizational Behavior*, *24*, 1019-1024.

73. Cropanzano, R., & Konovsky, M. A. (1995). Resolving the justice dilemma by improving the outcomes: The case of employee drug screening. *Journal of Business and Psychology*, *10*, 221-243.

74. Cropanzano, R., Weiss, H. M., & Grander, A. A. (2000). Doing justice to workplace emotions. In N. Ashkanasy, C. Hartel, & W. Zerbe(Eds.), *Emotion at work*(pp.49-62). Westport, CT: Quorum.

75. Deci, E. L., & Ryan, R. M. (1985). *Intrinsic motivation and self-determination in human behaviour*. New York: Plenum.

76. De Cremer, D. (2003). Why inconsistent leadership is regarded as procedurally unfair: The importance of social self-esteem concerns. *European Journal of Social Psychology*, *33*, 535-550.

77. De Cremer, D., & Tyler, T. R. (2005). Am I respected or not? Inclusion and reputation as issues in group membership. *Social Justice Research*, *18*, 121-153.

78. De Cremer, D., & Tyler, T. R. (2011). Being the leader and acting fairly: A

contingency approach. In D. De Cremer, R. van Dick, & J. K. Murnighan (Eds.), *Social psychology and organizations*(pp.39-59). New York, NY: Taylor & Francis Group.

79. De Cremer, D., & Sedikudes, C., (2008). Reputational implications of procedural fairness for personal and relational self-esteem. *Basic and Applied Social Psychology*, *30*, 66-75.

80. De Cremer, D., Van Knippenberg, B., Van Knippenberg, D., Mullenders, D., & Stinglhamber, F.(2005). Rewarding leadership and fair procedures as determinants of self-esteem. *Journal of Applied Psychology*, *90*, 3-12.

81. Den Hartog, D., Boselie, P., & Paaiwe, J. (2004). Performance management: A model and research agenda. *Applied Psychology: An International Review*, *53*(4), 556-560.

82. De Nisi, A. S., & Peters, L. H.(1996). Organization of information in memory and the performance appraisal process: Evidence from the field. *Journal of Applied Psychology*, *81*(6):717-737.

83. Deutsch, M.(1975). Equity, equality, and need: What determines which value will be used as the basis of distributive justice? *Journal of Social Issues*, *31*, 137-149.

84. Dierendonck, V. D., Schaufeli, W. B., & Buunk, B. P.(1998). The evaluation of an individual burnout intervention program: The role of inequity and social support. *Journal of Applied Psychology*, *83*, 392-407.

85. Dornstein, M. (1989). The fairness judgments of received pay and their determinants. *Journal of Occupational and Organizational Psychology*, *62*(4), 287-299.

86. Duarte, N. T., & Goodson, J. R.(1994). Effects of dyadic quality and duration on performance appraisal. *Academy of Management Journal*, *37*(3), 499-521.

87. Eisenberger, R., Cummings, J., Armeli, S., & Lynch, P. (1997). Perceived organizational support, discretionary treatment, and job satisfaction. *Journal of Applied Psychology*, *82*, 812-820.

88. Elovainio, M., Kivimaki, M., & Vahtera, J. (2002). Organizational justice: Evidence of a new psychosocial predictor of health. *American Journal of Public Health*, *92*, 105-108.

89. Erdogan, B. (2002). Antecedents and consequences of justice perceptions in performance appraisals. *Human Resource Management Review*, *12*, 555-578.

90. Erdogan, B., Kraimer, M. L., & Liden, R. C.(2001). Procedural justice as a two-

dimensional construct: An examination in the performance appraisal account. *Journal of Applied Behavioral Science*, *37*(2), 205-222.

91. Erdogan, B., Liden, R. C., & Kraimer, M. L.(2006). Justice and leader-member exchange: The moderating role of organizational culture. *Academy of Management Journal*, *49*, 395-406.

92. Felstiner, W. L. F., Abel, R. F., & Sarat, A.(1980). The emergence and transformation of disputes: Naming, blaming, claiming. *Law and Society Review*, *15*, 631-654.

93. Fletcher, C.(1991). Candidates' reactions to assessment centres and their outcomes: A longitudinal study. *Journal of Occupational Psychology*, *64*, 117-127.

94. Foa, U. G., & Foa, E. B.(1974). *Societal structures of the mind*. Springfield, IL: Charles C. Thomas.

95. Folger, R.(1977). Distributive and procedural justice: Combined impact of "voice" and improvement on experienced inequity. *Journal of Personality and Social Psychology*, *35*, 108-119.

96. Folger, R.(1986a). Rethinking equity theory: A referent cognitions model. In H. M. Bierhoff, R. L. Cohen, & J. Greenberg(Eds.), *Justice in social relations*(pp.145-162). New York: Plenum.

97. Folger, R.(1986b). A referent cognitions theory of relative deprivation. In J. M. Olson, C. P. Herman, & M. P. Zanna(Eds.), *Relative deprivation and social comparison: The ontario symposium* (Vol.4, pp.33-55). Hillsdale, NJ: Lawrence Erlbaum Associates.

98. Folger, R.(1987). Reformulating the preconditions of resentment: A referent cognitions model. In J. C. Masters & W. P. Smith(Eds.), *Social comparison, justice, and relative deprivation: Theoretical, empirical and policy perspectives* (pp. 183-215). Hillsdale, NJ: Lawrence Erlbaum Associates.

99. Folger, R.(1993). Reactions to mistreatment at work. In K. Murnighan (Ed.), *Social psychology in organizations: Advances in theory and research* (pp. 161-183). Englewood Cliffs, NJ: Prentice Hall.

100. Folger, R.(1998). Fairness as a moral virtue. In M. Schminke(Ed.), *Managerial ethics: Morally managing people and processes* (pp. 13-34). Mahwan, NJ: Lawrence Erlbaum Associates.

101. Folger, R.(2001). Fairness as denounce. In S. W. Gilliland, D. D. Steiner, & D. P. Skarlicki(Eds.), *Theoretical and cultural perspectives on organizational justice*(pp. 3-34). Greenwich, CT: Information Age.

102. Folger, R., & Baron, R.(1996). Violence and hostility at work: A model of reactions to perceived injustice. In G. R. Van den Bos & E. Q. Bulatao(Eds.), *Violence on the job: Identifying risks and developing solutions*(pp. 51-85). Washington, DC: American Psychological Association.

103. Folger, R., & Bies, R. J.(1989). Managerial responsibilities and procedural justice. *Employee Responsibilities and Rights Journal*, 2, 79-90.

104. Folger, R., & Cropanzano, R.(1998). *Organizational justice and human resource management*. Beverly Hills, CA: Sage.

105. Folger, R., & Cropanzano, R.(2001). Fairness theory: Justice as accountability. In J. Greenberg & R. Cropanzano(Eds.), *Advances in organizational justice*(pp. 89-118). Stanford, CA: Stanford University Press.

106. Folger, R., & Konovsky, M. A.(1989). Effects of procedural and distributive justice on reactions to pay raise decisions. *Academy of Management Journal*, 32, 115-130.

107. Folger, R., Konovsky, M. A., & Cropanzano, R.(1992). A due process metaphor for performance appraisal. In B. M. Staw & L. L. Cummings(Eds.), *Research in organizational behavior*(pp. 129-177). Greenwich, CT: JAI.

108. Folger, R., & Martin, C.(1986). Relative deprivation and referent cognitions: Distributive and procedural justice effects. *Journal of Experimental Social Psychology*, 22, 531-546.

109. Folger, R., Rosenfield, D., Grove, J., & Corkran, L.(1979). Effects of "voice" and peer opinions on responses to inequity. *Journal of Personality and Social Psychology*, 37, 2253-2261.

110. Folger, R., Rosenfield, D., Rheaume, K., & Martin, C.(1983). Relative deprivation and referent cognitions. *Journal of Experimental Social Psychology*, 45, 172-184.

111. Fulk, J., Brief, A. P., & Barr, S. H.(1985). Trust-in-supervisors and perceived fairness and accuracy of performance evaluations. *Journal of Business Research*, 13, 301-313.

112. Garavan, T. N., Morley, M., & Flynn, M.(1997). 360 degree feedback: Its role in employee development. *Journal of Management Development*, 16(3), 134-147.

113. Gau, J. M., & Brunson, R. K.(2010). Procedural justice and order maintenance policing: A study of inner-city young men's perceptions of police legitimacy. *Justice Quarterly*, *27*(2), 255-279.

114. Gendersen, D. E., & Tinsley, D. B.(1996). Empirical assessment of impression management biases: The potential for performance appraisal error. *Journal of Social Behavior and Personality*, *11*(5), 57-77.

115. Gilliland, S. W. (1993). The perceived fairness of selection systems: An organizational justice perspective. *Academy of Management Review*, *18*, 694-734.

116. Gilliland, S. W.(1994). Effects of procedural and distributive justice on reactions to a selection system. *Journal of Applied Psychology*, *79*, 691-701.

117. Gilliland, S. W. (1995). Fairness from the applicant's perspective: Reactions to employee selection procedures. *International Journal of Selection and Assessment*, *3*, 11-19.

118. Gilliland, S. W., & Hale, M. S. (2005). How can justice be used to improve employee selection practice? In J. Greenberg & J. A. Colquitt (Eds.), *Handbook of organizational justice*(pp.411-438). Hillsdale, NJ: Lawrence Erlbaum Associates.

119. Gilliland, S. W., & Steiner, D. D.(2001). Causes and consequences of applicant perceptions of unfairness. In R. Cropanzano(Ed.), *Justice in the workplace: From theory to practice*(Vol.2, pp.175-195). Hillsdale, NJ: Lawrence Erlbaum Associates.

120. Gilliland, S. W., & Steiner, D. D. (2012). Applicant reactions to testing and selection. In N. Schmitt(Ed.), *The Oxford handbook of personnel assessment and selection* (pp.629-666). New York: Oxford University Press.

121. Goldman, B. M.(2001). Toward an understanding of employment discrimination claiming: An integration of organizational justice and social information processing theories. *Personnel Psychology*, *54*, 361-386.

122. Goldman, B. M.(2003). The application of referent cognitions theory to legal-claiming by terminated workers: The role of organizational justice and anger. *Journal of Management: Official Journal of the Southern Management Association*, *29*(5), 705-728.

123. Greenberg, J. (1986). Determinants of perceived fairness of performance evaluation. *Journal of Applied Psychology*, *71*, 340-342.

124. Greenberg, J.(1989). Reactions to procedural injustice in payment distributions: Do the ends justify the means. *Journal of Applied Psychology*, *72*, 55-61.

125. Greenberg, J.(1990). Employee theft as a reaction to underpayment inequity: The hidden cost of paycuts. *Journal of Applied Psychology*, *75*, 561-568.

126. Greenberg, J.(1993a). The social side of fairness: Interpersonal and informational classes of organization justice. In R. Cropanzano (Ed.), *Justice in the workplace: Approaching fairness in human resource management*(pp.79-103). Hillsdale, NJ: Lawrence Erlbaum Associates.

127. Greenberg, J. (1993b). Stealing in the name of justice: Informational and interpersonal moderators of theft reactions to underpayment inequity. *Organizational Behavior and Human Decision Processes*, *54*, 81-103.

128. Greenberg, J. (2004). Managing workplace stress by promoting organizational justice. *Organizational Dynamics*, *4*, 352-365.

129. Hakanen, J., & Van Dierendonck, D. (2011). Servant-Leadership and life satisfaction: The mediating role of justice, job control, and burnout. *The International Journal of Servant-Leadership*, *7*(1), 253-261.

130. Harris, M. M., Dworkin, J. B., & Park, J. (1990). Preemployment screen procedures: How human resource managers perceive them. *Journal of Business and Psychology*, *4*, 279-292.

131. Hausknecht, J. P., Day, D. V., & Thomas, S. C.(2004). Applicant reactions to selection procedures: An updated model and meta-analysis. *Personnel Psychology*, *57*, 639-683.

132. Hegtvedt, K. A.(2006). Justice frameworks. In P. J. Burke(Ed.), *Contemporary social psychological theories*(pp.46-69). Stanford, CA: Stanford University Press.

133. Hegtvedt, K. A., & Clay-Warner, J.(2004). Linking legitimacy and procedural justice: Expanding on justice processes in organizations. In C. Johnson(Ed.), *Research in sociology of organizations*. Bingley, England: Emerald Group.

134. Hegtvedt, K. A., Clay-Warner, J., & Johnson, C.(2003). The social context of responses to injustice: Considering the indirect and direct effects of group-level factors. *Social Justice Research*, *16*(4), 343-366.

135. Hegtvedt, K. A., & Johnson, C.(2000). Justice beyond the individual: A future with legitimacy. *Social Psychology Quarterly*, *63*, 298-311.

136. Hegtvedt, K. A., & Isom, D. (2014). Inequality: A matter of justice? In J.

McLeod, E. Lawler, & M. Schwalbe (Eds.), *Handbook of the social psychology of inequality*. New York, NY: Springer.

137. Hegtvedt, K. A., & Johnson, C. (2009). Power and justice: Toward an understanding of legitimacy. *American Behavioral Scientist*, *53*(3), 376-399.

138. Hegtvedt, K. A., Johnson, C., & Watson, L. (2016). Social dynamics of legitimacy and justice. In C. Sabbagh & M. Schmitt (Eds.), *Handbook of social justice theory and research* (pp.425-444). New York, NY: Springer.

139. Hinds, L., & Murphy, K. (2007). Public satisfaction with police: Using procedural justice to improve police legitimacy. *Australian & New Zealand Journal of Criminology*, *40*(1), 27-42.

140. Homans, G. C. (1961). *Social behavior: Its elementary forms*. New York: Harcourt, Brace, and World.

141. Huseman, R. C., Hatfield, J. D., & Miles, E. W.(1987). A new perspective on equity theory: The equity sensitivity construct. *Academy of Management Review*, *12*, 222-234.

142. Iles, P. A., & Robertson, I. T. (1997). The impact of personnel selection procedures on candidates. In N. Anderson & P. Herriot (Eds.), *International handbook of selection and assessment* (pp.243-276). London: Wiley.

143. Jacobs, R., Kafry, D., & Zedeck, S. (1980). Expectations of behaviorally anchored rating scales. *Personnel Psychology*, *33*, 595-640.

144. Janssen, O.(2004). How fairness perceptions make innovative behavior more or less stressful. *Journal of Organizational Behavior*, *25*, 201-215.

145. Johnson, C., & Watson, L.(2015). Sociology of legitimacy. In J. Wright (Ed.), *International encyclopedia of social and behavioral sciences* (pp. 823-828). Oxford, England: Elsevier.

146. Judge, T. A., Plccolo, R. F., & Ilies, R. (2004). The forgotten ones? The validity of consideration and initiating structure in leadership research. *Journal of Applied Psychology*, *89*, 36-51.

147. Kacmar, K. M., Witt, L. A., Zivnuska, S., & Gully, S. M. (2003). The interactive effect of leader-member exchange and communication frequency on performance ratings. *Journal of Applied Psychology*, *88*(4), 764-772.

148. Kahneman, D., Slovic, P., & Tversky, A. (Eds.). (1982). *Judgment under uncertainty: Heuristics and biases*. New York: Cambridge University Press.

149. Karambayya, D., & Brett, J. M. (1992). Effects of formal authority and experience on third-party roles, outcomes and perceptions of fairness. *Academy of Management Journal*, *35*, 426-438.

150. Katz, R. (2013). Motivating technical professionals today. *IEEE Engineering Management Review*, *41*(1):28-38.

151. Keeping, L. M., & Levy, P. E. (2000). Performance appraisal reactions: Measurement, modeling, and method bias. *Journal of Applied Psychology*, *85*(5), 708-723.

152. Kelman, H. C., & Hamilton, V. L. (1989). *Crimes of obedience*. New Haven, CT: Yale University Press.

153. Konovsky, M. A., Folger, R., & Cropanzano, R. (1987). Relative effects of procedural and distributive justice on employee attitudes. *Representative Research in Social Psychology*, *17*, 15-24.

154. Koper, G., Van Knippenberg, D., Bouhuijs, F., Vermunt, R., & Wilke, H. (1993). Procedural fairness and self-esteem. *European Journal of Social Psychology*, *23*, 313-325.

155. Kravitz, D. A., Stinson, V., & Chavez, T. L. (1996). Evaluations of test used for making selection and promotion decisions. *International Journal of Selection and Assessment*, *4*, 24-34.

156. Landy, F. J., & Farr, J. L. (1980). Performance rating. *Psychological Bulletin*, *87*, 72-107.

157. Lazarus, R. S. (Ed.). (1999). *Stress and emotion: A new synthesis*. New York: Springer.

158. Lazarus, R. S., & Folkman, S. (1984). *Stress, appraisal and coping*. New York: Springer.

159. Le Blank, P., De Jonge, J., & Schaufeli, W. B. (2000). Job stress and health. In N. Chmiel (Ed.), *Work and organizational psychology* (pp. 148-177). Oxford, England: Blackwell.

160. Lee, C., Pillutla, M., & Law, K. S. (2000). Power-distance, gender, and

organizational justice. *Journal of Management*, 26(2), 685-704.

161. Lefkowitz, J. (2000). The role of interpersonal affective regard in supervisory performance ratings: A literature review and proposed causal model. *Journal of Occupational & Organizational Psychology*, 73(1), 67-85.

162. Lerner, M. J.(1977). The justice motive: Some hypotheses as to its origins and forms. *Journal of Personality*, 45, 1-52.

163. Lerner, M. J.(2003). The justice motive: Where social psychologists found it, how they lost it, and why they may not find it again. *Personality and Social Psychology Review*, 7, 388-399.

164. Lerner, J. S., & Keltner, D. (2001). Fear, anger, and risk. *Journal of Personality and Personal Psychology*, 81, 146-159.

165. Lerner, J. S., Small, D. A., & Loewenstein, G.(2004). Hear strings and purse strings: Carryover effects of emotions on economic decisions. *Psychological Science*, 15, 337-341.

166. Leung, K., Su,S., & Morris, M. W.(2001). When is criticism not constructive? The roles of fairness perceptions and dispositional attributions in employee acceptance of critical supervisory feedback. *Human Relations*, 54(9), 1155-1187.

167. Leventhal, G. S.(1976). The distribution of rewards and resources in groups and organizations. In L. Berkowitz & W. Walster (Eds.), *Advances in experimental social psychology*(Vol.9, pp.91-131). New York: Academic Press.

168. Leventhal, G. S. (1980). What should be done with equity theory? New approaches to the study of fairness in social relationships. In K.Gergen, M.Greenberg, & R. Willis(Eds.), *Social exchange: Advances in theory and research* (pp.27-55). New York: Plenum Press.

169. Levine, S.(1998). *Getting to resolution: Turning conflict into collaboration*. San Francisco, CA: Berrett-Koehler.

170. Levy, P. E., & Williams, J. R. (2004). The social context of performance appraisal. *Journal of Management*, 30, 881-905.

171. Lind, E. A. (2001). Fairness heuristic theory: Justice judgments as pivotal cognitions in organizational relations. In J. Greenberg & R. Cropanzano(Eds.), *Advances in organizational justice*(pp.56-88). Stanford, CA: Stanford University Press.

172. Lind, E. A., & Earley, P. C. (1992). *Procedural justice and culture.* *International Journal of Psychology*, 27(2), 227-242.

173. Lind, E. A., Greenberg, J., Scott, K. S., & Welchans, T. D. (2000). The winding road from employee to complainant: Situational and psychological determinants of wrongful termination claims. *Administrative Science Quarterly*, 45(1), 557-590.

174. Lind, E. A., Kanfer, R., & Earley, P. C.(1990). Voice, control, and procedural justice: Instrumental and noninstrumental concerns in fairness judgments. *Journal of Personality and Social Psychology*, 59(2), 952-959.

175. Lind, E. A., & Lissak, R. L. (1985). Apparent impropriety and procedural fairness judgments. *Journal of Experimental Social Psychology*, 21, 19-29.

176. Lind, E. A., Lissak, R. L., & Conlon, D. E. (1983). Decision control and process control effects on procedural fairness judgments. *Journal of Applied Social Psychology*, 13, 338-350.

177. Lind, E. A., & Tyler, T. R. (1988). *The social psychology of procedural justice.* New York: Plenum.

178. Lind, E. A., & Van den Bos, K.(2002). When fairness works: Toward a general theory of uncertainty management. In B. M. Staw & R. M. Kramer (Eds.), *Research in organizational behavior*(Vol.24, pp.181-223). Boston: Elsevier.

179. London, M. (2003). *Job feedback: Giving, seeking and using feedback for performance improvement* (2nd eds.). Mahwah, NJ: Lawrence Erlbaum.

180. London, M., & Smither, J. W.(2002). Feedback orientation, feedback culture, and the longitudinal performance management process. *Human Resource Management Review*, 12(1), 81-100.

181. Longnecker, C. O., Sims, H. P., & Gioia, D. A.(1987). Behind the mask: The politics of employee appraisal. *Academy of Management Executive*, 1, 183-193.

182. Lord, R. G., & Brown, D. J. (2004). *Leadership process and follower self-identity.* Mahwah, NJ: Lawrence Erlbaum Associates.

183. Lounsbury, J., Borrow, W., & Jensen, J.(1989). Attitudes toward employment testing: Scale development, correlates, and "known-group" validation. *Professional Psychology: Research and Practice*, 20, 340-349.

184. Macan, T. H., Avedon, M. J., Paese, M., & Smith, D. E.(1994). The effects

of applicants' reactions to cognitive ability tests and an assessment center. *Personnel Psychology*, *47*, 715-738.

185. Manasa, K., & Reddy, N.(2009). Role of training in improving performance. *The IUP Journal of Soft Skills*, *3*, 72-80.

186. Mark, M. M.(1985). Expectation, procedural justice, and alternative reactions to being deprived of a desired outcome. *Journal of Experimental Social Psychology*, *21*, 114-137.

187. Martin, J., Brickman, P., & Murray, A.(1984). Moral outrage and pragmatism: Explanations for collective action. *Journal of Experimental Social Psychology*, *20*, 484-496.

188. Maslach, C., Schaufeli, W., & Leiter, M. P. (2001). Job burnout. *Annual Review of Psychology*, *52*(1), 397-422.

189. Masterson, S. S., Lewis, K., Goldman, B. M., & Taylor, M. S. (2000). Integrating justice and social exchange: The differing effects of fair procedures and treatment on work relationships. *Academy of Management Journal*, *43*, 738-748.

190. Maurer, T. J., Mitchell, D. R. D., & Barbeite, F. G.(2002). Predictors of attitudes toward a 360-degree feedback system and involvement in post-feedback management development activity. *Journal of Occupational & Organizational Psychology*, *75*(1):87-107.

191. Maurer, T. J., Weiss, E. W., & Barbeite, F. G.(2003). A model of involvement in work-related learning and development activity: The effects of individual, situational, motivational, and age variables. *Journal of Applied Psychology*, *88*(4), 707-724.

192. Mayer, R. C., & Davis, J. H.(1999). The effect of the performance appraisal system on trust for management: A field quasi-experiment. *Journal of Applied Psychology*, *84*(1), 123-136.

193. Mazerolle, L., Antrobus, E., Bennett, S., & Tyler, T. R.(2013). Procedural justice shaping citizen perceptions of police legitimacy: A randomized field trial of procedural justice. *Criminology*, *51*(1), 33-63.

194. McEvoy, G. M., & Buller, P. F.(1987). User acceptance of peer appraisals in an industrial setting. *Personnel Psychology*, *40*(4), 785-797.

195. McGregor, D.(1960). *The human side of enterprise*. New York: McGraw-Hill.

196. Messick, D. M., & Brewer, M. B.(1983). Solving social dilemmas. In L. Wheeler &

P. Shaver(Eds.), *Review of personality and social psychology* (Vol. 4, pp. 11-44). Beverly Hills, CA: Sage.

197. Messick, D. M., & Kramer, R. M. (Eds.). (2005). *The psychology of leadership: New perspectives and research*. Mahwah, NJ: Lawrence Erlbaum Associates.

198. Messick, D. M., & Sentis, K. (1983). Fairness, preference, and fairness biases. In D. M. Messick & K. S. Cook (Eds.), *Equity theory: Psychological and sociological perspectives* (pp. 61-94). New York: Praeger.

199. Moliner, C., Martinez, T. V., Peiro, J. M., Ramos, J., & Cropanzano, R. (2005). Relationships between organizational justice and burnout at the work-unit level. *International Journal of Stress Management*, *12*(2), 99-116.

200. Moorman, R. H. (1991). Relationship between organizational justice and organizational citizenship behaviors: Do fairness perceptions influence employee citizenship? *Journal of Applied Psychology*, *76*(6), 845-855.

201. Muchinsky, P. M. (2006). *Psychology applied to work* (8th eds.). Belmont, CA: Thomson Wadsworth.

202. Muchinsky, P. M. (2012). *Psychology applied to work* (10th eds.). Summerfield, NC: Hypergraphic Press.

203. Musante, L., Gilbert, M. A., & Thibaut, J. (1983). The effects of control on perceived fairness of procedures and outcomes. *Journal of Experimental Social Psychology*, *19*, 223-238.

204. Ohbuchi, K., Kameda, M., & Agarie, N. (1989). Apology as aggression control: Its role in mediating appraisal of and response to harm. *Journal of Personality and Social Psychology*, *56*, 217-227.

205. Pillai, R., Schriesheim, C. A., & Williams, E. S. (1999). Fairness perceptions and trust as mediator for transformations and transactional leadership: A two-sample study. *Journal of Management*, *25*, 897-933.

206. Platow, M. J., Reid, S., & Andrew, S. (1998). Leadership endorsement: The role of distributive and procedural behavior in interpersonal and intergroup contexts. *Group Processes and Intergroup Relations*, *1*(1), 35-47.

207. Platow, M. J., & Van Knippenberg, D. (2001). A social identity analysis of leadership endorsement: The effects of leader in-group prototypicality and distributive

intergroup fairness. *Personality and Social Psychology Bulletin*, *27*(11), 1508-1519.

208. Podsakoff, P. M., Bommer, W. H., Podsakoff, N. P., & Mackenzie, S. B. (2006). Relationships between leader reward and punishment behavior and subordinate attitudes, perceptions and behaviors: A meta-analytic review of existing research. *Organizational Behavior and Human Decision Processes*, *99*(2), 113-142.

209. Powell, G. N.(1991). Applicant reactions to the initial employment interview: Exploring theoretical and methodological issues. *Personnel Psychology*, *44*, 67-83.

210. Price, J. L., & Mueller, C. W. (1986). *Handbook of organizational measurement*. Marshfield: Pitman.

211. Rahim, M. A.(2002). Toward a theory of management of organizational conflict. *International Journal of conflict management*, *13*(3), 206-235.

212. Rahim, M. A. (2008). Management conflict in organizations. *Management Communication Quarterly*, *3*, 293-301.

213. Rahim, M. A., Magner, N. R., & Shapiro, D. L.(2000). Do justice perceptions influence styles of handling conflict with supervisor? What justice perceptions, precisely? *International Journal of Conflict Management*, *11*, 9-31.

214. Raven, B. H., & French Jr., J. R. P.(1958). Group support, legitimate power, and social influence. *Journal of Personality*, *26*(3), 400-409.

215. Rawls, J.(1971). *A theory of Justice*. Cambridge, MA: Harvard University Press.

216. Reis, H. T.(1986). Levels of interest in the study of interpersonal justice. In H. W. Bierhoff, R. L. Cohen, & J. Greenberg(Eds.), *Justice in social relations*(pp.187-226). New York: Plenum.

217. Roberson, L., Torkel, S., Korsgaard, A., Klein, D., Diddams, M., & Cayer, M.(1993). Self-appraisal and perception of the appraisal discussion: A field experiment. *Journal of Organizational Behavior*, *14*, 129-142.

218. Robinson, S. & Bennett, R. J. (1995). A typology of deviant workplace behaviors: A multidimensional scaling study. *Academy of Management Journal*, *38*, 555-572.

219. Rohades, R., & Eisenberger, R. (2002). Perceived organizational support: A review of the literature. *Journal of Applied Psychology*, *87*(4), 698-714.

220. Rosse, J. G., Miller, J. L., & Ringer, R. C.(1996). The deterrent value of drug and integrity testing. *Journal of Business and Psychology*, *10*(4), 477-485.

221. Rosse, J. G., Miller, J. L., & Stecher, M. D. (1994). A field study of job applicants' reactions to personality and cognitive ability testing. *Journal of Applied Psychology*, *79*, 987-992.

222. Rupp, D. E., & Cropanzano, R.(2002). The mediating effects of social exchange relationships in predicting workplace outcomes from multifoci organizational justice. *Organizational Behavior and Human Decision Processes*, *89*(1), 925-941.

223. Rupp, D. E., & Spencer, S.(2006). When customers lash out: The effects of customer interactional injustice on emotional labor and the mediating role of discrete emotions. *Journal of Applied Psychology*, *91*, 971-978.

224. Rutte, C. G., & Messick, D. M. (1995). An integrated model of perceived unfairness in organizations. *Social Justice Research*, *3*, 239-261.

225. Ryan, A. M., & Ployhart, R. E. (2000). Applicant perceptions of selection procedures and decisions: A critical review and agenda for the future. *Journal of Management*, *26*, 565-606.

226. Rynes, S. L.(1991). Recruitment, job choice, and post-hire consequences: A call for new research directions. In M. D. Dunnette (Ed.), *Handbook of industrial and organizational psychology*(pp.399-444). Palo Alto, CA: Consulting Psychologists Press.

227. Rynes, S. L., & Connerley, M. L. (1993). Applicant reactions to alternative selection procedures. *Journal of Business and Psychology*, *7*, 261-277.

228. Sansone, C., Morf, C. C., & Paner, A. T.(2004). *The Sage handbook of methods in social psychology*. Sage Publications.

229. Schleicher, D. J., Day, D. V., Mayes, B. T., & Riggio, R. E.(2002). A new frame for frame-of-reference training: Enhancing the construct validity of assessment centers. *Journal of Applied Psychology*, *87*(4), 735-746.

230. Scheu, C., Ryan, A. M., & Nona, F.(1999). Company web-sites as a recruiting mechanism: What influences applicant impressions? In *Paper Presented at the 14th Annual Conference for the Society of Industrial and organizational Psychology* (pp. 151-180). Atlanta, Geogia.

231. Schmit, M. J., & Ryan, A. M.(1997). Applicant withdrawal: The role of test-

taking attitudes and racial differences. *Personnel Psychology*, *50*, 855-876.

232. Schuler, H. (1993). Social validity of selection situations: A concept and some empirical results. In H. Schuler, J. L. Farr, & M. Smith (Eds.), *Personnel selection and assessment: Individual and organizational perspectives* (pp.11-26). Hillsdale, NJ: Lawrence Erlbaum Associates.

233. Seifert, C. F., Yukl, G., & McDonald, R. A. (2003). Effects of multisource feedback and a feedback facilitator on the influence behavior of managers toward subordinates. *Journal of Applied Psychology*, *88*(3), 561-569.

234. Selye, H. (1975). Confusion and controversy in the stress field. *Journal of Human Stress*, *1*(2), 37-44.

235. Shapiro, D. L., Buttner, E. H., & Barry, B. (1994). Explanations for rejection decisions: What factors enhance their perceived adequacy and moderate their enhancement of justice perceptions? *Organizational Behavior and Human Decision processes*, *58*, 346-348.

236. Sheppard, B. H., Saunders, D. M., & Minton, J. W. (1988). Procedural justice from the third party perspective. *Journal of Personality and Social Psychology*, *54*, 629-637.

237. Skarlicki, D. P., & Folger, R. (1997). Retaliation in the workplace: The roles of distributive, procedural, and interactional justice. *Journal of Applied Psychology*, *82*, 434-443.

238. Smither, J. W., Reilly, R. R., Millsap, R. E., Pearlman, K., & Stoffey, R. W. (1993). Applicant reactions to selection procedures. *Personnel Psychology*, *46*(1), 49-76.

239. Spielberger, C. D., Eric, C., & Reheiser, E. C. (2009). Assessment of emotions: Anxiety, anger, depression, and curiosity. *Journal of Applied Psychology*, *1*(3), 271-302.

240. Spielberger, C., Jacobs, G., Russell, S., & Crane, R. S. (1983). Assessment of anger: The State-Trait Anger Scale. In J. N. Butcher & C. D. Spielberger (Eds.), *Advances in personality assessment* (Vol.2, pp.159-187). Hillsdale, NJ: Lawrence Erlbaum Associates.

241. Stapel, D. A., & Koomen, W. (2001). The impact of interpretation versus comparison goals on knowledge accessibility effects. *Journal of Experimental Social Psychology*, *37*, 134-139.

242. Steelman, L. A., Levy, P. E., & Snell, A. F. (2004). The Feedback

Environment Scale(FES): Construct definition, measurement, and validation. *Educational and Psychological Measurement*, *64*(1), 165-184.

243. Steiner, D. D., & Gilliland, S. W. (1996). Fairness reactions to personnel selection techniques in France and the United States. *Journal of Applied Psychology*, *81*, 134-141.

244. Stikin, S. B., & Bies, R. J. (1993). Social accounts in conflict situations: Using explanations to manage conflict. *Human Relations*, *46*, 349-370.

245. Stone, D. L., & Jones, G. E. (1997). Perceived fairness of biodata as a function of the purpose of the request for information and gender of the applicant. *Journal of Business and Psychology*, *11*(3), 313-323.

246. Sunshine, J., & Tyler, T. R. (2003). The role of procedural justice and legitimacy in shaping public support for policing. *Law and Society Review*, *37*(3), 513-548.

247. Sweeney, P. D., & McFarlin, D. B. (1993). Workers' evaluation of the ends and means: An examination of four models of distributive and procedural justice. *Organizational Behavior and Human Decision Processes*, *55*(1), 23-44.

248. Taris, T. W., Schreurs, P. J. G., Peeters, M. C. W., Le Blanc, P. M., & Schaufeli, W. B. (2001). From inequity to burnout: The role of job stress. *Journal of Occupational Health Psychology*, *6*, 303-323.

249. Tatum, B. C., & Eberlin, R. J. (2008). The relationship between organizational justice and conflict style. *Business Strategy*, *9*(6), 297-305.

250. Taylor, M. S., & Bergmann, T. J. (1987). Organizational recruitment activities and applicants' reactions at different stages of the recruitment process. *Personnel Psychology*, *40*, 261-285.

251. Taylor, M. S., Masterson, S. S., Renard, M. K., & Tracy, K. B. (1998). Managers' reactions to procedurally just performance management systems. *Academy of Management Journal*, *41*(5), 568-579.

252. Taylor, M. S., Tracy, K. B., Renard, M. K., Harrison, J. K., & Carroll, S. J. (1995). Due process in performance appraisal: A quasi-experiment in procedural justice. *Administrative Science Quarterly*, *40*(3), 495-523.

253. Tepper, B. J. (2001). Health consequences of organizational injustice: Tests of main and interactive effects. *Organizational Behavior & Human Decision Processes*, *86*(2),

197-215.

254. Thibaut, J., & Walker, L.(1975). *Procedural justice: A psychological analysis.* Hillsdale, NJ: Lawrence Eribaum Associates.

255. Thibaut, I., & Walker, L.(1978). A theory of procedure. *California Law Review*, *66*, 541-566.

256. Thomas, K. W.(1993). Conflict and negotiation process in organization. In M. D. Dunnette & L. M. Hough(Eds.), *Handbook of industrial and organizational psychology* (pp.651-717). Palo Alto, CA: Consulting Psychologists Press.

257. Thomas, K. W.(1976). Conflict and conflict management. In M. D. Dunnette (Ed.), *Handbook of industrial and organizational psychology.* Chicago, IL: Rand McNally.

258. Thomas, K. W.(1977). Toward multidimensional values in teaching: The example of conflict management. *Academy of Management Review*, *2*(3), 484-490.

259. Tripp, T. M., & Bies, R. J.(2007). Scholarly biases in studying justice and emotion: If we don't ask, we don't see. In D. De Cremer(Ed.), *Advances in the psychology of justice and affect*(pp.175-190). Charlotte, NG: Information Age Publishing.

260. Tripp, T. M., Bies, R. J., & Aquino, K.(2007). A vigilante model of justice: Revenge, reconciliation, forgiveness, and avoidance. *Social Justice Research*, *20*(1), 10-34.

261. Truxillo, D. M., Bauer, T. N., Campion, M. A., & Paronto, M. E.(2002). Selection fairness information and applicant reactions: A longitudinal field study. *Journal of Applied Psychology*, *87*(6), 1020-1031.

262. Truxillo, D. M., Bauer, T. N., & Sanchez, R. J.(2001). Multiple dimensions of procedural justice: Longitudinal effects on selection system fairness and test-taking self-efficacy. *International Journal of Selection and Assessment*, *96*(4), 336-349.

263. Truxillo, D. M., Steiner, D. D., & Gilliland, S. W.(2004). The importance of organizational justice in personnel selection: Defining when selection fairness really matters. *International Journal of Selection and Assessment*, *12*(1-2), 39-53.

264. Tversky, A., & Kahneman, D.(1974). Judgment under uncertainty: Heuristics and biases. *Science*, *185*, 1124-1134.

265. Tyler, T. R.(1987). Conditions leading to value-expressive effects in judgments of procedural justice: A test of four models. *Journal of Personality and Social Psychology*, *52*(2), 333-344.

266. Tyler, T. R. (1994). Psychological models of the justice motive: Antecedents of distributive and procedural justice. *Journal of Personality and Social Psychology*, *67*, 850-863.

267. Tyler, T. R. (1997). The psychology of legitimacy: A relational perspective on voluntary deference to authorities. *Personality and Social Psychology Review*, *1*, 323-345.

268. Tyler, T. R. (2001). Procedural strategies for gaining deference: Increasing social harmony or creating false consciousness? In J. M. Darley, D. M. Messick, & T. R. Tyler (Eds.), *Social influences on ethical behavior in organizations* (pp. 71-90). Mahwah, NJ: Lawrence Erlbaum Associates.

269. Tyler, T. R. (2006a). Psychological perspectives on legitimacy and legitimation. *Annual Review of Psychology*, *57*, 375-400.

270. Tyler, T. R. (2006b). *Why people obey the law*. New Haven, CT: Yale University Press.

271. Tyler, T. R. (2010). Legitimacy and rule adherence: A psychological perspective on the antecedents and consequences of legitimacy. In D. R. Bobocel, A. C. Kay, M. P. Zanna, & J. M. Olson (Eds.), *The psychology of justice and legitimacy* (pp. 251-271). New York, NY: Psychology Press.

272. Tyler, T. R., & Bies, R. J. (1990). Beyond formal procedures: The interpersonal context of procedural justice. In J. S. Carroll (Ed.), *Applied social psychology and organizational settings* (pp.77-98). Hillsdale, NJ: Lawrence Erlbaum Associates.

273. Tyler, T. R., & Blader, S. L. (2000). *Cooperation in groups: Procedural justice, social identity, and behavioral engagement*. Philadelphia, PA: Psychology Press.

274. Tyler, T. R., & Blader, S. L. (2003). The group engagement model: Procedural justice, social identity, and cooperative behavior. *Personality and Social Psychology Review*, *7*, 349-361.

275. Tyler, T. R., & Caine, A. (1981). The role of distributional and procedural fairness in the endorsement of formal leaders. *Journal of Personality and Social Psychology*, *41*, 642-655.

276. Tyler, T. R., & De Cremer, D. (2005). Process based leadership: Fair procedures, identification, and the acceptance of change. *The Leadership Quarterly*, *16*, 529-545.

277. Tyler, T. R., & De Cremer, D. (2009). Ethics and rule adherence in groups. In D. De Cremer (Ed.), *Psychological perspectives on ethical behavior and decision making* (pp.215-232). Charlotte, NC: Information Age.

278. Tyler, T. R., Degoey, P., & Smith, H. (1996). Understanding why the justice of group procedures matters: A test of psychological dynamics of the group-value model. *Journal of Personality and Social Psychology*, 70 (70), 913-930.

279. Tyler, T. R., & Lind, E. A. (1992). A relational model of authority in groups. In M. Zanna (Ed.), *Advances in experimental social psychology* (pp.115-191). New York, NY: Academic Press.

280. Tyler, T. R., Rasinski, K., & McGraw, K. (1985). The influence of perceived injustice on support for political authorities. *Journal of Applied Social Psychology*, 15, 700-725.

281. Tziner, A., & Kopelman, R. E. (2002). Is there a preferred performance rating format? A non-psychometric perspective. *Applied Psychology*, 51 (3), 479.

282. Van den Bos, K. (1999). What are we talking about when we talk about no-voice procedures? On the psychology of the fair outcome effect. *Journal of Experimental Social Psychology*, 35, 560-577.

283. Van den Bos, K. (2001a). Reactions to perceived fairness: The impact of mortality salience and self-esteem on ratings of negative effect. *Social Justice Research*, 14, 1-23.

284. Van den Bos, K. (2001b). Uncertainty management: The influence of uncertainty salience on reactions to perceived procedural fairness. *Journal of Personality and Social Psychology*, 80, 931-941.

285. Van den Bos, K. (2005). What is responsible for the fair process effect? In J. Greenberg & J. A. Colquitt (Eds.), *Handbook of organizational justice* (pp. 273-300). Hillsdale, NJ: Lawrence Erlbaum Associates.

286. Van den Bos, K., Bruins, J., Wilke, H. A. M., & Dronkert, E. (1999). Sometimes unfair procedures have nice aspects: On the psychology of the fair process effect. *Journal of Personality and Social Psychology*, 77, 324-336.

287. Van den Bos, K., Lind, E. A., Vermunt, R., & Wilke, H. A. M. (1997). How do I judge my outcome when I do not know the outcome of others? The psychology of the fair process effect. *Journal of Personality and Social Psychology*, 72, 1034-1046.

288. Van den Bos, K., Lind, E. A., & Wilke, H. A. M. (2001). The psychology of procedural and distributive justice viewed from the perspective of fairness heuristic theory. In R. Cropanzano(Ed.), *Justice in the workplace*(Vol.2, pp.49-66). Mahwah, NJ: Lawrence Erlbaum Associates.

289. Van den Bos, K., & Miedema, J. (2000). Toward understanding why fairness matters: The influence of mortality salience of reactions to procedural fairness. *Interpersonal Relations and Group Processes*, *79*, 355-366.

290. Van den Bos, K., Wilke, H. A. M., & Lind, E. A. (1998a). When do we need procedural fairness? The role of trust in authority. *Journal of Personality and Social Psychology*, *75*, 1449-1458.

291. Van den Bos, K., Wilke, H. A. M., Lind, E. A., & Vermunt, R. (1998b). Evaluating outcomes by means of the fair process effect: Evidence for different processes in fairness and satisfaction judgments. *Journal of Personality and Social Psychology*, *74*, 1493-1503.

292. Van den Bos, K., & Van Prooijen, J. W. (2001). Referent cognitions theory: The role of closeness of reference points in the psychology of voice. *Journal of Personality and Social Psychology*, *81*, 616-626.

293. Van der Toorn, J., Tyler, T. R., & Jost, J. T. (2011). More than fair: Outcome dependence, system justification, and the perceived legitimacy of authority figures. *Journal of Experimental Social Psychology*, *47*, 127-138.

294. Van Dijke, M. H., & De Cremer, D. (2016). Justice in the work setting. In C. Sabbagh & M. Schmitt(Eds.), *Handbook of social justice theory and research* (pp. 315-332). New York, NY: Springer.

295. Van Knippenberg, D., De Cremer, D., & Van Knippenberg, B. (2007). Leadership and fairness: The state of the art. *European Journal of Work and Organizational Psychology*, *16*, 113-140.

296. Van Knippenberg, D., & De Cremer, D. (2007). Leadership and fairness: Taking stock and looking ahead. *European Journal of Work and Organizational Psychology*, *17*(2), 173-179.

297. Van Knippenberg, D., & Hogg, M. A. (2003). A social identity model of leadership effectiveness in organizations. *Research in Organizational Behavior*, *25*, 243-295.

298. Van Prooijen, J. W., Van den Bos, K., & Wilke, H. A. M. (2002). Procedural justice and status: Status salience as antecedent of the fair process effect. *Journal of Personality and Social Psychology*, *83*, 1353-1361.

299. Vermunt, R., & Steensma, H. (2000). Stress and justice in organizations: An exploration into justice process with the aim to find mechanisms to reduce stress. In R. Cropanzano (Ed.), *Justice in the workplace: From theory to practice* (pp.27-48). Mahwah, NJ: Lawrence Erlbaum Associates.

300. Vermunt, R., & Steensma, H. (2001). Physiological relaxation: Stress reduction through fair treatment. *Social Justice Research*, *16*, 135-149.

301. Vermunt, R., & Steensma, H. (2005). How can justice be used to manage stress in organization? In J. Greenberg & J. A. Colquitt (Eds.), *Handbook of organizational justice* (pp.383-409). Hillsdale, NJ: Lawrence Erlbaum Associates.

302. Waldman, D. A., & Bowen, D. E. (1998). The acceptability of 360 degree appraisals: A customer-supplier relationship perspective. *Human Resource Management*, *37*(2), 117-129.

303. Walker, L., LaTour, S., Lind, E. A., & Thibaut, J. (1974). Reactions of participants and observers to modes of adjudication. *Journal of Applied Social Psychology*, *4*, 295-310.

304. Wayne, S. J., & Ferris, G. R. (1990). Influence tactics, affect, and exchange quality in supervisor-subordinate interactions: A laboratory experiment and field study. *Journal of Applied Psychology*, *75*, 487-499.

305. Wayne, S. J., & Kacmar, K. M. (1991). The effects of impression management on the performance appraisal process. *Organizational Behavior and Human Decision Processes*, *48*, 70-88.

306. Wayne, S. J., & Liden, R. C. (1995). Effects of impression management on performance ratings: A longitudinal study. *Academy of Management Journal*, *38*(1), 232-260.

307. Wenzel, M., & Jobling, P. (2006). Legitimacy of regulatory authorities as a function of inclusive identification and power over ingroups and outgroups. *European Journal of Social Psychology*, *36*(2), 239-258.

308. Zelditch, M. (2006). Legitimacy theory. In P. J. Burke (Ed.), *Contemporary*

social psychological theories(pp.324-352). Stanford，CA：Stanford University Press.

309. Zelditch，M.，& Walker，H. A.(1984). Legitimacy and the stability of authority. *Advances in Group Processes*，1，1-25.

310. Zhang，Y. W.，Lepine，J. A.，Buckman，B. R.，& Wei，F.(2014). It's not fair…or is it? The role of justice and leadership in explaining work stressor-job performance relationships. *Academy of Management Journal*，57(3)，675-697.

图书在版编目(CIP)数据

组织公正:理论与应用/方学梅著. —上海:上海教育出版社,2017.3
ISBN 978-7-5444-7467-2

Ⅰ.①组… Ⅱ.①方… Ⅲ.①心理学理论—研究
Ⅳ.①B84

中国版本图书馆CIP数据核字(2017)第025677号

责任编辑 金亚静　王佳悦
封面设计 郑　艺

组织公正:理论与应用
方学梅　著

出版发行　上海教育出版社有限公司
官　　网　www.seph.com.cn
地　　址　上海市永福路123号
邮　　编　200031
印　　刷　上海展强印刷有限公司
开　　本　700×1000　1/16　印张16　插页2
字　　数　218千字
版　　次　2017年12月第1版
印　　次　2017年12月第1次印刷
书　　号　ISBN 978-7-5444-7467-2/B·0119
定　　价　39.00元

如发现质量问题,请向本社调换　电话021-64377165